橋川時雄

民國期の學術界

高田時雄編

◇映日叢書　第三種

臨川書店

目次

天津、濟南及長江地方學事視察報告書

緒言

一、本報告書は九月十八日歸平後時局危急極めて忽忙の中に執筆せるを以て、記文の拉雜、詳略不齊あるを免れず。

一、予は歸平後更に北平に於ける國學界人物及老學潛儒を歷訪して本報告書の續報となすべきを期したるも、不幸兩國間の感情極度に惡化せる時期に際會し、此事亦他日に俟つの外なきに至れり。

一、本報告以外に視察旅行中に得たる資料尚多ければ、更に增補をなし、北平に於ける調査を繼續し、又廣東、福建、奉天及四川方面の現存學者に就て附記する所あれば、略現支那全國に亙りての國學界人物の所在を詳らかにし、其梗概を窺ふに足るべきか。

一、本報告書中には個人の毀譽に紋及し、無遠慮に筆者の批判を爲したる處なきにあらず。此記錄は他見を憚るものなり。

昭和六年十月五日北平に於て

橋川時雄 識

學事視察報告書

北平　橋川時雄　編

予本年四月、北平研究所研究員江瀚、胡玉縉兩氏に隨伴して赴東し、五月二十日歸燕。六月八日附文化事業部部長より瀨川委員に致したる書信の大意に謂ふ。五月十三日服部、狩野兩委員協議の結果、『續修四庫全書提要』編纂に關し、其分纂者を凡て北平に招致することは不可能なるを以て、自宅に於て著述せしむることとし、南支に於ける權威ある學者にも其起草を依賴する見込を以て先づ予をして江蘇、浙江、安徽、湖北、湖南各省に向て視察旅行せしむべしと。然も其時に在りては研究員の改組、楊鍾羲、倫明兩氏延聘、胡玉縉著稿出版等、研究所に關する諸問題、未だ十分に解決せざりしを以て、怱卒此地を離ること能はざりし事情もあり、六月二十三日旅行日程を文化事業部に送附し、七月七日部長より電示をうけ、竟に七月二十一日に至りて始めて前途に向て發足することを得たり。

予が此行の使命は、私人資格を以て支那各地に在存する潛儒碩學を歷訪し、其閱歷、著述、生活等を取調ぶることに在り。然も近十數年來に物故せる學者の行述及遺著の所在等に關しても、勉めて旁索を爲し、又兼て藏書家を訪ひ、學校圖書館書肆等を視察し、又研究所『續修四庫全書』の事業に關聯し、『四庫全書』及其提要に關する諸家の撰纂に對しても特に注意して取調ぶる所あらんことを期したり。余は北平出發の前に於て、楊鍾羲、胡玉縉、楊樹達（清華學校教授）、瞿宣穎（燕京大學教授）、張爾田（同上）、黃節（清華大學研究院導師、北京大學教授）、邵瑞彭（中國大學教授）、孫人和（同上）、尹炎武（輔仁大學教授）、闞澤（中國營造學社總纂）諸氏より好意的に寄せ來りたる紹介狀約四十餘件を携帶せり。

一、濟南、濰縣、青島

七月二十一日午後五時北平發、翌二十二日午前十時濟南着、第一賓館に投宿。當日歷下亭卽山東省立圖書館及市內各書肆を往觀す。二十三日圖書館に開かれたる甎瓦圖書展覽會を觀、館長王獻唐と面見す。二十四日齊魯大學を參觀、豐田、馬場兩氏を訪ふ。二十五日濰縣に至る。陳簠齋不在、其弟子丁稼氏を訪ふ。夜十時青島に到着、東華旅社に投宿。二十六日朝八時青島大學に校長楊金甫及教授聞一多を訪ふ。兩氏とも南京或は武昌に赴きて不在。二十七日朝、青島大學及其圖書館を參觀す。又葉恭綽（前交通總長）を訪ふ。正午天津丸にて上海に向ふ。

（一）山東省立圖書館概況

山東省立圖書館は宣統元年歷下亭舊址に創設、湖南羅順循字は正鈞、提學使を以て本館の提調を兼ね、其幕客太倉姚柳屏字は鵬圖と共に圖書の購藏と金石の蒐集に當り、於是該館基礎成立す。民國以來當局に有力なる支持者なき爲め經營頗る慘澹を極めたり。最近王獻唐、英年多才を以て館長に就任、中央執行委員丁惟汾及山東省教育廳長何思源等の支持を得、館務遽かに擴張を見るに至れり。王獻唐（舊名琯、今は字を以て行はる）山東日照の人、『公孫龍子懸解』六卷の著あり。今年三十三歳、其父廷霖は許印林の學を承けて、『泉幣圖釋』、『古韻新釋』、『讀說文日記』等の著述あり、皆未刊。王館長最近貢獻の二三を左に列擧すべし。

一、聊城海源閣藏書の保存計畫　王氏は海源閣藏書の散佚を慨し、夙に「聊城楊氏海源閣藏書之過去現在」と云ふ一小册を著はし、又『海源閣宋元祕本書目』（楊保彝編）を印布して、世人の注意を喚起すると同時に、市上に出售せる該閣の藏書を購收し、又一面に於ては楊氏の現家主名は敬夫なる者と其保存法の具體案を商議する等、百方企劃をなしつつあるは山東文獻の爲に慶幸すべきことなり。但虛心に王氏の爲す所を視るに、餘りに功を爲すに急なる爲に、「聊城楊氏海源閣藏書之過去現在」及『山東省立圖書館季刊』第一集第一期に見る王氏が該閣藏本に關する文篇には失實の記事多く、其保存辦法にも實情に疏き點を見るは遺憾なり。北宋本『王摩詰集』以下二十三種を日本人が八萬元にて購收せんと云ふが如き皆巷頭の流語に過ぎざるなり。又現存の善本は萬分の誠意を以て該圖書館に保存を爲さんと提議ありたるに、楊氏は之に對し極めて贊同の意を表し、然れども頻繁なる政變毎に政治上の責任者及該館の責任者が此物に對する責任を完全に遂行し得ざる限り應諾し難しとの意を漏らしたる爲め其交涉は中絕せりと云ふ。但し宋版『韋蘇州集』を始め海源閣藏書の數種を購收し得たるは其實功績といふべし。

二、山東前賢の遺稿蒐集及其出版　（甲）許印林の全書刋印の計劃をなし、既に其刻本五種及其稿本十數種を得、尙ほ其遺著を徵求しつつあり。（乙）牟陌人の『同文尙書』、丁梂五の『說文解字均隸』、宋書升の『古韻微』等の出版を計劃中。（丙）山東先賢の遺稿及遺愛の書籍等の蒐集に努めつつあること、李文藻の藏書等を徵求し、又近年物故せる宋書升の遺稿及手批本を購入せる等の如きは、皆王氏の手腕に依るものならむ。『山東省立圖書館季刊』には更に其他種々の事業の成功と將來の計劃を述べ居るも、王氏の事功を望むに急にして文化機關を國權回收の時潮と關聯せしめ、海源閣の藏書の保存と海外流出の遏止に借りて、國權思想の鼓舞と宣傳とに利用せんとするの意あるは惜むべし。濰縣高氏上陶室の秦漢磚瓦が邦人久原某の爲に購取せらるるや、山東省教育廳は膠州鐵路局に乞ふて之を扣留し、之を該圖書館に運回して展覽會を開き、一般の縱覽に供したるが如き、予は親しく其會を參觀して、現時支那人士の事理に通ぜざる此種心理の卑劣に浩歎を發せざるを得ざりき。

（二）山東現在の書儒と國學界人物

予青島に葉恭綽氏と會見の際、偶々山東現在の學者の事に敍及するや、氏は此方語るべき學者一人もなく、頗る寂寥に堪えずと謂へり。青島大學も創始の時代に在りて、校長楊金甫、教授聞一多も新興文學の一派にして、國學專精の人に非ず。然も此方出身の耆儒として、現に北平にある柯劭忞、陳蜚聲二人を擧ぐべく、青年學者として傅斯年、欒調甫、及前記王獻唐あり。丁惟汾（政治家）及丁錫田また此省の篤學と謂ふべき歟。（甲）柯劭忞、字は鳳蓀、現時山東省に於ける長老儒學の第一人たること言ふを俟たず。予は柯氏に就て敬すべき二點を有す。其一は氏は其學術編纂の事業に於て總裁的の蘊蓄と見識とを十分に具有すること、『四庫全書』續輯の書目編纂に當りて他の凡ての研究員の製纂に對して、何等慮る所なく筆改を加へ、又筆正を加へ得る學識を有したるが如き、其一斑を知る可し。其二は常に諸家の尤も困難として避くる所を自ら敢て之れに當らんとする勇氣あること、卽ち今次提要續纂の際に先ず易部を擔任せしが如き是れなり。柯氏は『新元史』、『春秋穀梁傳注』の著者なること、又吾東方文化事業に對する貢獻等は人皆知る所、予は更に他事に敘及せざるべし。（乙）陳蜚聲、字は鶴儕、濰縣の人。進士を以て朝政に當りたるも、革命後歸郷して門を杜ぢて學徒を教へ、今年七十歳を過ぎたり。近く安邱縣芝鎭伏家莊に移居、縣志編修の總纂に從事しつつあり。其著『伏乘』は凡十九卷、卷一先儒年表、卷二世系表、卷三封建表、卷四今文尚書傳經表、卷五氏族考、卷六里居考、卷七家墓考、卷八祠祀考、卷九圖像考、卷十經籍考、卷十一博士考、卷十二子孫著聞者列傳、卷十三附見列傳、卷十四傳經諸儒列傳、卷十五烈女列傳、卷十六之十八藝文錄、卷十九敍錄、附錄に伏氏佚書九種あり。按ずるに漢伏生は強秦燔書の後に於て今文尚書二十八篇を拾綴口授せし者、而て陳氏の『伏乘』は凡そ伏氏に關する史實文獻を排比編纂せしもの、一家の私乘に類すと雖も、群經百氏に通ずる者に非ざれば爲し難きものなり。陳氏は『伏乘』以外に史地に關する撰作ありと云ふ。（丙）傅斯年は聊城の人、米國《ママ》に留學し、現に北平に於ける國立中央研究院歷史語言研究所に在りて、史學の研究中なり。又北京大學等の教授を兼ね、山東出身の英年學者の一人なり。欒調甫、蓬萊の人、齊魯大學教授、今年三十六歳、諸子の學に精しく、就中墨子を研究し、孫詒讓の『墨子閒詁』は學者の推重する所なるも、仔細に之を檢する所は、清儒十數家の注說を捜集せしものに過ぎず。其斷案も甚だ劣なりとの見解に立ちて、十數年の心力を萃めて『墨子校注』若干巻を著はす。未刊。丁惟汾、現に國民政府執行委員の一人、山東日照の人。音韻學を専攻し、其父以此の學を承けたるなり。以此、字は竹君、『毛詩正韻』（『毛詩正韻』は惟汾の家刻本あり。其版木は今山東省立圖書館の所有に歸す）等あり。惟汾に『齊東語』の著あり、『爾雅』、『方言』の研究中。丁錫田、字は稼民、濰縣の人、陳鶴儕の弟子、『稼民雜著』、『後漢郡國令長考補』、『山東縣名溯原』等の著書あり。史地の學を究む。

(三) 山東省先賢未刊遺稿の所在

(甲) 丁以此、字は竹君、日照の人。業を許印林に承く。小學を専攻して、殊に音韻に精しく、其著稿は既に刊印されたる『毛詩正韻』、『箕表錄』の他、『楚詞韻』、『毛詩字分韻』、『切韻譜』等あり。其遺稿は皆其子惟汾の處に存す。山東省立圖書館また數種副抄本あり。

(乙) 周悅謙、字は益伯、萊陽の人。一時兪曲園と其聲名を齊うし、北周南兪の稱あり。其著述甚だ多く、近來既に散失して其所在を詳にせず、甚だ惜しむべし（以上、柯劭忞氏の實話）。予今次齊魯の游、其遺稿書目及其略傳を得んことに努めたるも竟に未だ得ざるなり。再査を俟つべし。

(丙) 宋書升、字は晉之、旭齋と號す。濰縣の人、名進士を以て山東濼源書院に山長たり。年老て子無く、清末袁克定の師となり、袁世凱の帝を稱するや、遂に辭歸して、病を得て卒す。著述二十餘種、宋氏『周易要義』刊刻を終へて未だ印行せず。其他著稿今年北平及濟南の書肆によりて出售されたり。

『夏小正釋義』、『文集』、『古韻微』、及其手批『論語』は山東省立圖書館に購收され（北平翰文齋出售）、其『詩集』は徐世昌に歸す。其力作『竹書紀年注』は何人の手に歸したるかを知らず。宋氏遺稿は宋氏の卒後、其女壻高淑性なる者によりて藏存せられ、前年高氏亦逝去し、竟に著稿二匣歷下聚文齋の爲に一括にて購收せられ、四方に售出せられたるものなり。宋氏は經史の學に深く、李善蘭に就て天算を學びたることあり。其著『古韻微』は山東省立圖書館付印の豫定なり。未だ宋氏の爲に傳を立て、又其著稿書目を撰する者あるを聞かざるなり。

(丁) 牟庭、字は陌人、接霞人、道光壬辰卒。孫淵如其學に敬服し、武進臧庸と竝稱し、南臧北牟と爲す。其著稿多く四散し、其『同文尚書』は其同族の處に存し、付印の計劃あり。

(戊) 又安邱王筠、字は箓友の稿本、一半は同里趙孝陸に歸し、一半は武進李祖年に歸す。其『說文釋例』及『說文句讀』の原稿は南京江蘇第一圖書館及長沙葉氏に購はれたり。其他許印林李南澗等山東先賢の既刊未刊の著稿、遺愛の手批書籍、最近漸く其世間に出售を見るに至りたるは近來尤も注意すべき事實なるべし。

二、上海

七月二十八日午後六時上海到着、神州大旅社に投宿、東方文化自然科學研究所に敬意を表す。二十九日鄧實を靜安寺路風雨樓に訪ひ、其所藏の劉師培遺稿數種を見る。又王蘧を訪ふ。不在。又商務印書館經理張元濟を極司非而路の寓に訪ふ。三十日、程淯、趙尊嶽、孫德謙諸氏を訪ふ。趙氏不在。三十一日、哈同愛儷園に到る。董康、朱孝臧、程頌萬諸氏を訪ふ。程淯の招宴に赴く。王蓮來訪。八月一日、王蓮を訪ふ。午刻王氏の招宴に赴く。午後四時劉承幹を訪ふ。不在。董康の晩宴に招かる。會する者、張元濟、孟心史、趙尊嶽、陳乃乾、沈駿聲及び長澤規矩也の諸氏。二日、趙尊嶽、諸宗元を訪ふ。滬市の舊書肆を見る。三日、董康を劉承幹の寓に訪ひて南潯に至る道程を聞く。然も洪水の爲に舟車の便甚だ佳ならず。董氏の言に従ひ、寧波杭州の遊を了へて、歸來の後更に南潯行を再考することに定む。下午一時、章炳麟を訪ふ。鄧實を訪ひて其『左庵詩』一册を借鈔す。朱鉢文及黃賓虹を訪ふ。四日正午、趙尊嶽の招宴に赴く。東方圖書館參觀。陳彬和來訪。五日、杭州寧波方面へ赴き、十一日夜上海に歸來し、十二日朝、陳漢章の息志純を訪ふ。不在。同日蘇州に赴く。九月十日三たび上海に來る。十一日、徐乃昌、姚名達を訪ふ。十二日、張之銘、葉恭綽、林正を訪ふ。晩刻、江亢虎、程淯と小飲す。時に日支開戰の説紛起し又洪水襲來の謠言あり、人心恟恟たるものあり。乃ち張元濟、董康及び章炳麟の宅に至りて辭行の刺を留め、十三日朝七時、醫學書局に丁福保を訪ひ、周雲青と面見し、九時華山丸にて青島を經て歸平の途に上り、上海滯在前後凡そ十日間なり。

（一）章炳麟、朱孝臧、孫德謙及國粹學報舊同人等の近況

八月三日午後一時、章炳麟氏を佛國租界同孚里十號の寓に訪ふ。中堂に林權助氏の書幅あり。樓上書室に在りて相見る。頭髮既に霜をおき、精神頗る淸爽なり。開口卽ち謂ふ、貴國の漢學は百年前に於て頗る卓然傑出の士あり。太宰純、物茂卿、山井鼎の如き皆是なり云々、と同氏得意の日本漢學者觀を述べたり。其言ふ所、章氏の著書中に見ると略同じ。又云ふ、『淸史稿』の著作あるも不滿意の點甚だ多し。淸史の資料は『明實錄』及明人の公私著書中に多し、然も建州時代の史料は朝鮮に求めざる可らず。淸人は初め文字なければ、其祖の世系に至りては、顚倒缺脫多し、明人の記錄にも一貫せざる所多きなりと語り、機會を得れば其史料を求むる爲に朝鮮に赴き度き希望を漏らしたり。章氏の『章氏叢書』は『春秋左傳讀敍錄』等十種、凡四十八卷、民國八年浙江圖書館版本あり。それより後兩三種の講演筆記の外其單本著書を見ざりしに、最近三大著作あり。『春秋左氏疑義答問』五卷、『新出三體石經考』一卷、『葑漢昌言』五卷是なり。章氏老眼にして細書すること能はず、『春秋左氏疑義答問』の如きは其弟子黃侃に依りて鈔寫されたり。此三書近く付梓に著手さるべしと云ふ。而して『葑漢昌言』五卷は其の尤も心力を傾注せるものなりと聞く。章氏には著書臨記の外何等の趣味なしと云ふ。

朱祖謀、字は孝臧、號は彊村、歸安卽ち湖州の人。光緖癸未傳臚、前淸禮部侍郞に任ず。詞家としての聲譽と校詞の事業とは世人衆知のことなり。現在詞家として元老の地位にあり、現に河南大學に在る邵瑞彭、上海申報に在る趙尊嶽及廣東中山大學の陳洵の如き、斯老に踵で起ちたる健將と謂ふべきか、何れも朱氏

と師友の間にあり。余は、邵瑞彭氏の紹介狀にて其の舊識程淯とともに彊村を虹口東の寓に訪ふ。彊村此頃體氣甚だ佳ならず、衰老殊に甚だし、門を閉ぢて客を謝す。但程氏の先容もあり、强て出でて會見せるが如し。其言語亦模糊の點多きやに見受けたり。是以余は只其言ふ所を聞き、敢て此方より發言することを差控へたり。其の談に云ふ、余の『彊村叢書』（民國十一年刊成）は凡そ四十冊、人よく其の續補の稿本あるや否を問ふ、余未だ續補に從事せしことなし、只後の學者によりて大に續補集成せられんことを希望し居るのみ、聞く趙萬里既に其の輯する所を刋印せりと、甚だ慶すべきことなり。又云ふ、考試の學生は名利の爲に起見し、學問を講ずること能はず、講學の門生は得難し、自己學問なく何ぞ門生をと謂はんや（此處言語稍支離に似たり）。又云ふ、陳洵の詞甚だ佳し、其『海綃詞』は詞家としての佳製なるのみならず、其詞學造詣も現世稀に見るところ、近く其の著書の刋行を見るべきなり（其書名記憶せず）。余の『彊村詞』猶ほ續稿あり、其他著稿なし。近日『唐詩三百首』の體裁に倣ひて『宋詞三百首』を刋著せり、童蒙の爲に用ゆる教科書として愼重に選輯せるものなり云々。彊村嗣子なく、心境頗る蕭條、寒貧にして又鬻字生活を以て餘齒を送りつつあるものなり。殊に親交道契尤も篤かりし鄭文焯、周夔笙無き今日に於ては、絕景窮居、患難餘生、眞に同情に堪えず。因に邵瑞彭の詞集は既に付梓し、近く開版の筈なり。又陳洵、字は述叔、新會の人、現に年六十餘。其の詞才及詞學は彊村の尤も推賞する所にして、『海綃詞』黄節序にも此事に述及せり。趙尊嶽、字叔雍、武進の人。臨桂周夔笙（名は周頤）の高弟にして、朱彊村の推重を得たり。詩餘駢文を善くし、其茂才今の作家中に於て比肩するもの寡しといふ。年猶不惑に至らず。『和小山詞』の著刋あり。前年四印齋本『夢窓詞』を刊布し又多く珍貴の詞書を藏す。現に上海申報經理の祕書を勤めつつあり。

孫德謙、號は隘庵、元和の人。現に上海愛文義路に住む。其著す所の『太史公書義法』、『劉向讐學纂微』、『漢書藝文志擧例』、『六朝麗指』を輯めて『孫隘堪所著書』として世に行はる。又『群經義綱』、『諸子通考』及び『二妙年譜』の著刊あり。『文選學通義』若干卷、『中國文學通志』若干卷、未成稿なり。自ら云ふ、師沈子培先生既に逝世し、劉申叔（師培）早故したる後、余は王靜安（國維）と共に滬上にあり。靜庵及張孟劬（爾田）と交誼殊に深く、常に面見して校書に從事せるも、靜庵投湖し、孟劬亦近く北平に去りて、余孤影蕭索、獨行踽々、何の樂もなし。猶ほ隱居著書せんことを思へども氣力の如かざるを奈何にせむ。余貴國友人甚だ多く、貴國文化會は余を評議員に招きたることあり。『太史公書義法』は獨逸の某に大學にて教科書に用ひられたりと語り居りたり。予前數年以來隘庵と信函の往復あり。又其の著書を讀み竊かに思ふ、四十餘歳の中老學者なるべしと。今次面見、實に六十三翁の辮髮を蓄へたる遺老風貌なりしに驚きたり。又聞く、隘庵に『四庫全書提要校訂』一卷の撰著ありと。

予は、現に上海に在る章朱孫三氏を訪ひ、其の近況を敍すること上記の如し。茲に往年『國粹學報』を發行し、支那國學界の爲に頗る氣焰を擧げたる該社の舊同人の現況に就て報告する所あるべし。予は其同人の中には必ず今に至て書香を墨守し斯學に沈潛しつつある者無きを保せずとの見解を持して各方に其同人を往訪したるなり。當年の同人中には劉師培、田其田の二氏既に逝世し、今存するものは前記の章炳麟氏の外、現に北平にある黃節、馬敍倫の兩氏あり。鄧實、陳去病、黃賓虹、諸宗元の四氏は皆上海にあり。

鄧實、字は秋枚、廣東順德の人。現に上海靜安寺路に住みて、風雨樓の牌を掛けて骨董書畫を賈ひつつあるが如し。其藏書中に往年排印の『定庵集』底稿本（定庵の子橙の校定せる）、劉師培の遺稿『春秋繁露斠補』（硃書）、『藏經提要』稿本三册（『春秋左氏傳舊注疏證』と附印したる原稿紙を用ゆ）等あり。皆『國粹學報』に登載したるものなり。鄧實の弟、名は方、字は秋門。頗る奇氣異才あり、精思篤學の士なり。不幸二十一歳にして蚤世し、其『小雅樓詩集』八卷『文集』二卷の著は其歿後印行さる。此人頗る惜むべし。諸宗元、字は眞長、詞章の學に長じ、藏書に富み、珍貴なる鈔本孤本多かりしも火災に罹り其十の九を失へり。人物尤も溫篤、現に石炭商を營みつつあり。今も詩書を善くするを以て知らる。黄賓虹、現に畫を以て滬市に鳴るものなり。又鄧實氏より神州國光社を引受けて印書の事業を經營す。此頃漢熹平石經殘石二百七十九件の墨拓を得て付印したり。學者同人に在らざるも、終始鄧黄諸三氏及黄節氏等と親交關係にありたる朱鉢文は營業に從事しつつ『說文』研究を志しつつあり。又王蘧、字は秋湄は北朝金石拓本に關する蒐集と研究をなし、著稿整理中に在り。今は鹽業を營みつつあり。朱王兩氏は今後相當の時機に於て著書に專心すべき氣概を示し居れり。黄節、馬敍倫及び既に死歿せる劉師培に關しては、別に敍することあるべし。

（二）劉承幹、董康、徐乃昌及び張元濟の近業

劉承幹、字は幹貽、南潯の人。現に上海佛國租界愛文義路に住む。氏は近年所謂邦票の厄に遭ひたる後、身邊を驚戒し、來客に面接せず、外出することも甚だ稀なり。余は董康氏と相約して氏を往訪したるも、

南潯に在りと稱して面會せず。其書室に在りて鈔本を爲しつつありし際、屢々其室に來る白髮の老翁あり。後に至りて其の人卽ち劉氏なることを知りたり。其外來のものに對する警戒推して知るべし。氏の藏書の一半は南潯にありて、他の一半は上海に在るが如し。現に武漢大學教授徐行可は今年二月より約一ヶ年の豫定にて南潯に在りて奇書の鈔校をなしつつあり。又董康氏は毎日劉宅に赴きて終日『嘉業堂善本藏書志』の編輯中なり。既に其書目を定め、序跋題記の鈔寫を畢り、その攷語を草しつつあり。其の付梓を見る迄には猶ほ多日を要すべし。劉氏の藏書の來歷に關しては、光緒宣統の間に於て約十數年に亙りて徐に購收せしものにして、其宋元善版本に至りては袁氏芳瑛の舊藏のもの多く、天一閣本及四明盧氏抱經樓本もありと云ふ。明刊舊鈔本尤も多く、當時士大夫此種書籍を注重せざりし爲に頗る廉價を以て購收し得たりと。徐松鈔出『宋會要』の所藏は能く學者の知る所にて、『罪惟錄』九十卷鈔本、査繼佐の撰、此書の如きは明史史料中頗る價値あるものなりと。劉氏は購書と同時に稀見古書及今人名著を刋行せるもの甚だ多く、『嘉業堂叢書』、『求恕齋叢書』、『留餘草堂叢書』及『嘉業堂金石叢書』等其中に輯する所頗る多く、其他『八瓊室金石補正』等を始め單行本として刋行せるもの甚だ多く、余もと董康氏に相謀り南に赴く豫定なりしも偶々洪水の爲に船車の阻碍あり、又太湖沿岸は匪賊の患頻に至り、水災匪患の漸く息むを俟ちて發途することに決したるも竟に其行を停止し、後の機會を俟つより他なきに至れり。

董康、字は綬經、江蘇武進の人。政界に在りては屢々大理院長に任ぜられ、又司法總長に任ぜられたる經歷を有す。年六十四歳、今の董氏は意を政界に斷ちて讀書著述に從事し、又文化的事業に對する意見を懷抱するものなり。現に毎日劉承幹氏の宅に赴きて、其藏書志編纂中なること前述の如し。同氏は民國十五年冬より十六年四月まで政變の爲に日本に避難して日本に在り、その間に於て日本に存する舊槧孤本及舊本小説を訪求し、仔細に其版式内容を記し、兼ねて日常の應酬其他事情を記したる日記を草し、『書船庸譚』四卷を著はし、民國十九年四月（昨年）大東書局より印行せり。董氏は今年五月、大東書局經理沈駿聲氏を慫慂して二十集足本の『指海』を影印發行することとなり、氏自ら其序を作り、其出版に對して賛助をなしつつあり。又此頃上海『申報』上に日支文化事業に對する具體案を草し、自家の意見を述べたるものを發表したり。同氏の刊書事業の進行は時に緩急あるも未だ嘗て息めず今日に及びたり。董舜民『蒼梧詞』十二卷、現に刊刻中なり。又『古文舊書考』四卷及『鐵琴銅劍樓書目』三十卷も刊行の豫定に在り。『古文舊書考』四卷とは島田翰氏が宮内省圖書寮に在りて閲書の時に美濃紙約六百枚に記したる隨錄にして刊本と異同あり。その原稿本現に北平の董氏宅に藏有すること、余の前年聞及べる所なり。

徐乃昌、字は積餘、安徽南陵の人。年七十、現に上海に住む。日本に遊ぶこと兩次、其人によりて刊刻されたるものに、『隨庵叢書』、『隨庵叢書續編』、『積學齋叢書』、『鄦學叢書』、『懷豳雜俎』、『隨庵所著書』、『宋元科擧三錄』、『至聖林廟碑目』六卷、『徐公文集』三十卷、『永嘉四靈集』四卷、『天遊閣詩集』、『玉臺新詠』十卷、『小檀欒室彙刻閨秀百家詞』十集等あり。又頗る藏書に富み、清代稀見本及鈔本多く、『積餘齋藏書志』の編あり、未刊。近く黄質（賓虹）等と相謀り、『安徽叢書』刊行の計畫をなし、現に所輯書目選定中。

張元濟、字は菊生、海鹽の人。現に上海商務印書館經理にして、東方圖書館の董事なり。上海商務印書館の出版事業を以て現支那の文化開發に貢獻しつつあるを知る時は、其功績の大部分を張氏に歸して稱贊せざる可らず。又東方圖書館が二十餘年以來の經營によりて今日の鉅觀を致したる功績も亦張氏に負ふ所多きは言ふを俟たざるなり。氏は現に書館に在りては、全力を擧げて該館三十五年紀年出版として百衲本二十四史の發行の爲に努めつつあり。他の諸種企劃は一時之を擱置するも、此一事は完全成功せしめざる可らずと云ふ意氣を示し居るが如し。實に百衲本に採用したる宋元舊刻は殿版本の訛誤を訂正し得る所甚だ多く、『史記』『前後漢書』及『三國志』の四史皆宋刻にして、其見本には殿版本と對照して其異同を瞭然たらしむる等、此書の價値と張氏の苦心とを知るべきなり。又東方圖書館の藏書總數約三十萬册に達し、會稽徐氏鎔經鑄史齋、長洲蔣氏秦漢十印齋、太倉顧氏諛聞齋、及び盛氏意園、豐順丁氏持靜齋、江陰繆氏藝風堂の善本多く該館の珍弆となりたるは人の能く知る所なり（もと涵芬樓と稱し近年東方圖書館と改名す）。聞く所に據れば、該館の善本書籍は今館内に在らず、某銀行に於て保管中なり。其は去年閻馮の事端を構へたる時、兵難を避けて他處に移藏せしなり。民國十六年、孫傳芳、張宗昌の兩軍が上海に來駐するや、該館は兵舍となり、兵卒は書籍を以て石炭に易ふるが如き無謀を爲したり。是を以て某銀行に移藏して、此次の厄害を避くることとせり。今夏洪水、黃浦江俄に增潮して善本浸濕皆悉く水害を承けたり。藏書猶ほ且艱難多きこと是の如し。最後に一言附敍す可きは、張氏の學藻高尚、現支那には多く見ざる溫厚篤實の人格にして、且つ手腕を有する老紳士なること是なり。

（三）『四庫全書』及其『提要』に關連したる撰著と事業

上海佛國租界梅白格路にある醫學書局は丁福保の經營せるものにして、始め醫學書籍を出版し、近年支那國學に關する便宜の書籍を纂印し、學者に便する所ありたり。『說文解字詁林』八千頁の巨編の如き世間多少の評論ありと雖も、收むる所一百六十餘種、少なくとも原書を分購する力なきものにとりては便利の編製なりとす。丁氏更に『四部書目總錄』の編印を計劃したり。其の趣旨は各家の讀書志、題跋記、藏書志及各史の經籍考、又各家の文集筆記中に見ゆるもの一切を採錄して一の系統的解題書を作製せんとするに在り。既に其見本を印刷し、引用書目錄表を附したり。予醫學書局に至りて其編輯周雲靑に對して此事業の進行如何を問ひたるに答へて曰く、此書民國十六年末より着手して既に五ヶ年に及びたり。史志、地方書目及私家藏書目錄等より採錄すること略々完了せしを以て、目下淸各家の文集及各省方志中の經籍志より採錄中なり。文集方志の細目殆んど二千餘種に至りたりと。又其引用書目に就ては、既に見本中に記載せるものの外、更に四十餘種を增すことを得たり。予は其中より左に『四庫全書』及『四庫全書提要』に關する一類を揭ぐべし。

甲、『四庫目略』四冊、今人楊立誠撰（注に云ふ、此書『簡明目錄』よりも簡要なり。）

乙、『四庫全書提要分纂稿』一卷、淸邵晉涵撰

丙、『惜抱軒書錄』四卷、淸姚鼐撰（注に云ふ、此れ姚氏四庫提要を分纂するときの稿本なり。）

丁、『四庫全書提要補正』、『四庫未收書目提要續編』、不分卷、今人胡玉縉撰（余の聞くところに據れば、胡氏は未だ其稿本の鈔寫を許諾せずと。）

戊、『四庫全書提要辨證』、不分卷、今人余嘉錫撰（余の聞くところに據れば、余氏は未だ此稿の鈔寫採錄を承諾し居らずと。）

己、『四庫全書提要校訂』一卷、今人孫德謙撰（余按ずるに、此稿は『東亞學術雜誌』に登載されたるものなるか、再考を俟つ。）

庚、『四庫未收書目提要』五卷、『揅經室經進書錄』四卷、『宛委別藏正續書目提要』、不分卷、清阮元撰

辛、『四庫未收書目提要補』四卷、今人周雲靑（余の周氏より聞くところによれば、此書未だ脫稿せずと。）

壬、『續書樓讀書記』一卷、今人倫明撰、此『續修四庫全書』の尙書類提要稿となす（余の倫氏より聞く所によれば、此稿大連胡玉縉の爲に作製せしものにして、稿本今何處に在るかを知らず。周氏は云ふ、此本の鈔本を藏有すと。）

引用書目記載以外に近く新に得たる所の引用書籍中、『四庫全書』に關するものとして周氏より聞及べるものに左の四種あり。

甲、『四庫全書提要分纂手稿』、百五十册、淸翁方綱撰（余の聞く所によれば、此書現に劉氏嘉業堂に藏す。翁方綱撰にあらず、方綱の鈔寫なりといふも甚だ怪しむべしとなり。又或は云ふ、此書左程重視すべき價値なしと。再攷を俟つべし。）

乙、『四庫全書抽燬書目提要稿』、淸紀昀等撰、今人王重民輯刋本

丙、『四庫未收書提要』二册、淸周郁撰鈔本、未刋

丁、『四庫後出書序跋』四十四卷、附『未收書序跋』一卷、清曾文玉編（蘇州圖書館、其原稿本を藏す。）

丁氏此書の編印は本年中に於て、其編纂を終へ、明年出版をなし得る見込なりと。四庫全書及提要に關する撰者には余の上記の外なほ兩三種あるを聞及ぶ。一は現任常熟縣長方辛根（名は新）の『四庫全書提要辨正』にして、未だ卷を分たざるも二十幾册の巨稿なり。方氏もと湖南圖書館長に充任し、最も乾嘉學派に關する流別に精しと云ふ。二は南京江蘇第一圖書館の戴某の『四庫全書書目韻編』にして、もと不完の作なりしも、近年范志超なる者（武昌の人）の增補によりて完成せるものなり。現に北平圖書館に藏するものは增補前の稿本によりて繆荃孫が鈔寫せしめたるものなり。由來『四庫全書』索引に大東書局石印本『四庫全書總目提要』に附したる四庫人名索引あるも編輯拉雜、遠く戴氏の嚴正に及ばざるなり。三は湖南葉德輝の遺著『四庫全書版本攷』なりとす。此書近く付梓出版の計劃あり。葉氏の尤も心血を傾注せし製作なることは論を俟たず、然も此書は『四庫全書版本攷』と云ふは稍妥當ならず。何故なれば四庫の採用本に對して、葉氏が目睹藏有する圖書によりて批判をなしたるものにして、開版の際は學者に裨益すること尠からざるべしと思はる。其の他蘇州黃頌堯に『四庫未收書版本考』あり（江蘇圖書館館刊に見ゆ）。此本採るに足らず。又現に北平に在る陳垣氏は『四庫全書』に關する幾種調査草稿あり。又東京靜嘉堂文庫に皕宋樓舊藏本なる周中孚（字は鄭堂）、『鄭堂讀書記』の著者の『四庫全書存目提要』若干卷の稿本あり。此本他處に副本を有する所なく、鄭堂の考訂に嚴正なる、學人の間既に定評あり。余は未だ仔細に其內容を窺はずと雖も其精深の製作たることを信ずるものなり。上海醫學書局より出版せる『四庫全書提要敍箋註』あり。童蒙の教科書に用ゆべきものなり。其他新聞雜誌等に見えたる『四庫全書』（『四庫薈要』をも含む）及び『四庫全書提要』に關する文篇は今略して掲示せざるべし。要するに余は庫書及び其提要に關する後人の述作供獻を列擧し、此れに關する更に詳細にして確實なる調査研究を爲すことは、將來『四庫全書』を中心とする續輯提要續修、其他有ゆる事業の爲に頗る緊要なる事と信じて疑はざるものなり。又『四庫全書』及其提要に關する正當なる價値と理解は『四庫全書』及び其提要に關する諸家の述作に對する正當なる批判を爲す上に於ても右樣の調査と研究とを必要とすることを痛感するものなり。

三、杭州、寧波、慈谿、餘姚、紹興

八月五日午前九時、滬杭甬鐵路にて上海より杭州に向ひ、下午一時到着、車站前の城站旅社に投宿す。余紹宋、葉瀚を訪ふ。葉氏不在、余氏は病中なるも予の來るを喜びて強ひて面見す。予、余氏と北平に相識り、相見ざる四年なり。六日早朝、再び葉瀚を訪ふ。相見ざる一年、款談一時間餘快甚だし。馬浮を訪ふ。午後四時、旅社に回る。葉瀚氏衰病の軀を強ひて來訪す。予を湖畔の樓外樓に招かる。明春北平に在りて再會を約して辭去す。七日、張元濟の紹介を以て吳士鑑を學官巷の邸に訪ふ。家人云ふ、吳は四年以來臥病、未だ一時も快適を見ず。此頃暑氣の爲に病患殊に沈重、親戚と雖も面晤せざるなり、乞ふ失迎の罪を恕せと。其親戚にして豐華堂藏書の持主なりし楊見心を訪ひ、詳かに吳氏の近情と藏書收集の緣起とを聞く。吳昌綬の『寶華堂藏書記』を鈔す。又玉版『御製文淵閣記』一函及び紫光閣畫像兩幅を示さる。下午文淵閣及び西泠印社に至る。新任浙江圖書館長某未だ着任せざる爲め、文淵閣及圖書館を參觀すること能はず。下午四時、旅社に歸る。八日早晨、旅社を出て錢塘江を渡り、八時江邊より自動車にて紹興站に到り、城内の新旅社に投宿す。姚振宋の息某を訪はんとして竟に其所在を詳にせず。徐仰之なるもの書肆今古書店の主人、常に杭寧の間に往來して此方の事に通ずるものなるが、亦今此處にあらず。數處の書肆を巡りたるも一も購ふべきものなし。九日早晨、五雲に至り自動車にて曹娥江に至り、滬甬鐵路にて寧波に向ふ。午前十一時到着、甬安旅館に投ず。午後一時、天一閣に至る。各書肆を一巡し、後馮貞群を訪ふ。偶々北平孔德學校校長を辭して歸鄉せる馬廉と邂逅す。陳漢章氏を象山に往訪する道程を聞く。時に暴風雨の警報あり、旅社に歸りて『天一閣現存書目』を鈔寫す。十日、來寧中の張之銘を訪ふ。象山行を中止す。『書目』を鈔畢り、午後一時離寧。午後二時、慈谿に到着す。下車して楊遜齋を北門頭に訪ふ。四時、又餘姚に向て發し、餘姚に到着。余安客棧に投宿す。周巷の柳鑄を訪はんとす。城外四五十支里昨日の風雨にて行道不便、前途を急ぎ此行亦中止するの外なし。十一日午前九時登車、曹娥江に下車して、自動車にて五雲に到り、車を易へて錢塘江邊に到着、江を渡りて閘口に至り、杭州城内に入り、浙江圖書館發行所等に至り、六時登車、夜十一時上海着、神州大旅社に投宿。

（一）杭州寧波の間に於ける舊學者

吳士鑑、字は烱齋、錢塘の人、其傳は『含嘉室自訂年譜』に詳かなり。現に杭州に住む。吳氏夙に『晉書』の闕略不備を病み、竟に『晉書斠注』の撰纂を發願し、三十年の年月を經て草稿既に富み、後烏程劉承幹の協力を得て、民國十六年に至りて其撰纂を完畢して北平に於て付梓、本年竟に其開版を見るに至れり。『晉書斠注』凡そ一百三十卷、此書開版以來、既に數月、未だ此書に對する學者の評論を聞かざるなり。尤も卷首に吳劉兩氏の長篇序詞ありて、皆撰纂の要領を詳述せるものなり。吳氏には『含嘉室舊著』として『晉書校注』若干卷、及『補晉書經籍志』四卷の刊著あり。吳氏は校史の資料を金石に求め、一碑を見る毎に之れを史事に參考し、其跋文を撰し、『九鍾精舍金石跋尾』二冊の刊著あり（宣統二年刊）。

葉瀚、字は浩吾、杭縣の人、今年七十九歲。往年張之洞幕下に在りて、錢恂、辜鴻銘、王觀年等と共に頗る重用され、然も張氏と意見合はず、光緒二十七年頃上海に在りて速成師範學校を創設し、開校三年、其卒業生を以て多く日本に留學せしめ、當時の歐米留學の主唱に對して日本留學の先唱をなせり。後雲南に赴き、日本に渡り、竟に北京大學に延聘され、支那美術史を講ずること十四年に及び、支那美術に關する撰稿甚だ多く、未だ一も刊印されたるものなし。邦人の支那美術研究者大村西崖氏の如き、同氏より得たる所決して尠からざるなり。昨年病を以て歸杭、浙江大學教授となり、其淡泊生涯頗る受業生の同情をうけ、近く南京教育部は其の學界に於ける偉功を多とし、其美術史の完成を希望して特別編修と云ふ名義を以て其生活研究を資助することとなりたり。

馬浮、字は一浮、杭州武定庵に寓す。閉門辭客、其武林學者間に於ける聲譽籍甚なるものあり。予、余紹宋等の懇切なる紹介を以て、面見を得たり。蓋し異數のことに屬す。其貌は長髯豐頰、年を問へば正に五十歲、其の談に云ふ、漢學は卽ち六藝の學なり。其中儒家の學あり、董仲舒劉向の如きこれなり。經師の學あり、馬鄭是なり。博士の學あり、今の大學教授の如き皆此類にして所謂俗學なり。清人の學術は唯博士の學あるのみ。經師の學に及ざること更に遠し。清代最高のもの漢代に在りては最下のもの、之れを儒家と稱する能はざるなり。漢以後の學に至りては、余は下の四派に分つ。王輔嗣等の闢きたる玄學、鳩摩羅什等の義學、及び禪學、理學、是れなり。余初め文學を治め、次で考據の學を爲し、中年以後義理の學に從事す云々。以上の談話によりて馬氏學術の一斑を知るべきなり。未だ其著述の刋印せるものなし。氏は乙丑卽民國十四年、『通志堂經解』より張順孫の『四書纂疏』を影印せしことあり、其卷末に長篇の考跋あり。詳かに四書を治むる方法を說きたるものにして、兼て馬氏の學術を窺ふに足る。

余紹宋、字は越園、廣東龍游の人、現に杭州に住む。數年前北平に在りて畫及畫學を以て聞えたり。其の『畫法要錄』十七卷は曾て北平に編印して、支那畫學の爲に忠實考證の法を創始せるものとして頗る好評を得たり。余氏更に其滿意ならざる點を補訂して最近中華書局より其補訂を印行せり。他に『中國畫學目提要』と云ふ一書あり、北平圖書館より印行を希望し來りたりと。余氏年五十餘、來杭以來、時令不適、屢々病患に冒されたりと。今も病臥中なり。

陳漢章、字は伯弢、象山の人。現に象山縣東鄕に老歸し、著述に從事す。往年北京大學教授となりて史學を教授し、後南京東南大學に轉じ、昨年同大學を辭したり。著に『綴學堂初稿』若干巻あり。又『象山縣志』の撰刊あり。近く其史學に關する論篇編刊を見たりと。其學藻竝に端嚴、尤も敬服すべき學者の一人なり。

杭寧の間老學を以て聞えたるものに楊遜齋及范鑄の二人あり。楊氏を慈谿に訪ひたるに、北京京師大學の教授を辭して歸郷以來、優遊自適、別に考據專著等のことなきに似たり。予曾て其京師大學に於ける史地に關する講義録を偶見したることあり。年七十。

范鑄、初名文榮、字は壽金、號は柳堂、年七十六。史地の學を究め頗る著述に富む、未だ一も刋印されずと。予未だ其の著述書目を見ず。同氏より其詩集一册を贈られたり。其著書目錄再查を俟つべし。

浙江省はもとより現時學者の淵叢地なるも、郷閭林泉の間に隱れて著述讀書に專心するの老學に至りては誠に其人寡きに似たり。況んや後學に於てをや。紹興蔡元培の南京に在り、餘姚章炳麟の上海にあるを始めとし、杭縣馬敍倫（字は夷初、現に北京大學教授）、鄞縣馬裕藻（字は幻漁、現に北京大學教授）、馬衡（字は叔平、裕藻の弟、現に北京大學教授）、馬廉（字は隅卿、裕藻の弟、前北京孔德學校々長）、吳興沈尹默（北平大學校長）及沈兼士（北京大學教授）、海寧趙萬里（北平圖書館）、吳興沈維鈞（字は勤廬、蘇州東吳大學教授）、瑞安邵瑞彭（字は次公、河南大學教授）、海寧陳乃乾、象山周璡（字は廸斐、上海滬江大學教授）、瑞安陳準（字は繩夫）等各地に於ける此省出身の國學界人才に至りては悉く列擧し盡されざるなり。

（二）天一閣、耕餘樓、豐華堂の現在

八月九日、予寧波に至りて、先づ天一閣を訪ねたり。其營造は完全に存し、思古出情、人をして憤然たらしむ。園木池亭、亦稍荒廢せりと雖も猶ほ舊觀を存し、閣は二層樓にして樓上は書庫、樓下四楹には几案を配置し、多く聯句を掛けたり。榜示の文に云ふ、「子孫無故開門入閣者罰、不與祭三次、私領親友入閣及擅開書橱者罰、不與祭一年、擅將藏書借出外房及他姓者罰、不與祭三年、因而與押事故者、除追懲外、永行擯逐、不得與祭」、閣書に對する家例門禁の嚴峻なる、此文によりても知るべきなり。范氏一族は閣の隔壁に住居し、家長筱寶は年八十二の老翁にして家中稍々文字を識るものを佐鄉と云ひ、家務の全部之れに委任され居るが如し。昨年十月二十日、浙江省教育廳は楊鐵夫胡顯等を派して、一日を以て現存書目を調査して報告せしめたり。其報告書には九百六十二種七千九百九十册を登錄し、其內完全なるものは三百十種、餘は皆殘缺なり。寧波市長楊子穀は其書目を市政月刊に登載して其保存を聲明し、一面范佐鄉に對して其覺書を送付せり。按ずるに天一閣は明嘉靖進士、兵部侍郎、范欽字は堯卿藏書の所にして、四明藏書の首位に居ること言ふを俟たず。乾隆中四庫を開き詔して天下の遺書を求むるや、其裔孫懋柱なる者、其六百二種を選びて進呈し、恩賞を受けたり。又大臣を其家に遣はして其藏書方式を考査せしめて、天祿琳琅閣の式と爲さしめたり。嘉慶の間阮元は『天一閣書目』を刋布し、其書目には凡そ四百九十四種、五萬三千七百九十九卷、其碑目は凡そ七百六十四種と云ふ鬱然たる大觀を存したり。太平天國及び民國革命の戰亂に兩次散佚したる外、近年扃鐍稍々疏にして、竊かに盜售するもの續出し、日に散亡して以て今日に

及べるなり。予が來寧の際、北平圖書館の趙萬里の來るを俟ちて、馬廉、馮貞群等數名、閣書を披見せんと范氏に對し交渉しつつありたり。家例の嚴なる竟に開閣を允されざりしと云ふ。予、其『現存書目』を馮氏より借鈔したるに、明版方志に關するもの尤も多く、其内完全なるもの亦多し。

馮貞群、字は孟顓、現に寧波水凫橋に住む。先人以來藏書の富を以て知られ、一時殿版『圖書集成』に至りても其七部を有したりと。又光緒の間上海同文書局の殿版影印の『二十四史』は馮氏の印行せし所にして、坊間馮氏耕餘樓の圖書印章を有するものは其舊藏本なり。現在の耕餘樓は近二十年間寧波及其附近に在りて購收せしものにして、此地方に關する圖書頗る多く、鈔本また多く、其價格二萬元を稱し、未だ良賈を得ざるなり。

八月六日、予豐華堂主人楊見心を杭州臥霞菴に訪ふ。見心、字は建新、年六十に近く、其談に云ふ、豐華堂藏書は余が過去三十年間に北京蘇杭の間に於て購收せるものに先人雪漁の藏書を加えたるものなり。淸人著書を主とし、明版本などは寡し。吾杭の藏書家としては丁氏を以て最とし、我れ之に次ぎ、我に次ぐものは徐東海を以てすべきか（按ずるに徐氏、名は則恂、號は允中、靑田の人。民國年間水警廳長たりし時購書につとめ、『東海藏書樓書目』の刊印あり。其中各省通志及浙省各縣志尤も完備す）。丁氏八千卷樓は既に大部分南京龍蟠里圖書館に歸し、我家の物亦淸華大學圖書館に售渡し、徐氏東海の藏書も既に先年東京に購去されたり。爾後竟に吾杭に於ける藏書家と云ふべきものなし。予の藏書は凡そ三千種八萬册、價三萬元。竊かに思ふに、予の父子思想異同あり、學ぶ所亦同じからず、嗜好も亦異なる、長く個人を以て之れを藏するは甚だ謂れなし。

卽ち意を決して售出、何等憾なきに似たり云々。余は吳昌綬の『豐華堂藏書記』を鈔したり。八千卷樓は頭髮巷に在り、又八千卷樓丁氏の後人丁輔之は現に上海中華書局編集部に勤務し居り、又孫康侯なるものあり。其先人孫仰曾は壽松堂を開き、杭城六大藏書家の一、乾隆南巡の際獻一百種餘、均しく四庫に入り、『圖書集成』の賞賜あり。現に宋刻『名臣琬琰集』を藏するのみ。康侯書を善くす。今年六十四歲。壽松堂は林司後にあり、又徐氏東海藏書樓は雄鎭樓に在り。

四、蘇州

八月十一日夜、杭州より上海に歸來、十二日午前十時、蘇州に向ふ。午後一時到着、城外の蘇州飯店に投宿す。滄浪亭圖書館卽ち江蘇省立蘇州圖書館に赴く。館長陳定祥及館員陳華鼎に面會す。陳定祥、字は渭士、學古堂出身。陳華鼎、字は子彝、今春赴日社會教育を視察せり。華鼎に導かれ、該館圖書室を參觀す。歸宿。十三日早晨、金天翮を其寓に訪ふ。倶に王佩諍に詣りて其藏書を見る。又佩諍に導かれ、許博明を訪ふて其藏書を見る。又吳梅を訪ふ。晚刻歸宿。十四日、佩諍と王欣夫を訪ひ其藏書を見る。欣夫、佩諍と怡園に遊びて喫茶、下午六時、金天翮、王佩諍より農場菜館に招かる。會する者、許博明、潘博山、顧起潛、王欣夫、錢錢等あり。十五日朝、許博明を訪ふ。王欣夫に詣りて倶に曹元弼を往訪せんとす。楊鍾義の紹介狀を持つ。暑患の爲に臥して起たざること數日、他日を期して面會すべしと。陳渭士等數士を訪ひて行を辭す。城中の各書肆を一巡して歸宿す。十六日、蘇州より鎭江に向ひ、九月九日午後八時、南京より再び蘇州飯店に投ず。十日、王佩諍を訪ふ。曹元弼は訪はんとせしも、病患沈重面會を得ず。病間少適の時を俟て信を楊鍾羲に寄せて謝辭を致すべしと。午後八時、登車して上海に向ふ。

（一）曹元弼（及び元忠）、王季烈の近情

呉中亦學術發光の地にして學者輩出、近二三十年間に物故せるものに潘祖蔭、呉大澂、江標、王仁俊、楊峴、葉昌熾、顧文彬、費念慈（流寓）、鄭文焯（同上）、曹元忠等あり。現に生存する耆宿に曹元弼、王季烈、孫德謙、章鈺、胡玉縉あり。或は云ふ、蘇州學術は馮桂芬に至りて完備す。餘は總て編述に長ずるのみと。尤も馮氏の『說文段注考正』十六卷（民國十七年上海蟫隱廬影印稿本）は他の許學諸書に比し佳製なること言ふを俟たず。蘇州學術馮桂芬に至りて完備すとの說は傾聽に値するものあり。又蘇人の著述編纂に長ずることも、之を事實に徵し得ることなり。雖然、近數十年間に輩出せる鴻儒碩學、現存する所の老學猶ほ尠からざること等、他處の比擬し得ざる所にして、豐淳なる地方的風紀の然らしむる所かと思はる。王仁俊の著書書目に據れば頗る多くの遺稿あるに似たるも、其多くは未だ脫稿せざるものをも列擧せり。其遺稿の大部分は其子俊賢のもとに在り（王俊賢現に北平に在り）。

葉昌熾は『語石』及『奇觚廎文集』の著者にして、『札記』は近く王某に依りて上海大東書局より影印さるる筈なり。

鄭文焯の著書書目及年譜に就ては、予曾て少しく纂述する所ありたり。

予は呉大澂が『古籀遺文』と刊印したる呉氏所用の稿紙を得たり。某云ふ、此書數頁を刊刻して他は停刊せりと。此事再攷を待つべし。

孫德謙とは上海に於て面見す。章鈺は天津に在て訪問すべく、茲には曹元弼及元忠、王季烈に就て聞く所を記すべし。

曹元弼、字は叔彥、吳縣の人、前清恩科進士。光緒の間張之洞の延聘を承けて湖北兩湖書院の山長となり、又存古學堂經學總教となる。辛亥革命に逢て歸去し、心迹寂寥、又眼を患ひ門を閉ぢて一切客を接見せず。現に六十四歲、頗る老衰し、且屢々病患に苦しむと。然も著述少怠なく、眼病の爲に閱書すること能はざれば、すべて往年記憶する所によりて執筆し、自ら拳大の文字を書して筆生をして整理せしめ以て編成をなすと云ふ。叔彥に二兄あり。長兄元恆は名醫を以て知られ、後光緒帝に徵さる。由來曹氏は世に醫を業とし、四世に及びたり。次兄福元、河南巡撫となり、既に逝世、文毅と謚す。『華蕚競輝集』若干卷の著あり。兄弟三人醫官儒の巨手を出す、人皆異數となす。叔彥子なし。福元の子を得て嗣となし、其「復禮老人所著書」下記の如し。『周禮鄭注箋釋』二十六本、『周易集解補釋』十七本、『周易學』四本、『禮經學』七本、『孝經學』一本、『禮經校釋』十本、『復禮堂文集』六本、『經學文鈔』三十本、予の聞く所に據れば、其著稿は猶多く筐に盈つ。皆少年の所作なりとして、人の問ふを欲せず。『周易學』『禮經學』『孝經學』は其「十四經學」中の三經なり。又『周禮學』『孟子學』『毛詩學』は既に其稿を完成して刊刻を待つものなりと。又四十餘年以來の日記ありて、其五十歲以前のものには講學の記述多しと云ふ。

曹元忠、字は夔一、一の字は君直、屢々應試して不第、光緒末玉牒館漢校對官となり、王文恪の命を受けて內閣大庫の書籍を檢閱し、宋元舊本を考訂し、大庫の學部に歸するに及び學部圖書館纂修となり、光緒三十四年禮學館纂修に任ぜらる。革命以後家居し、朱祖謀、鄒福保、葉昌熾等と往來して講學す。民國十六年病卒す。其著に『賜福堂詩詞稿』四卷、『箋經堂文集』二卷、『宋元本古書考證』四卷、『學志』二卷、『顧王黃三儒從祀錄』三卷等あり。皆未刊。既刊書中、予の過目せるものは『司馬法古注』三卷、『附音義』一卷（光緒甲午春曹氏箋經室開雕）、盛宏之『荊州記』三卷（光緒癸巳開雕、箋經室叢書）、『樂府補亡』（光緒辛丑開雕、云瓿所著書第五）及び『禮議』の數種に過ぎず。『荊州記』は最も弱年の作にして、此書光緒二十七年重刊本あり、『栘山堂叢書』に輯む。『禮議』數十篇は宣統年間禮學館の爲に纂修せしものなり。尋で革命に値ひ劉承幹に依りて、付梓刊行されたり。其『箋經室所見宋元書解題』は內閣大庫に在りて校訂の際の隨筆にして、未だ自刻本無きも人多く之を借鈔し、鈔本を以て流行す。近く『江蘇省立蘇州圖書館館刊』中にも輯印せられたり。君直は叔彥（名元弼）の同祖兄なり。

王季烈、字は同愈、現に南翔に住む。著に『說文檢疑』若干卷、未分卷整稿中に在り。宋本『文選』を藏す、五臣注本なり。蓋し海內の孤本なり。李木齋また五臣本『文選』の鈔宋本を藏す。然も此本は數十年以前の鈔寫にして百年を出でざるものと見られたり。或は王氏藏本を鈔寫せしものか、再考を要す。顧起潛、字は廷龍、吳縣の人。龜甲文字に精し。同愈の弟子なり。

（二）曹門の金天翮、吳梅、王寶瑩、王謇

前駐日公使汪榮寶、字は袞甫、小學を研究し、修辭に長ず。曩に『法言疏證』十三卷の著あり。宣統辛亥の印行、最近更に補改を加へて『法言疏義』と改題して發行すべく、現に商務印書館にて印刷中なり。弟東寶、字は旭初、亦小學に通ず。詩詞を善くし、南京中央大學教授なり。現に蘇州に住居しつつある金天翮、吳梅、王寶瑩、王謇四氏は皆曹元弼の門弟にして篤學篤行の士なり。

金天翮、字は松岑、尤も史地の學に深く旅行を嗜みて遊記の稿甚だ多し。小說『孽海花』は曾樸の著なるも、但し其前二回は金氏の作にして、又全書の造意は總て金氏の創意に成るもの也。

曾樸は字は孟樸、江蘇常熟の人、實に『補後漢書藝文志』一卷、『補後漢書藝文志攷』十卷（光緒乙未刊）の著者にて、現に上海白克路に在りて眞美善雜誌社を開きつつありと云ふ。

吳梅、字は瞿安、吳縣の人。氏は往年北京大學に在りて曲學を講じ、後蘇州に歸り、今は南京中央大學及上海光華大學に在りて曲學を講じつつあり。氏が曲學の精深と曲學の爲に致したる供獻とは、予の贅說を要せざる所にて、其人亦極めて眞摯にして曠達、友生の敬服する所なり。

王寶瑩、字は欣夫、秀水の人。上海聖約翰大學教授、著に『黃蕘圃年譜補』、既に排印、『惠定宇年譜』未印、氏が讀書の際に於て原書眉上に記入したる所を摘抄すれば數十卷の讀書雜誌を得べしと。又黃蕘圃の詩五六百首を輯し得たりと。又藏書に富み、殊に清人考據の書多く、予に示されたるものに、程際盛『周禮故書攷』、瞿灝『無不宜齋稿』（詩集）、趙坦保『甓齋全集』、商發祥『三國志補義』等あり。近く嚴可均

『金石跋』四巻を單行印刷して學者に惠する所あり。此『鐵橋漫稿』十三巻本の巻九、十、十一、十二の四巻なり。

王謇、字は佩諍、吳縣の人。現に東吳大學教授に任じ、殊に金石目錄の學に通じ、兼て吳中の掌故に精し。又藏書多く、清代學術及金石掌故に關するもの多きに似たり。又『宋平江城坊攷』五巻、附錄一巻（吳中故市攷、吳中氏族考補）の著刊あり。此書は蘇州府學の平江圖碑に據りて志乘金石書を網羅して編述せるものにして佳作の評あり。予携て予個人の訪書目錄あり。其中王氏既に購收せるものに、嚴蔚『春秋內傳古註輯存』、沈欽韓『幼學堂文集詩稿』（巻一の八文巻、九の十七詩）、許瀚の『樊古小廬雜著』、雷學淇『亦囂囂齋校訂夏小正』、陶梁『詞綜補遺』（凡そ二十巻、鄭文焯藏本）、吳翼鳳『與稽齋叢稿』、莊棫『蒿庵遺集』十二巻、『文集』八巻等ありたり。上記の金吳及二王諸氏、皆此地の望族にして生活充富、數萬巻の藏籍を有せざるものなきに似たり。唯吳梅氏は簡素なる書生生活をなし、自家の小天地を樂しみ居れるが如く見えたり。

（三）博山の滂喜齋と許博明の懷辛齋

此地に於ける私人の藏書家に潘博山と許博明とあり。潘祖蔭、字は伯寅、吳縣の人、咸豐進士。其收藏圖書金石の富は吳下に甲たるものあり。宋刻『金石錄』、宋刻『白氏文集』殘本、『後村先生集』殘本、『淮海居士長短句』の如き皆士禮居舊存の北宋本にして、又北宋本『公羊春秋何氏注』一册の如き亦人間罕見の本なり。其の叢書の處を滂喜齋と稱し、每一書を見る每に解題を爲し、『滂喜齋讀書記』二巻及び『滂喜齋宋元書目』一卷を編したり。近年此齋に寓居して仔細に其の珍祕を校訂したるものは葉昌熾なり。『滂喜齋讀書記』もと二卷、葉氏頗る增訂する所あり、後三卷となし、書名を『滂喜齋藏書記』と改め、梓版既に刻成して、某種事情ありて久しく印行せず。その後海寧陳乃乾之を上海に排印發行し、其序に於て潘氏後人に對して頗る誣詬する所あり。於此文勤公の從孫承厚（字は博山）、王季烈の序及び自作跋文を加へ此書刊印の緣起を述べて出版する所ありたり。予、八月十五日、博山を滂喜齋（南石子街十四號寓）に訪ふ。王季烈の弟子顧起潛も其座にあり。其時示されたる善本下の如し。『春秋經傳集解』三十卷、南宋本、前序を鈔補す。『新雕雲齋廣錄』八卷、附刊『雲齋廣錄後集』、玉蘭堂、季振宜の印あり。『後山居士文集』四卷、『詩』二十卷、南宋本、晉府の印あり。『王仲初詩集』八卷、明初活字本、汲古閣主人精校、毎句讀晉を用ひたるは奇也。『陶淵明集』十卷、李公煥原刻南宋本。四部叢刊底本は此本を元に在りて重雕せしものなり。瑯閣舊藏本。此れ皆博山の新購のものにして、固より藏書記に載せざるものなり。因に博山亦頗る嗜書の癖あり。年三十左右、人物敦厚なり。

　許博明、日本に留學して法律を學び、現に銀行を經營し、頗る收藏を嗜み、其藏書の富は現に蘇州に在りては潘氏に亞ぐものならむ。其居を懷辛齋と云ふ。予其の書樓に至りては隨手披覽、宋活字本『劉子』、黃蕘圃の跋あり。此本影印本あり。宋本『九經直音』、宋本『禮記白文』、元版『東萊先生標注三國志』、明萬曆版『華嶽全集』、卷首曹士掄の識語に大順初年の紀年あり。又鈔本に『類聚名賢樂府群玉』（天一閣舊藏本）、『古易世學』（同上）、明鈔『詩品』、汲古閣鈔本『詞海評林』等あり。又『吳免牀日記』十二冊の原稿本あり。皆予の偶爾觀る所によりて記すのみ。蘇州に於ける學者中には由來藏書家多きが如し。近年物故せるものには、潘氏の滂喜齋を始め、吳大澂、王仁俊、葉昌熾、江標及び客寓の鄭文焯、葉德輝の如き皆其の例なり。

（四）學古堂同學存故及其近況の調査

試に學古堂日記中に見る所の記名に據り、今次面會せしところの該學堂同學者に就きて其存故及近情を聽取したるに、大半既に此世を辭して鬼錄中に在り。又其存故及現住處を詳かならざるもの多し。暫く之を錄存し、他日更に攷査する所あらむか、單に好事家の掌故に資すべきに止らず、其中或は窮居研經の潛儒于香草の如きものなきを保せざるなり。當時外課生內課生の別あり。內課生は堂中に起臥して修學せるものなり。長州費廷璜なる者思舊詩十四首の作あり。同學亡友十四人を追念しての作なり。

顧樹聲、字は九皐、元和の人。附生、存亡未詳。

許克勤、字は勉夫、海寧の人。優廩生、既に卒す。易學に精し。

金宏淦、字は夔欽、崑山の人。附生、既に卒す。『長江險要圖說』の著あり（內課生）。

郟鼎元、字は勳伯、元和の人。附生、學堂を離れたる後南洋大學に至りては外國文を學びたり。既に卒す（內課生）。

張一鵬、字は雲博、元和の人。癸巳恩科擧人。曾て司法部次長となり、現に蘇州に在りて辯護士を營む（内課生）。

申濩元、字は辛簠、元和の人。

徐鴻鈞、字は圭庵、吳縣の人。附生、數年前湖南に在りて卒す（内課生）。

錢人龍、字は友夔、吳縣の人。優廩生、曾て金華縣等の知事に任じ、數年前卒す（内課生）。

楊賡元、字は良孚、吳縣の人。甲午科副榜貢生、曾て財政部に勤め、現に北平に在り（内課生）。

鳳恭寶、字は永叔、吳縣の人。優廩生、現に或は北平に在り。曾て外交部に勤む（内課生）。

陸炳章、字は菊裳、太倉の人。州附貢生、駢文に巧みにして、其詩集あるも未刊。辯護士を營む。卒後十年餘なり（内課生）。

夏辛銘、字は頌椒、嘉興の人。廩生、既に卒す。

于鬯、字は醴尊、南匯の人。優廩生、丁酉拔貢。其著『香草校書』凡そ六十卷、此れ于氏校經の述作にして、其の形式より視れば、高郵王氏の『述聞』、德淸兪氏の『平議』に類するものなれど、其校覈の專精に至りては未だ遽かに其甲乙を言ひ難きものあらむ。卷一の四は『易』、卷五より八は『書』、卷九、十は『周書』、卷十一より十八は『詩』、卷十九より二十五は『周禮』、卷二十六より二十八は『儀禮』、卷二十九より三十三は『禮記』、卷三十四より三十六は『大戴禮記』、卷三十七より四十三『春秋左傳』、卷四十四より四十六『國語』、卷四十七、四十八は『春秋穀梁傳』、卷四十九、五十は『春秋公羊傳』、巻五十一『孝經』、巻五十二より五十四は『論語』『孟子』、巻五十五、五十六は『爾雅』、巻五十七より六十は『說文』。此書刋本坊間甚だ得難く、聞く所に據れば刋印部數甚だ少く、于氏の遺族は上海に在りて僅に存する此書を一部づつ售出して薪米に易へつつありと。又此書は巻四十三より五十四に至る十二巻を缺く。既に版刻せるものなるも、于氏の遺族は之を印刷するの資力なきとのことなり。上海某氏は校正紅印の全書を得たるも水濕の爲に文字模糊、遂に讀むこと能はざりしと云ふ。又近く上海大東書局内の讀書太忙生なるものありて、于氏の學術に敬服し、『香草校書』以外に尚ほ幾種の著稿あることを豫想して、其遺稿の收集中なり。

費祖芬、字は繼香、呉縣の人。優附生、既に卒す。

蔣元慶、字は子蕃、常熟の人。優廩生、丁酉拔貢。現に常熟にあり。詼諧を喜ぶ（內課生）。

□惟和、字は子衡、奉賢の人。現に奉賢三官塘にあり。曾て鐵道行政に任ず（內課生）。

□任、字は穀遠、常熟の人。已に卒す。

陸錦燧、字は晉笙、長州の人。癸巳恩科擧人、現に蘇州に在りて醫を營む（內課生）。

王頌清、字は卿月、元和の人。廩貢生、既に卒す。

董瑞椿、字は楙堂、呉縣の人。癸巳恩科副榜貢生、久しく學部に在りて、文筆の聲譽高く、後文明書局に在りて日文を翻譯して教科書編纂に從事せり。既に卒す（內課生）。

包錫咸、字は熙士、呉縣の人。癸巳恩科擧人。卒す。

費廷璜、字は玉如。現に蘇州大太平巷に住み辯護士を營む。『小謨觴館駢文注箋』の著あり（內課生）。

吳壽島、字は子珺、吳縣の人。優增生、學古堂算學齋長、卒（內課生）。

陳定祥、字渭士、新陽縣人。廩生丁酉拔貢、『路道論』『黃陶樓年譜』『成唯識論顯詮』の著あり、皆未刊。現に江蘇第二圖書館館長に任ず（內課生）。

孫同康、字は師鄭、常熟の人。恩科舉人、恩科進士、翰林院庶吉士。もと京師大學堂教授、現に北平西輒胡同に住む。其著に『師鄭堂集』『鄭齋漢學文編』『荀子校釋』『論語鄭注集釋』『師鄭堂駢文』等の外猶ほ數種あり。其『論語鄭注集釋』は余未だ之を見ず。今年六十二歲。

孫德謙、字は受之、一の字は隘庵、元和縣の人。現に上海に住む（孫氏に關しては前述參照）。

兪武功、字は夢池、吳縣の人。現に蘇州に在り。

孫宗弼、字は泊南、吳縣の人。現に上海に在り。

管尙瑩、字は汝玉、吳縣の人。現に蘇州に在り。

張茂□、字は仲清、吳縣の人。久しく鹽務署に勤め、現に蘇州に在り。

五、鎭江、揚州

八月十六日午前十時登車、下午二時鎭江に到着、五洲大旅社に入る。午後四時、民政廳に胡樸安を訪ふ。十七日早晨六時江邊に到り信艙（郵便船）は十時に至りて出發、午後五時揚州に入る。綠楊旅館に投宿す。江邊浸水數尺に及び、此夜大雨あり、市民恐惶す。十八日、孫思昉を綏靖督辦公署に訪ふ。又思昉の紹介にて程善之、陳含先、陳賜卿を訪ふ。又洪棣臣を訪ふ。旌忠寺昭明太子文選樓、太傅街隋文選樓、及阮公家廟を往觀す。靑谿書屋を訪ひて竟に其所在を詳にせず。十九日、河水增漲し、高郵寶應に遡る可らず。且つ大水來るの巷說あり、怱卒信艙を得て揚州を下る。

（一）胡韞玉及揚州の老學

予、八月十六日鎭江に赴きて、民政廳長胡韞玉を江蘇省政府民政廳に訪ふ。韞玉、字は樸安、安徽涇縣の人。著述甚だ富み、『樸學齋叢刋』『六書淺說』の外、其長短篇は『南社叢選』（全書十二册）及『國學彙編』三集中に見ゆ。樸安は往年『國粹學報』送稿者の一人にして、又革命の志士及び文學の士を呼集して、南社社集を發行したる南社の同人なり。現に安徽一省に在りては、國學界に其名を知られたるものに、胡適、吳承仕と樸安の三人なり。他に姚永樸及永槪、吳闓生の桐城派ありと雖も、不學無術の文辭派にして例外として見るべきものならむ。按ずるに、安徽一省亦淸學術極盛の地にして、戴江兩經師の流風を承けて、謂ゆる徽州學派の發生を見たるも、太平天國によりて破散に遭ひ、竟に振はず今日に於て歙縣の吳承仕、績溪の胡適、涇縣の胡韞玉の三氏あり、其他讀書の種子なきに到れり。孰か飮水思源の感なからしむや。予樸安に問ふに貴省中現在の樸學者を以てすれば、上記三名の他に尙ほ徐乃昌、黃賓虹あるを以てせり。樸安の弟懷深、字は寄塵、現に上海某大學に在り。

顧て鎭江出身の國學界人物を求むる時は其人尙ほ尠からざるに似たり。老輩に馬良あり、字は湘伯、今年九十餘歳、『馬氏文通』の著者を以て知られたる馬建忠の兄なり。現に上海に住む。柳詒徵、字は翼謀、現に南京龍蟠里にありて、江蘇省立第一圖書館に館長、史學研究者なり。陳邦年、歷史を專攻し、特に甲骨文に精し。葉玉森、甲骨文に精しく、又詞章を善くす。趙元任、現に清華大學研究院に在りて言語學の專攻者。馬柳陳葉趙諸氏、皆鎭江の出身なり。

現に揚州に於て綏靖督辦公署祕書長に任じ居る孫至誠、字は思昉は曾て章炳麟に師事し文藝を嗜み、『化鵬室文鈔』及『逍搖遊釋』の著あり。此地舊學を重んじ、其交誼を厚うするに努めつつあり。予は思昉等の紹介にて揚州に在る諸耆宿を歷訪することを得たり。

陳延韡、字は含先、儀徵の人。含先は李審言の友好にして、其文選學の造詣は審言の贊許する所なり。審言の遺事を語ること甚だ詳、且つ云ふ、審言の嗣子は其父の遺稿を保存するに忠實なるべし。其弟子二人あり、一は蔣國榜といひ、現に上海に在り。曾て審言の爲に其『學製齋駢文』を印行せし者なり。他の一は周官懋と云ひ、揚州東郷の宜陵鎭に住む。二人は其業師の遺稿を校刊することあるべし、決して吾友劉申叔の身後の如くならざるべし云々。而して申叔卽ち劉師培を追憶し、詳かに其遺事を敍べて泫然たるものあり。含先嘗て「述亂賦」の大作あり、當時文士の間に盛譽を得たり。

陳懋森、字は賜卿、文辭を善くす。其學なれば詞章派の學なり。今年六十、孫思昉壽文を作り、其中今の揚州碩彥を列擧して其文藻を敍したり。賜卿は前淸に在りて法部に官し、民國に在りても、河南項城縣の知事たりしことあり。歸郷の後郷學を經營して今日に及ぶ。

洪棣臣、揚州の人、曠達無碍の老學にして、陋屋に傲然自足す。自ら謂ふ、衰年多病、構思に艱みて著書する所なし。少年所作と雖も其整理未だ緒に就かず、詩稿數册、雜文數十篇あるのみ云々。今の河南大學校長許扞震、北平輔仁大學教授尹石公等、皆其門下に出でたるものなり。

程善之、揚州の人、五十歲に近し。舊の南社同人にして、今も議論文に長ず。思昉は陳賜卿六十壽序の中に云ふ、「能古文主廬陵則陳賜卿先生、浸淫馬班則戴子筑公、工鐘鼎篆法則陳子含先、博識閲覽熹攷訂則朱子菊坪、治內學則周子湘亭、爲詩詞則王子叔涵。」周鈺、字は湘亭、及戴筑公は予の寓を來訪せり。

（二）劉師培、李詳の學藻

予の西渡燕都に來るや、劉師培（字は申叔）は仍ほ北京大學の講壇に在り。其音容を髣髴し、其學藻を敬慕し、且才人の不遇を悲み、瞻企の極りなきを覺ゆ。而て常に彼の遺文を輯め、其友好に遭へば其遺事を聽くことを樂しめり。今次遊歷、南華の善士は予と感慨を同うするもの尠からざるを知りたり。予が船を雇ふて揚州を下るや、一田夫余の讀書子なるを見て、爾は劉申叔を識れりやと云へり。予驚き起きて、爾何故に申叔を謂ふやと問へば、有名の學者なればなりと答へたり。乃知る劉子死して死せず、遺範永へに人間に在るを。又予久しく李詳（字は審言）の學を慕ひ、一たび其風丰を瞻んことを樂しめり。楊雪橋予の爲に凾を修して殷勤紹介する所あり。何ぞ料らむ、予の北平を出づる數日前訃音來る、太息に堪へず。然も予彼の友好後學が言を極めて彼を悼惜するもの甚だ多きを聞きて、其流風の大なるに驚歎したり。予は茲に此兩碩彦の略傳を敍し、其著述書目を擧ぐべし。

民國八年十一月二十日（陰暦九月二十八日）、劉師培北京に卒す、年三十六。時に北京大學教授なりしを以て、校長蔡元培は其喪事を治め、翌年二月門人劉文典に命じて靈柩を奉じて揚州に歸らしめ、某月某日儀徵先塋の原に葬る。師培曾祖父は文淇、祖父は毓崧、父は貴曾、家學淵源あり、幼にして奇童を以て目せられ、又博く群籍を覽、過目誦をなす。研精覃思、專ら著述に從事し、竟に疾病纏縈して、肺患尤も劇しく、生平の精力著述に傾注し盡して斃る。其間二たび日本に遊び、又端方に從ひ武昌金陵に居り、又倶に成都に赴きて主講し、教澤國内に徧し。泰西に留學の議あり竟に果さず。其夫人何氏一子一女あり、皆殤す。師培卒世の翌歳、夫人亦發狂して死す。其遺著の未刊既刊を論ぜず、其纊息の際蔡氏等に依て北京大學に封藏さること半載餘、弟子陳鍾凡、張煊、劉文典、許本裕、薛祥綏、兪士鎭等の共同檢查に依りて、左庵遺書總目を鈔寫し、其中兩三種を除き劉師頴に送致されたり。師頴は師培の族弟（貴曾の弟なる高曾の子）、其次子葆楹は師培の後嗣となる。茲に儀徵劉氏世系と、師頴より借鈔したり左庵遺書總目を左に掲ぐ。

現に儀徵劉氏文淇の後は僅に師頴、師愼、葆儒、葆楹、葆中、崇儒七名の生存あるのみ。而して師頴、師愼の外は皆尚ほ幼年に屬す。予は師頴によりて文淇より師培に至る各人の墓誌等を寫すことを得たり。又師愼は現に上海に在りて商を營み、師培の嗣葆楹も上海に同居し居り。師培の稿本は其處に藏有されたり。又靑谿書屋の藏書は外間には既に師培によりて散佚されたる如く傳へられたるも、今尚ほ揚州の舊宅に筐藏すと。

儀徵劉氏世系

- 文淇
  - 毓崧 字伯山
    - 壽曾 字恭甫
      - 師蒼 字張侯
        - 葆儒 字次羽、今存
        - 崇儒 繼師愼之後
    - 貴曾 字良甫
      - 師培 字申叔
        - 葆楹 字書農、師穎子、今存
    - 富曾 字謙甫
      - 師穎 字容季 顯曾子 今存
        - 葆樸 今存
        - 葆楹 繼師培之後
        - 葆中 今存
    - 顯曾 字誠甫
      - 師愼 字許仲
        - 崇儒 字子□、師蒼子、今存
      - 師穎 繼富曾之後

左庵遺書總目

儀徵劉師培申叔遺著

陳鍾凡　許本裕
弟子　張　煊　薛祥綏　檢鈔
劉文典　俞士鎮

第一函
子類　共一八種
第二函
經類　共十一種
第三函
雜著　共七種
第四函
殘　共五種
第五函
文　百三十四首

第一類

老子斠補

莊子斠補

墨子拾補　上下卷二册

晏氏春秋校補　上下卷二册

晏子佚文輯補一卷

荀子斠補　五册　已刋

荀子佚文　一册

韓非子校補　一册

賈子新書校補　上下卷二册

新書遺文輯補　一卷

楊氏法言校補　一卷

法言逸文　一卷

白虎通義校補　上下卷二册

白虎通義闕文補訂　一卷　鉛印本

春秋繁露斠補

繁露遺文斠補
楚辭考異　十五卷一册
白虎通義定本　二册　刻本有序

第二類

春秋左氏傳古例詮微　一册
春秋左氏傳例略　一册　已刊
春秋左氏傳答問　油印本一册　又鈔本二册
春秋左氏傳時月日古例考　一册　附序目
周書補正　六册　已刊
周書略說　一卷　已刊
西漢周官師說考　二卷　已刊
周禮古注集疏　卷七卷十卷十五十六十七十八十九二十　淸藁存蘄春黃侃處
禮經舊說考說　卷一卷二卷三卷四　淸藁存黃侃處
逸禮考　一册
毛詩詞例　一册

第三類

古歷管窺　二卷
尙書源流考　原標題闕
毛詩札記
左庵隨筆　一册
左庵經說　一册
中古文考
周禮左氏雜
第四類
春秋古經舊注疏謬　殘藁
中庸問答　不全
國語補音　不全
國故鉤沈　一册
非古虛上中篇　古本字考　周明皇考
古尙書王服說　校讐通義箴言
第五類
左庵文　百三十四首

李詳、字は審言、又窳生と字し、後媿生と改む。百藥生と號し、又晩に齳叟生と改む。江蘇興化の人。明中極殿大學士文定公は其八世の祖なり。審言始め書師に就きて詩を學び、唐には少陵、昌黎、義山を宗とし、宋には子瞻、荊公を宗とし、家貧にして書なく、姻家許氏に因りて汲古閣十七史十三經注疏及び昭明太子文選を得て之れを讀み、文選に於て尤も力を致し、侍郎黃體芳閣學王先謙の江蘇に學政を督するや屢々拔擢され、後藏書家其の好意に承けて其書を披覽し、尤も四劉の學二研の學を嗜みたり。所謂四劉とは『漢藝文志』、『世說新語』、『文心雕龍』、及び『史通』のことにして、所謂二研とは阮元、錢大昕のことなり。文章に於ては江都汪中に服し、汪中の『述學』を箋釋する所多く、其友交に合肥蒯光典、江陰繆荃孫、江都梁公約、貴池劉世珩、義寧陳三立、南陵徐積餘等あり。端方の兩江總督たるや審言と臨桂の況夔笙に命じて『匋齋藏石記』を分纂せしむ。沈曾植の安徽に布政使となるや審言をして存古學堂史學教員に招きたるも、桐城姚永概、長州朱孔彰の來たるに及び、疾を稱して辭す。革命後上海に住居し、江寧蔣國榜、字は蘇庵來りて入門し、其『學製齋駢文』を印行す。晩年東南大學教授、大學院撰修となり、年老を以て鹽城に歸る。其藏書は文定祠に藏して審言圖書館となし、今年四月三日卒す、年七十三。著述既刊のものに、『選學拾瀋』二卷、『媿生叢錄』二卷、『學製齋駢文』二卷、『遊杭詩錄』二卷、『丙寅懷人詩』『丙寅游杭絶句』各一卷等あり。其『拭觚脞語』『藥裏慵談』『世說小箋』『文心黃注補正』『顏子家訓補注』『杜韓詩證選』『哀南賦注』『述學小箋』等は『國粹學報』及『龍谿精舍叢書』の中に輯めらる。別に『李杜集校記』『南朝寺攷』、校記日記八十餘册あり、其家に藏すと云ふ。

六、南京

八月十九日早晨揚州を發し、午後一時鎭江に到着、二時登車、三時半南京に到り、中央飯店に投宿、下關近傍浸水四五尺あり。二十日、考試院に到りて陳大齋（字は百年、元北京大學副校長、今考試院副院長）及昌廣生（字は鶴亭、明末歴史及淸朝掌故に精しく、著述多く、又刊書多し）、奚侗を剪子巷に訪ふ。夫子廟一帶浸水二尺或は三尺、陳世宣、吳光煒、黃侃を訪ふ。皆遇はず。吳寓は將軍巷に在りて五六尺の浸水あり。既に四十日に及びて水未だ退かざるなり。二十一日晨七時、吳光煒、九時、黃侃と面見す。午後再び陳世宣を訪ひて遇はず。二十二日午前中、龍蟠里圖書館卽ち江蘇省立國學圖書館に赴く。館長柳貽徵鎭江に歸りて遇はず。王駕吾（名は煥鑣）に導引され館内を參觀す。金陵大學に赴き、陳長焯によりて圖書館を參觀す。該館尙ほ創始時代にありて見るべきものなし。午後一時歸宿、陳世宣來訪す。奚侗の弟東曙（予の舊知、段祺瑞の女壻なり）兄に代わりて來訪す。午後三時再び龍蟠里圖書館に至りて閱書す。二十三日下關より拔錨し、隆和號にて漢口に向ふ。九月八日午前十一時、再び南京に來り中央飯店に投宿す。龍蟠里圖書館に至る。柳貽徵未だ歸館せず。趙鴻謙と語る。午後三時、陳世宣を實業部に訪ふ。六時、王伯沆を仁厚里（門東外に在り）に訪ふ。九時を過ぎて歸宿す。九日朝、中央語言研究所及中央大學に赴き、午後一時登車し、蘇州に向ふ。

（一）龍蟠里圖書館と柳貽徵、趙鴻謙

光緒三十四年、端方が兩江總督たりし時、錢塘丁氏八千卷樓藏書を七萬三千元餘を以て購收し、宣統二年に至りて江南圖書館の成立を見、民國元年二月江南圖書館と改名し、二年七月江蘇省立圖書館と改め、八年江蘇省立第一圖書館と改め、十六年第四中山大學圖書館（後第四中山大學を江蘇大學と改め、又中央大學と改む）と改め、十八年江蘇省立國學圖書館と改められたり。地は金陵景勝の地を占め、該館の建築は宣統元年竣工に係る。昨年末に於ける藏書部數は二萬二千五百五部、卽ち四十四萬二千三百三卷、及不分卷十六萬八千三百九十四册、宋刋經八部、史十四部、子七部、集十一部、名人稿本十三部、其詳細は『國立中央大學國學圖書館小史』中に見え、又『江南圖書館善本書目』の印刋あり。該館善本は丁氏藏書購入後の二十年僅に普通書籍の增益ありて、未だ善本の購收を見ざりしに、近く幾種かの善本を得たるが如し。其主なるもの下の如し。王筠『說文句讀』第四次自訂稿本十五册、柳貽徵の校記は『國學圖書館第二年刋』に見ゆ。同人の『說文釋例』現行本八册、宋刋『讀書記』甲乙集眞德秀撰、甲集三十七册、乙集二十三册、鈔本顧炎武『肇域志』十册、此本南畿一屬の鈔寫なり。『論孟集注附考』劉寶楠撰、『淸白堂存稿』八册、寶應王希伊撰、該館刋印の書籍及出版の雜誌に關しては記事を略す。

館長柳貽徵、字は翼謀、鎭江の人。年五十三。各處大學の教授として史學を講ずること多年、民國十六年七月館長に任ず。現に中央大學教授を兼ぬ。甚だ著述に富むも、多くは雜誌に登載されたる文篇多く、中央大學に於ける中國文化史の講義錄は三巨册一千餘頁にして、上古より今に至る一貫完成せる文化史に

して、蓋し柳氏の力作なるべし。柳氏は南京中國史學會を主辦し、『史學雜誌』を刊行せり。同館主任趙鴻謙、字は吉士、亦鎭江の人。其祖趙彥偁、字は君擧、辛庵と號す。劬學深思、頗る著述ありたるも、亂に遭ひて散失し、今鴻謙の處に存するものは『學小辨齋筆記』『辛庵語』『丹徒碎語』『三願堂古文』等是れなり。鴻謙夙に之れが刊印の志を蓄へ、先づ『三願堂遺墨』二冊を影印し、又『詩文稿』若干を付印し、楊守敬、沈曾植等の跋あり。又『三願堂日記』一冊（道光二十九年）を影印せり。日記なれば每年一冊或は二三冊を竟へ、齒を沒して懈らず。凡て三十餘冊に及ぶ。其攷據の精深と文字の謹嚴とは李越縵堂、王湘綺、翁瓶廬三家の日記と伯仲の間に在りと云はる。鴻謙更に續印完成の意あり。予の南游偶々近來稀有の水災時期に値ひ、到る處に於て、如此奇災幾十年以來のことなるか、各方の人士によりて深究され居るを見たり。予偶々鴻謙より『三願堂日記』を得て披讀したるに道光二十年今より八十餘年前に於て、出水の範圍も其量も略々今次の水災と相同じく災禍の漢口に於て尤も慘劇を極むとあり、當時の實情を詳記しあるを知りたり。該館館員范希曾、字は來研、淮陰の人、昨年七月病故、年三十一。著に『書目答問補正』五卷、『南獻遺徵箋』一卷、『評淸史藝文志』一卷、『天問校語』一卷等あり。『書目答問補正』は該館にて付印發行されたり。

（二）陳三立、王伯沆、奚侗及び黃侃等

南京には現支那詩界の元老陳三立あり。常に匡廬の別墅に世紛を避く。詩思猶ほ淸健、其佳作時に世間に傳へらる。三立、字は伯嚴、號は散原、光緒丙戌の進士、江西義烏の人。吏部主事となり、『散原精舍詩』の著あり。父寶箴湖南巡撫たりし際、父と戊戌政變に參加し失敗の後、意を絶ちて政治を語らず。今なれば閩縣鄭孝胥と共に謂ゆる江西派詩人、同光體詩人の大將なり。其子衡恪、字は師曾は繪事を以て名を知られ、金紹城と共に日支繪畫提携の爲に盡したるも、不幸中道にして逝く。予は支那畫會の爲に頗る斯人を惜しむものなり。其弟寅恪は現に北平淸華大學に在りて研究院導師となり、劬學敦信の少壯學者なり。

南京の耆儒に王伯沆あり。江寧の人、年六十一、理學佛學を究め又小學に精しく、現に中央大學教授に任ず。此地に於て頗る學名あり。未だ著述を爲さず。伯沆云ふ、著述は有るも可、無きも可、苟も著述あれば有用のものならざるべからず。無用のものを作らば徒に讀書子の耳目を費し後生の補改を煩はすに過ぎず云々。其性曠達恬淡、其學は漢宋兼治に似たり。

奚侗、字は度靑、安徽當塗の人。前淸附生、年五十五、民國初年江浦崇羽に知事となり、後辭歸して南京の隅剪子巷に隱居す。もと交友多しと雖も近來其往來全く絶え聞達を競はざるの篤學君子なり。少年學に志し、獨學無友只家に數架の書あり、吃々之を讀むのみ。然して略々高郵王氏、德淸兪氏の治學方法を知りたるを以て、更に努力して老莊韓墨孫呉諸子を考證し、『墨子補注』先づ成りて、更に努力して『老子集解』及『莊子補注』之れに次ぎ、其餘は未だ完成せず。『墨子補注』は孫詒讓の『閒詁』と暗合する所多し。

而かも獨到の見解もありたるにより、之を付印せんとしたるに、丁卯の歳崇羽に在りたる時郷里兵災中に淪沒せり。その『老子集解』上下二巻は民國十四年の自印本あり。『莊子補注』四卷は民國六年の自印、此書六書の通段を以て『莊子』を讀解せしものにして、予往年、尤も此書の精深に敬服する所あり。同氏には他に尙ほ校注の佳製あることを豫想したり。聞く所によれば同氏は比年腦痛を患ひ、多く心力を用ふる能はざるも猶ほ勉强して殘稿の整理と其力作なる『說文采正』の脫稿に從事し居れりと。予は少しく同氏より其說を聞くことを得たり。其大略に云ふ、文字の創製は大別して三類となす。一は象形、物實體あれば其形を象すものなり。一は象意、事實體なければ其意を象すなり。象意の中六書の指事會意を含む。故に許氏の指事を說きて察而見意と云へり。一は象聲、一切事物の動作の形と意を以て象す能はざるものを指して言ふ。牟牛鳴也、芈羊鳴也、の類是れ也。形聲一類、皆流俗の人事物の類別に因りて妄に偏旁に加へたるものにして、倉頡の本意に非ざるべし。班固『藝文志』は六書を以て造字の本と爲すの一語は甚だ後生晩學を誤るものなり。今甲骨文を以て見るに形聲の字は十の一二、商周金石文は十の四五、『說文』なれば十の八以上あるに似たり。然らば文字の初は形聲なきを逆料すべきなり。余は『說文』中の形聲文字に就きて一々其の根源を探求する時は本字の有らざるなし。余の『說文采正』は『說文』中の形聲文字に對して采正を加ふるものなり云々。奚氏上述の言により其小學を治むる規模と大綱とを知り得可きなり。

黃侃、字は季剛、湖北蘄縣の人。章太炎門下の奇才にして、後劉申叔の門に入る。申叔歿後は再び太炎に師事し、今日に至るまで太炎の囑望を受け居り。其の學は小學を專攻し、尤も音韻に對して獨到の見解あり。選理駢文を究め、兼て文辭吟詠を善くす。其人頗る奇俠、其論亦驚人の妙論多し。民國十五六年頃北京に來り、後東北大學に到り、又南京に去り現に中央大學教授に任ず。其の講授は學徒の悦ぶ所なり。著に『文心雕龍札記』等あり、既に其印行を見たり。中央大學教授吳光煒、字は小石、嘗て沈子培に師事し、又王靜安、李審言と相識り、『甲骨文例』及『金文釋例』の著あり。其の『中國文學史』の著あるも取るに足らず。

（三）常熟、無錫、武進各方出身の學界人物

余は常熟、無錫、武進及び安徽の安慶、蕪湖にも遊歷を試むる豫定なりしも、彼方出身の國學界人物は、多く各地に散在して其原地にあらざると日程の短促なる爲に其遊歷を中止せり。

常熟曾樸の上海に在りて書肆を營み居ること上述の如し。蘇州東吳大學教授陳旦、字は旭輪、上海大夏大學教授孫禪伯、字は老禪、皆常熟の人なり。常熟瞿氏鐵琴銅劍樓藏書は一半は常熟にあり、一半は上海に運ばれ居り、近來漢籍の海外流出に對して支那方面の注意する所となり、瞿氏藏書日本方面に售渡されたりとの記事新聞に傳はるや、瞿氏は他の有力者の保證を併せて自ら聲明する所あり。此際外人との面會を好まざるとのことを聞及びたるに依り、予は往訪を止めたり。丁祖蔭、字は芝生、最近逝世、『鐵琴銅劍樓宋元本書影識語』四卷の著あり、亦常熟の人。政治家にして思想家なる吳敬恆、字は稚暉を始め、新に燕京大學教授に任じたる錢穆、字は賓四、上海光華大學教授錢基博、字は子泉、及び丁福保等は皆無錫の人

なり。黄元炳、字は星若、易學に關し研究に專念し、『忘我齋學易筆記』三卷、『忘我齋讀老莊筆記』一卷、未だ刋成を見ず。秦榮光、字は炳如は光緒末年死歿、その遺著の中『養眞堂文鈔』『養眞堂詩鈔』及『同治上海縣志札記』『上海竹枝詞』のみ刋行を見、其『補晉書藝文志』四卷は文廷式、丁國鈞、黄本父、吳士鑑諸氏の製作に比し、更に精輯にして、史料を金石等に求めたる佳著なりしも、久しく付印を見ず。今年其孫翰才によりて其子錫田の「顯考溫穀府君年譜」を附して印刷されたり。非賣品、秦黄兩氏は無錫の人。

武進董康、趙尊嶽に關しては既に之を述べたり。もと東吳大學教授、現に上海滬江大學教授顧實、字は惕生も武進の出身、自ら常州學派の繼承者を以て任ずるも、其著『漢書藝文志講疏』等に見れば、空疏敷衍の作、蔚然輩出せる常州先哲に追歩するには更に遠し。莊有可、字は大可、其稿本は今尙ほ武進莊家に存す。今年其玄孫俞によりて『慕良雜著』三卷、『慕良雜纂』四卷の排印出售を見たり。其著述書目は『慕良雜纂』の卷首に見ゆ。莊俞、現に上海商務印書館編輯部に在り。其『大可遺稿』全部の出版を同書館に交渉せるも、同書館に於て其事俄に實行し難き事情もありて、交涉纏らず。於此、莊氏自ら一部づつ付印するの企劃を立てたるなりと。

七、漢口、長沙、武昌

八月二十五日午後四時、船漢口に到る。小舟を呼び日本租界に至れば、邦人家屋浸水六尺或は七尺、昨夜江上風波劇しく、且江水增漲して、人皆顏色なし。晩に武陵丸に乘る。翌二十六日早晨拔錨、二十七日午後二時長沙に到着、長沙旅社に入る。李澄宇を訪ふ。二十八日、舊識李肖聃を訪ふ。又李澄宇を湖南省政府に訪ふ。祕書楊樸園、朱碧松と語る。午後二時、席魯思を耶禮學校に訪ふ。又羅庶丹を訪ふ。玉泉街の書肆に遊ぶ。二十九日、葉德輝の息尙農及其姪啓倬を訪ふ。李肖聃來訪。楊鈞を訪ふて遇はず。席魯思、席闓運來訪。三十日、李肖聃、孫季虞を訪ふ。三十一日、孫季虞來訪。湖南大學を往觀す。下午三時、彭昺を訪ふて遇わず。九月一日、李澄宇、葉尙農、朱碧松來訪、遭はず。午後四時、席魯思の招宴に赴く。會するもの二十六七名。詩を作り酒を酌み、文人高會一時の盛を極む。撮影をなして散ず。二日、任凱甫を訪ふて遭はず。歐陽仲衡を訪ふ。午後歐陽氏來訪す。夜十時沅江丸に乘る。四日午後二時、漢口に到着す。四時、江を渡りて武昌に至る。寳華飯店に投宿す。災民街上に滿ちて各處旅館空房なし。辛じて下等旅館寳華飯店の一室を得たり。午後六時、王葆心を訪ふ。五日午前八時、譚戒甫を武漢大學に訪ふ。湖北省立圖書館を參觀す。午後四時、江を渡りて漢口に至り、太貞丸に乘込む。明六日發、再び南京に向ふ。

（一）湖南に於ける諸子研究者

予、今次湘省に遊び、其地に於ける老學及び大學教授を歷訪したるに、經術に沈潛し六藝の學を究むるものに到りては極めて罕にして、其の多くは諸子を究め兩三種の著稿を有するものなりき。是亦一時風潮と謂ふべきか。其由來するところを考ふるに、一は先輩の啓發なり。卽ち王闓運の老莊墨孫を注せし外、王先謙に『荀子集解』『莊子集解』、王先愼に『韓非子集解』、郭慶藩に『莊子集解』あり、平江蘇輿に『晏子春秋校釋』あり（曹耀湘は王郭の前に於て『墨子箋』を始め諸子に關する撰述あり。詳に後項に述ぶべし）、皆諸家の舊說を採輯し、未だ結帳式の大成に非ざるも、學者に便する所多かりし。湖南人の風氣は蓋し百氏の學を喜むが如く、考據的興味よりも思想的文學的興味よりして先秦諸子研究をなす者輩出せしものかと思はる、亦一の原由なり。茲に湖南學者の各個人に就きて其諸子研究の一斑を敍ぶべし。

（甲）羅焌、字は庶丹、長沙の人。前清擧人、曾て廣東に在りて學校を經營すること八年、民國初め省政府祕書科長となり、現に湖南大學教授として專ら諸子學を講述しつつあり。今年五十八歲。其大學に於ける講義錄は『諸子學述』三巨册あり。其記述頗る精彩あり。又『呂氏春秋集解』『列子校釋』『韓非子校注』等の著稿あり。此れ皆羅氏畢生の力作なり。

（乙）顏昌嶢、字は息廬、湘鄉の人。年六十餘、其著に『管子校釋』若干卷あり、既に郭耘桂の序あり。現に閉門謝客此書の校訂に從事す。

（丙）王時潤、亦善化の人。其鄉に在りて諸子校注に從事す。『商子集解』『尹文子公孫龍子校釋』等の著あり。

（丁）陳毅、字は詒仲、湘鄉の人。『墨子正義』の佳著あり。葉德輝嘗て其序を爲し、其文『北遊文存』中に見ゆ。頗る其卓絕を稱す。詒仲近く天津に死歿したるも、其遺著未だ出版せられずと聞く。

（戊）譚銘、字は戒甫、今は字を以て行はる。湖南湘鄉の人。現に武昌武漢大學教授、戒甫は前に上海南洋大學を出で、電氣學を學びたるも、歐米に留學できざりしを以て、改めて國學を治め一時軍職にあり。後周秦諸子の學に専心し民國十七年武漢大學に來任し、異常なる努力を以て幾多の著述を草成し、之れに對して益々研精を加へ、終生の事業として其著稿の大成をなさんと意氣を示し居れり。尤も墨學に精し。其著述書目左記の如し。

『墨辨發微』『公孫龍子形名發』

『諸子概論』『呂氏輯校補正』

以上四種大學講義録として排印す。

『十字說』『論晚周形名家』

以上二篇大學季刊に登載す。

『顏淵學案』『施龍學派攷』

『惠施學案』『文子學案』

『孔老學派攷』『老莊學派攷』

『荀子正名說』『莊子集解補正』

『莊子讀本』『淮南一得』

『莊子天下篇演祕』（此本は口語體也）『文子末議』

『鼎貝爲上古錢幣攷』

（己）湖南の聞人劉少少、名は鼒、善化の人。此頃北平に病卒す、年五十九。劉氏嘗て北京大學にありて周子『太極圖說』を講じ、著に『新解老』あり。亦考證の書に非ず。長沙楊樹達、字は遇夫、『老子古義 附漢代老學者考』の著あり、中華書局印行。遇夫に戰國策韓非子に關する輯校の著稿あり。又寧鄉の人錢維驥に『尹文子輯文』あり。其他湖南學者の諸子に關する零細著稿に至りては猶ほ聞く所あるも、略して記さざるべし。

予は現在湖南に於ける子學研究の一斑を敍し、此れを現支那國學界の一の出來事と見るものなり。而して予は嘗て之れを古代の湖南に於ける子學に攷ふる所ありたるに、古代に在りては道兵二家尤も演述されたるが如し。宋元以前の述者に至りては姑らく之れを省き、明清の間に於けるものを擧ぐれば、湘潭李騰芳の『孫子說』、張九鐸の『孫子評』、衡陽王夫之の『呂覽釋』『老子衍』『莊子通』『莊子解』(三十卷)、王文清の『陰符經發微』、邵陽魏源の『老子本義』『六韜注』『孫子集注』『吳子注』、善化李文炤の『道德經解』、郭金門の『參同契補注』等、列擧に遑あらざるなり。余、他日此事に關して系統的記述を試むべし。

(二) 歐陽之鈞、孫夐、王葆心の撰述

李澄宇云ふ、歐陽仲衡なる者あり。赫赫の名無しと雖も、博覽强識、『淸儒學案』若干卷著稿ありと。予乃ち歐陽氏を其寓に訪ひ、其閱歷及著書に就いて聞くことを得たり。歐陽之鈞、字は仲衡、號蚋園、平江の人。現に年五十六歲、前淸優廩生、孝廉方正科に擧げらる。曾て兩湖書院に在ること數載、張之洞、梁鼎芬に從ひ、後嶽麓書院及王先謙の門に在り、又杜仲丹に學ぶ。民國革命後隱居して出でず。拚命著書の人となる。其著稿に『淸儒學案』凡五十卷、『淸經義考』八十卷（朱竹垞の例に倣ひ淸代を專輯す）、『群經譚聖』二十卷（王石臞父子の『雜志』『述聞』の例に倣ふ）、『諸子述詁』十六卷（亦『雜志』の例に倣ふ）の外に、『淸宰輔年表』『淸督撫年表』『淸六卿年表』『淸將軍提鎭年表』『淸謚注考』『駢體正宗集注』『論文語彙』等あり、凡て未刊なり。『淸儒學案』は先に上海商務印書館に對して其出版方を申込みたるも、同館は目前の事業多き爲に其出版の引受を拒みたり。予其自序一篇を鈔し來れり。其序中に云ふ、「起自夏峯、訖于求闕、列爲專案者、得三十有六人、附見各案者、都一千數百餘人」、氏偶々湘省の學術を述べて云ふ、我省王船山は張氏の學を講じ、解經は漢宋を兼取したるも、其名竟に顯れず。潘宗洛其傳を作るに及びて始めて其人あるを知れり。『學海堂經解』には其一字も登載せず。『四庫全書總目』には僅に數部を收む。誤て漢陽の人となす。鄧湘皋が其書を搜輯し、曾文正が其書を刋印するに及び、船山の名忽ち儒林に高し。船山以後寂然響を歇むこと百餘年、理學の李恆齋、文學の余存吾の外云ふべき者なし。嘉慶道光の間に於て魏默深今文學を講じ、鄒叔績考證校勘學を講ずるに及び、吾省の漢學始めて興る。其後曾文正は勳業の人と雖も、訓詁精到、文章卓絕、餘は王湘綺、王葵園、杜仲丹、皮鹿門の如き鈞く漢學を講求せるものなり。今日に至りては學術衰頹甚だ愧づべし云々。其『淸儒學案』は四十卷なれど、其内分卷あり、五十卷と見るべし。『淸經義考』亦略脫稿し付印の際は仍ほ數ヶ月を校訂に要すべしと也。氏は門生なく交友なく、湖南の老學何人も其人を知らず。孫昱、字は季虞、年六十。辮髮を蓄へ、溫篤高雅、現に長沙老學中尤も敬仰を受けつつあり。湖南大學教授に任じ小學を講じ、其講義録として『小學初告』六卷の著あり。又『經學概論』の著あり。蔚鄰の弟なり。席啓駉、字は魯思、席闓運、字は式乾、共に湖南大學教授にして又共に孫氏の學術に對して頗る敬意を有するものなり。席啓駉曾て北平に在りて□學す。當年思辨社々中の最少年者なりき。思辨社同人とは洪汝闓、高歩瀛、朱師轍、陳垣、陳世宜、呉承仕、楊樹達、邵瑞彭、尹炎午、孫人和、李泰棻、席啓駉の十二名、亦是れ十年前のことなり。思辨社は學術共同研究の結社なり。王葆心、字は季薌、湖北羅田の人、年六十五歳。『古文詞通義』の撰者を以て夙に其名を知られたり。『古文詞通義』凡そ二十卷、光緒三十二年湖南官書報局によりて排印、古文の義法を論述すること甚だ詳なり。當時氏は武昌兩湖書院を出て、各處書院に在りて教職に任ず。其後北京禮學館に在りて大清通禮を纂修し、又學部に出仕すること五年、革命後家居し、近年武昌大學教授に任じ、古文を講じ居れり。著に說部『虞初支志甲編』の編あり、商務印書館より發行す。此頃丙編の纂稿あり、近く出版を見るべし。又氏は羅田先哲の遺著を印布したるものに數種あり。『漢陽魏氏遺著二種』『羅田張氏筆記』の如き是なり。『周氏魯堂遺稿』凡八冊、『羅田兩太史駢體文録』一冊、『故知録』一冊、凡十冊は近く開版を見るべし。又『姚氏西河校宗學事記』六冊も付梓の豫定なりと。王氏の友周貞亮亦湖北の人にして、現に湖南大學に在りて文選學を講じつつあり。曾て北京に在りて多く藏書を有したるも今は總て之を售出したりと。詩文を善くす。其著に『文選學』二冊、及び『昭明太子年譜』あり。夏紹笙、衡陽の人、漢樂府に關する著書あり。王葆心『綺秋閣詩選』二冊を藏す。一は刊本、一は鈔本にして、紹笙の著なり。予長沙に在りて其所在を問ひたるも、竟に知ること能はず。恐くは故里に老歸せしなるべし。

(三) 曹耀湘、郭焯瑩、黃逢元、孫文昺及葉德輝の遺著

湖南に漢學の興らざる、誠に歐陽氏の述ぶる所の如し。按ずるに光緒中福山王文敏公淸儒十三經の制定付刻を上疏せしことあり(此事予の記憶稍不確)。其擬定書目中、唯『左傳』を缺くの已むなきを述べ、儀徵劉文淇の『左氏傳正義』は旣に三世を經て將に寫定を見んとするを悅べり。詎ぞ料らむ、劉稿旣に佚亡し、今其所在を詳にせず、申叔また卒して其傳家の業を繼紹するものなきなり。其擬定十三經中湘人の著述は一も採輯されたるものなし。是を以て湘の漢學の式微を悲しむべきに似たり。然れども衰頽と謂ふは可ならず。未だ振興せずと謂ふべきか、長沙王先謙『詩三家義集疏』二十八卷(光緒乙卯虛受堂刊)、皮錫瑞『孝經鄭注疏』二卷(光緒乙未師伏堂刊)の如き佳著は之れを陳氏の『毛詩傳疏』、阮氏の『孝經義疏』に比擬して更に遠く及ばざるものありと謂ふ歟。『皇淸經解續編』二百零九種は光緒十五年王先謙の所編に係る、亦湖人の漢學に對する一大供獻に非ざる歟。歐陽氏は湘の漢學は二王杜皮以後衰頽せりと敍べたるも、湖潭胡薊門及胡同生、學を陳東塾に受けて、經術あり。薊門の子元儀、字は子威は光緒乙酉の拔貢、『北海三考』六卷の如き名著あり(『湖南叢書』中に輯む)。同生の子子淸は湖南大學校長として、今次『周禮正義』補刋發行に就て專ら之を主辦して其功を成就せり。湘陰郭氏の後亦必ず紹述の士あるべし。今は茲に未だ能く世人に知られざる曹耀湘、郭焯瑩、黃逢元及孫文昺に關して聞く所を記さむ。

曹耀湘、字は鏡初、長沙の人。其著『墨子箋』（湖南官書報局排印）は大義の闡明に努め、名物考證を後にすと雖も亦名著にして、王闓運の莊墨を注するや、多く其說を採れり。予曾て某書肆に於て曹氏輯刻の雜著を見たることあり、或は一頁、或は十數頁、或は一卷、其中曰く『陰符經古注』、曰く『楚辭遠遊篇注』、曰く『抱朴子內篇卷末』、曰く『胎息經注疏』等、凡そ二十三種、皆刻本にして、曹氏に其全稿全刻ありたるや否、何故に各書につきて少許宛付刻したものか、此等の點につきて詳かにすることを得ざりしのみならず、曹氏閱歷に關しても、曾文正に重要され、其後人の爲に業師となりて世を卒へたることを知るべきのみ。蓋し曹氏の學は儒墨釋道四家の學を究め、撰述頗る多きに似たり。予は長沙に在りて其著『讀騷論世』二卷の排印本を得たり。

郭焯瑩、字は耘桂、湘陰の人。嵩燾の子、卒後數年未だ立傳をなすものなし。湘陰郭氏の顯はる者、筠仙侍郎、復初編修、二郭の稱あり。而して耘桂は二郭に繼で起ちたるものなるが、其著『讀騷大例』一卷既に自ら印刷し、『楚辭注』稿本二十二巨册、「離騷內傳」「離騷外傳」「屈氏年譜」の三部に分たる。現に武漢大學教授任凱南の處にありて整理中。又嵩燾耘桂父子の手批本及日記あり、現に略々整册し、其『嵩燾日記』は影印し、手批は『史記』『管子』『莊子』（王船山本を用ゆ）『楚辭』に關するもの尤も多く、『郭氏讀書札記』として出版すべきかと云ふ。任氏は英國に政治を學び、後改めて國學を治む。『史記』の校勘を爲しつつあり。凱南亦湘陰の人なり。耘桂に遊技の作『栖流略』一卷あり。自ら付梓印刷す。予は偶々長沙に在りて之れが自訂稿本を得たり。

黄逢元、字は少雲、號は木父、湖南善化の人。民國乙丑の歳卒す、年六十三。著に『怡雲堂文集』『補晉書藝文志』及『碧山樂府』等皆佳著なり。『補晉書藝文志』は其卒後一年排印、詩文は卒世前二年、自ら校訂して文七十餘篇を得、『怡雲堂文集』と題し、弟思衍『湘蘅館遺文』二十餘篇を附載して、門人席闓運によりて發行されたり。『補晉書藝文志』の卷首に長沙黃兆枚撰の墓誌銘及長沙黃山の「黃木父君傳」あり。

孫文昺、諱は彬、蔚鄰と號す、又凡民と號す、湘潭の人。文昱の兄なり。民國丙寅の歳卒す、年六十八。もと度支部に官し、革命に値ひて歸南し、辮髮故の如し。常に國變に對する孤憤を抱き居れり。卒後趙啓霖其墓誌銘を撰す。文昺の子鼎宜は其父の遺稿『宋書考論』を鈔寫す。凡そ八九萬言、又『戰國策補注』をも鈔寫せり、亦凡そ十數萬字、文昱の校訂を經て出版さるべし。他に『禹貢錐指訂誤』『十七史商榷辨釁』『達園聯存』等未だ整理を畢へざる著稿多し。

曹耀湘、郭焯瑩、黃逢元、孫文昺四氏の性頗る硬直にして世交を好まず、且つ皆文采あり。郭焯瑩の如きは騷注以外何事をも爲さず、其文は頗る聱牙にして、然かも味あり。竟に失教の民を傷むと云ふ意を以て『栖流略』一卷の著あり。詭異と雖も其正を失はざるに庶幾し。又『鵑啼集』と云ふ滑稽製作あり。皆文筆を弄して其幽憤を消遣せしもの歟。

葉德輝、字は奐份、號は直山、又郎園と號す、湘潭の人、其先は吳縣に居る。民國十年三月十日、共產農民長沙襲擊の際に遭難す、年六十四。著述及校刊の書凡そ數十百種、多く世に行はる。其行述は『郎園學行錄』に詳述されたり。予蘇州に在りて其曹家巷泰仁里なる舊宅を過ぎ、又長沙に來りて其男啓倬を里仁里に訪ふ。啓倬、字は尙農、其族弟啓勳、字は定侯と共に先人の藏弆を拾輯しつつあり。殊に啓勳は其校讐の精深に於ては湘省の諸老も遠く及ばざる處なるべし。是を以て長沙舊書肆に在りては、時に善本珍籍の出售あるも當地の學人皆關意することなく、總て葉氏の購收する所となる現狀なり。葉氏は今郎園の遺著『四庫全書版本考』の校刻と『觀古堂藏書目』重印の爲に忙殺され居れり。『觀古堂藏書目』は郎園によりて頗る增補されしものにして、付印の際は其『校正書目答問』をも附載すべしと云ふ。定侯近く購收せしものに、『說文釋例』王氏第四次自訂本八册、宋刊宋印『韻補』(此書は北平に在る、傅增湘藏本と同一本ならむ)、宋本『韋蘇州集 附拾遺』一卷、『宣和書譜』二十卷(此書何時代刊本なるかを詳にせず、各書目にも見ざる所なりと云ひ、每半葉十行、行十九字、北宋諱字は缺筆を用ゆ)、沈果堂鈔『尙書古文疏證』五卷(缺本あり)等々あり。郎園常に湘人を以て目さるることを好まず、屢々其吳籍なることを語り居れるが、其從子定侯も斯くして湘人には必要とせざる珍籍を購收し、校書に勤めつつあり。夫れ學術は竟に其地其種の影響を免かれ得ざるもの歟。

七、天津

十六日夜十時天津着、交通飯店に投宿す。十七日晨、南開大學に至り章鈺氏の住處につきて訊ぬるところありたるも、竟に其要領を得ず(紹介者楊鍾羲氏は章氏の所在は南開大學に就いて聞くべしとのことなりしによる)。午後一時、李盛鐸を英租界、求志里十一號歐陽律師寓に訪ふ。又劉師頴氏を中國銀行に訪ふ。師頴は劉師培の族弟なり。夜八時、劉師頴來訪。師頴幼にして家道の寥落に値ひ、是以、家學を紹述せずと雖も、其人甚だ眞實にして、予が詳かに劉家の遺事を問ふの意に感じ談話に時を移し、子刻を過ぎて辭去せり。十八日早晨、章鈺を河北三馬路、求是里に訪ふ。既に外出して、在らず（章の住處は昨日李盛鐸より聞き及ぶ。）。英國租界馬場道大營門裏張宅に至りて章鈺に面會す。午後二時登車、六時北平に歸著、七月廿一日上途以來、正に六十日なり。

李盛鐸、別號は木齋、江西九江の人。進士、光緒二十四年駐日公使となり、其後考察憲政大臣となり、民國には農商總長參政院議長に歴任し、鳴沙殘卷、古善版本所藏の富を以て知らる。此頃老病に加ふるに脚疾を患ひ、天津に隱居し知好の來往亦甚だ疏なり。余が旅行經歷する所を語れば、李氏悦ぶこと甚し。李氏今年七十二歳、其七十歳壽文は邵彭瑞徐鴻寶の合撰、詳に其閱歷を述べたり。其息少微亦頗る嗜書の癖あり。現に元版本の校訂をなし、元版本（書名未定）の著述を試みつつあり。

章鈺、字は式之、江蘇長州の人。前清の進士、革命以來天津に寓居して專ら校訂著書に從事せり。錢遵王『讀書敏求記校證』は民國十五年刋印、管庭芬手校、錢曾『讀書敏求記』を底本として、他の多數別本によりて輯補し、校讐嚴正にして詳確なる、學者の既に敬服する所なり。章氏は又『胡刻通鑑正文校宋記』三十卷及び附錄三卷の著あり。現に北京に於て付梓す。略々今年內に於て其開刊を見るべしとのことなり。章氏はさきに『胡刻通鑑正文校宋記述略』と云ふ一篇を付印したり。此によりて此書の梗概を知ることを得べし。章氏の學は尤も史學に精しく、今年六十七歳。毎日早晨家を出で、張某の家塾に教授し、午後四時歸宅して伏案校讀、少しも懈怠することなしと云ふ。二毛の頭髮、溫篤の容貌、言辭また謙讓を極む。予試みに在天津の老學者儒を問ふ。氏曰く、希くは此問をなす勿れ、何故なれば、津市にも幾人か學者を以て自ら任ずるものありといへども、彼輩は書を校讀することを知らず、書の末事に就てのみ頗る精しきものあり。此問に對しては甚だ答へ難しと。これ章氏自ら任ずるところありての自負語にもあらざるべし。

『書香』への寄稿

北京の著作界

（之は橋川囑託の報告中より摘錄したものである。）

（一）

一、北大教授馬敍倫、本年末迄に『老子覈詁』五卷を出刊すべしと、『六書解例』は、其の一半を脫稿せりと。

一、北大教授黃節、『鮑參軍詩註』四卷（二册）出刊、錢振倫の註本に補註せしもの。黃氏はまた、『謝康樂詩註』を著作中。『鮑參軍詩註』は出售せざるも大學にて購ひ得る由。

一、北大教授葉瀚の『墨經詁義』下卷は、明年ならでは出刊する能はずと。

一、師大教授楊遇夫の『老子古義』は增訂（註六十餘條）の上出版すべしと。

一、北大教授吳虞氏の談に曰ふ。余在川の時、廖季平、吳之英とよく往還して、益を受けたり。廖季平が十三經を諳んじ、隨時其句を說出すには驚きたり。二十四史を訓點すること三遍、又『皇清經解』を熟讀せり。吳之英の『壽櫟廬叢書』は、京中たゞ中央公園圖書館に在るのみ。其詩は七古のみにて、六朝以下の故事を用ひず、王壬秋、最も其詩才を畏れたりと、劉師培、謝無量赴川の時、其詩集を抄取し來れりといふ。

一、北大教授胡適、養痾のかたはら、哲學史の著述に餘念なしと。

一、北大教授黎世衡曰ふ、北大教授の國學及び國學に關係あるものは章太炎の門下、他の一半は陳介石の門に出づ。而して共に文字學といふ範圍に齷齪しつゝあるの嫌ひあり。章太炎、最近史學を提唱しつゝあるの動機は其門下をして文字學に導きたることが、人物造成といふ方面に小補なかりし前非を悔ひたるにありと、錢玄同、沈尹默、沈兼士は章門。蔣夢麟、馬汝倫は陳門の出。
一、北大教授馬敍倫云ふ、崔適歿後、公羊研究者一人もなしと。崔適は昨年末物故せし由。
一、北大出版部の近刊『毛詩正韵』は、章太炎の推奬によりて刋行せりと。著者丁某は、山東日照の人、許印林と交友ありしと。
一、姚際恆の『九經通論』は、もと北大教授顧頡剛氏より、商務印書館に其の刋行を勸めたるも、銷路の覺束なきを見て、此の計畫を中止せりと。
一、當地中華書局に、『陽明先生傳纂附陽明弟子傳纂』（余重耀輯）來る。價九角。（大正一三、一〇、一）

（二）

一、吳宗慈著『中國憲法史』上下二卷、直隸書局發賣
一、師大教授白眉初『地理哲學』、直隸書局發賣
一、『陳師曾畫伯遺作集』第三卷まで淳青閣より出刋
一、商務印書館に『李石岑論文集』『李石岑講演集』、陶孟和の『社會與教育』の新刋書を見受く。中華書局に『學衡』『華國』（章太炎主幹）の雜誌、大部分初號より取揃へありと。
一、籀高學會成立、北大國學門にては孫詒讓の淸末學會にもたらしたる功績を追思する意味に於て、籀高

學會成立。該學會の事業としては、孫氏遺著整理と籀高圖書館の設立となり、孫氏自定刊本の外、後人により出刊されたるものは、文字の僞脱多ければ、詳に校定を加へ、總名『籀高遺書』として刊行すること、其『名原』一書は、すでに北大教授馬敍倫の校補本あり、之を採用すと。

籀高圖書館は、孫氏私有本を基とし、弘く江湖に捐書を求めて組織す、地址未定。其組織は、近年梁啓超等が設立せる松坡（蔡）圖書館、東原（戴）圖書館に倣ふと。

一、柯劭忞博士、北大講師となる。

一、北大教授胡適、なほ病假中。

一、北大教授黄節氏（もと『國粹學報』の編纂に與りし人）に『漢魏樂府風箋』の著あり。

一、市村瓚次郎博士、北大、師大に於ける講演を了へ、本月二十日離京、漢滬を經て歸朝の筈。（大正一三、一〇、一五）

（三）

一、北大教授馬敍倫が教育次長に就任してより、總長は未だ來任せず、教育、政務はすべて其人によりて改革、更新せられつゝあり。馬氏は國學者なるが爲めに、國立各校の國學系教授は、さまぐ〜の形に於て便宜を與へられ、生活の窮乏により脱しつゝあるもの多し。

一、學術に關したる良著述は、今より國立各校の教授よりも、各官衙の科長級の人物によって成されんと

は、北大某教授の述懷なり。今、近く官僚側學者の手に成れる著書を擧ぐれば
▼『古書疑義擧例叢刊』、兪樾の『古書疑義擧例』に、劉師培『續』一卷、楊樹達の『續補』二卷、馬敍倫の『校錄』一卷を附刊するもの。二月末開版の豫定。
▼『淮南子舊註校理』、司法部簽事吳承仕の著、劉文典の『淮南子解』よりも、遙かに考證精到と稱せらる。近刊、吳氏には曩に『經籍舊音辨證』の著あり、章炳麟の門弟なり。
▼『抱朴子校補』『論語擧正』、交通部孫人和氏の作。昨秋出版。
一、天津梁啓超は中國文學史編輯中、其引用文例に精選を加へ、文例を多く引き、讀本式のものなりと。
一、劉淇の『助字辨略』、近く飜刻せらるべしと。
一、京師圖書館は城內東北隅に近き方家胡同に在りし爲め、讀書家をして頗る不便を感ぜしめたるが、近く城內西南隅頭髮胡同に在りし京師通俗圖書館を、京師圖書館分館に改め、該分館に於て、京師圖書館の藏籍を見得る事とせり。分館には本館の圖書目錄を置き閱書は其の目錄によりて、一週間前に通告するを要す。西城一帶には、學者讀書家の住宅多き爲め、今後分館の利用者多からんといふ。
一、上海中華書局の『四部備要』は、各自が一小圖書館を造るといふ便宜より、當地の學校教授の方面に、頗る歡迎されつゝありと。（大正一四、二、二）

（四）

一、類書の目録作成　『太平御覽』『藝文類聚』『北堂書抄』は類書中最も引用書の多きもので、其の引用されたる書には、現存せざるものが其多くを占めて居るので、近代の逸書を輯むるものは勿論、學術研究家は、材料をこゝに求めないものは無い。然るに此等の書は餘りに浩瀚で、學者は此書を利用するに頗る不便を感じて居った。北京大學國學門研究所はこゝに鑑みて、同研究所の事業として、各書につきて其原文を引用書によって分類し其目録を附記した。ゆく〳〵之を出版する目論見ではあるが、此處數年は到底其經費を得ざるべく、或は其のまゝ長く同研究所に保存し、一部の人の利用に止まるであらうとの話である。學者研究者に取っては、其原文を省きたる目録のみでも、非常の便利を與へらる、むしろ目録のみの方が、却て必要である場合の方が多いとも考へられる。此目録は十元内外の筆工料で寫取せられる。貴圖書館に於ても此寫本一部を備へられたらば、如上の類書を閱するものに、多大の便利があると思はれる。

二、琉璃廠書肆の蕭條　當地琉璃廠書肆は、近來になき蕭條を呈してゐる。閉店せるものも尠くない。其の原因をきくに一般市況の不振によるは勿論であるが、古書の需要供給が年々に減じ、自家の著述するのも年々減じ多少の需用者は、一般ありふれたる書籍を求めんとはせず、研究上必要にして、市上に稀なるものゝみを求む。宋元版の需要者は殆どなし。そして書價は年々嵩むばかりであると。

三、北大出版の不振　北京大學出版部から、最近二三年これといふ出版物を見ず、國民黨政客の北上と共に、學生の政治熱を煽り、左記の如き小雜誌の出刊を見るに至った。

『現代評論』　北大内現代評論社發行　銅錢八文　週刊
『語絲』　北大、新潮社發行　銅錢四文　週刊
『新論』　北大轉志會發行　銅錢六枚　月刊
其他、『孤軍』『燕風』『社會科學』『社會生活』『社會思想』等である。北大校長蔡元培氏は、本年五月歸國、易培基（前教育總長）、馬敍倫（現任教育次長）等齊しく教授となり、『國學季刊』『社會季刊』等の定期刊行物を續刊し、大に校風を刷新せんとする意氣込である。
四、左の二部書籍本日郵送
孫人和著『論語擧正』　一部
同『抱朴子校補』　一部
（大正一四、二、二〇）

支那文學愛好者の必讀書――吳虞氏が鄕里靑年に示したる

北京大學教授吳虞氏は、かつて陳獨秀胡適などが文學思想の革命を叫んで奮起ったころ、一方に「反孔子」の旗を擧げた名物男である。當時舊學者一味は、彼等は古書味を知らないで食嫌ひするものだと新人を嗤笑しあって、新人がはは、吾等は一般に何人も食ひ得るやうにするといふ大慈悲心から出た運動だと云ひなした。ある時吳虞教授は、古書を讀まないといふ誹謗を避けるために、自分の讀書課程を公表して

人を驚かしたことがある。

最近呉虞氏から郷里四川の中學生の請によって、中國文學愛好の青年が讀むべき書の題下に、書目を列敘してこれを贈られた。左にこれを紹介する。

▲經

『詩經集傳音釋』

『三家詩遺說考』

『毛詩古音考』

北宋本『三傳』

『白虎通疏證』

『今古學考』

『新學僞經考』

▲史

『後漢書集解』

沈約『宋書』

蕭子顯『南齊書』

『資治通鑑』

『國策』
『世說新語』
『水經注』
『洛陽伽藍記』
劉知幾『史通』
章學誠『文史通義』
▲子
『老子』
『莊子集釋』
『列子』
『荀子集解』
『韓非子集解』
『呂氏春秋』
『淮南子集解』
葛洪『抱朴子』
劉晝『新論』

『顏子家訓』

『文子』

『孔子改制考』

▲集

『楚辭補註』

『楚辭集註』

『屈宋古音義』

『文選』李善註

『文選』六臣註

『弘明集』

汪中『述學』

洪北江『卷施閣文集』

章太炎『檢論』、『國故論衡』

『玉臺新詠』

『樂府詩集』

『全漢三國六朝詩』

『八代詩選』

『全唐詩』

紀批『李義山詩集』

紀批『蘇東坡詩集』

『文心雕龍』

『詩品』

『聲調三譜』

王平塘刻『四印齊詞』

朱古微刻『彊村叢書』

吳昌綬刻『雙照樓宋元名家詞』

陶湘刻『涉園名家詞』

汲古閣『六十家詞』

『藝蘅館詞選』

『萬紅友詞律』

▲音韻

『音學五書』

▲目錄校勘

『漢書藝文志考證』

『隋書經籍志考證』

『郡齋讀書志』

『直齋書錄解題』

『四庫全書提要』

『四庫簡明目錄標註』

『叢書擧要』

『藏書紀事詩』

『書林詩話』

王念孫『讀書雜誌』

俞樾『古書疑義擧例』

姚際恆『古今僞書考』

孫詒讓『札迻』

▲思想と學術

王充『論衡』

李卓吾『焚書』
『崔東壁遺書』
戴東原『孟子字義疏證』
杭世駿『續禮記集説』
『宋元學案』
『明儒學案』　（以上）

北京の出版界

△劉淇の『助字辨略』は、傳本甚だ少く、僅にある所の通行本にも、文字の錯誤多きは、學者の久しく不便とするところであったが、此たび乾隆刋本によって、細かに校正を加へて出刋さる。巻末には劉毓崧、楊樹達二氏の批評を附く。價二元位。
△かねて報告せしところの『古書疑義學例叢刋』は、俞樾の『古書疑義學例』七巻の外に、
劉師培の『古書疑義學例補』一巻
楊樹達の『古書疑義學例續補』二巻
馬敍倫の『古書疑義學例校錄』一巻

を併せて、いよ〳〵其の出刊を見る。考證校核、古書の詞例を知る良書たるは言ふを俟たない。價二元位。
△屈復の『南華通』、近く當地京華印書館より重版さるべしと。屈氏の『楚辭新註』も、それに次ぎて重版されんことを學者は希望してゐる。
△鄭子尹の『巢經巢遺詩』重刊さる。梁啓超、胡適氏等の推奬で、青年學子に愛讀さる。價二元。
△松鄰叢書出刊、甲編には『元西湖書院目錄』等十四種、乙編には『嘯谷亭薫習錄』等六種を輯む。十六册、價十五元。
△北大教授馬叙倫氏の『老子覈詁』四卷、本月末出刊さるゝ筈。此書は『老子』各本及び唐以前の諸書によって校勘解義し、訂正數十事に及び、卷末に老子生卒籍里仕官佚文に關する考察を附く。久しく學者間に其の出刊を待たれつゝある良書である。價二元位。
△北大教授葉瀚氏（『墨子詁義』の著者）は、大學では中國美術を授けてゐる老教授である。同氏はあまたの參考品をあつめ――主として拓本類――中國美術史の著述中である。同氏はさほど西洋學の造詣なきも、神通徹底の才を有することは、其の餘間に成れる『墨子詁義』の成績によっても知られる。邦人の狡智ある某の如きは、同氏の鑑識眼を利用して、漢鏡二百枚を漁った。その拓本と解説とは、同氏の下に殘されてあるが、その中には前刊のものに見得ざる新らしき材料を有するとのことである。同氏は『墨子詁義』の下卷も、財嚢の餘裕あるまでは出刊せずといひ、この拓本の付印も、さまで急とせざるものゝ如く、一途に美術史の著作につとめてゐる。

△もと經科大學の教授孫雄（原名同廉）氏、字は師鄭、年六十、今京中に隱居し、ひそかに學廢道喪を憤ってゐる老學者である。その二十三歳の著『論語□□』は、近く改訂重版する筈。論語研究には必須の名著であると。

同氏の著述中、最も邦人に購はれたるものは、『道咸同光四朝詩史』兩編である。最近の詩風を窺ふに缺くべからざる好著。價六・七元。その他『鄭學齋文存』『讀經救國論』の著がある。また李慈銘の詩集を單行本として出刊せしものありと聞けども、筆者は未だそれを見ず。同氏は一方に九老會を設け、舊友をあつめて道誼を厚うし、また一方に詩史閣清集を催して、吟咏をたのしみ、毎年『詩史閣詩存』を印行す。

△清遺臣金梁氏、『黑龍江通志』を纂修し、今豫約募集中、豫約價四十元。金氏は別に『黑龍江通志綱要』を出刊し、今發賣中、二册一元。

△師大教授高步瀛氏の二十年の力作たる『古文辭類纂』の註解書は、明年出刊の筈。各篇を其の原據に照らして校訂せるによって、意外の誤謬を發見し得たと。此處高氏の得意壇上である。

△吳承仕『尙書正義』また明年出刊すべしと。

△『文選』研究の良書として、胡紹煐の『文選箋證』と朱珔の『文選集釋』の二書は必須のものである。ともに同光年間の刊行ではあるが、坊間甚だ得難い。前者は北京にありては、胡適氏その一部を藏し、北大教授劉文典氏は、此書によって講義をなしつゝある。近く師範大學の楊樹達氏、長沙にてその一部を得（四元）、筆者は當地某よりその一部を購得た（十七元）。此の書『聚學軒叢書』中にありと聞及べるも、未だ

それを確かめず。後者は京師圖書館にもあり、他に所藏者あれどまた得難きものと謂はる。
△湘儒葉德輝氏、當地『黃報』總辨薛大可氏に招かれて、近く來京の筈。政治的意味あらんかと謂はる。
△梁啓超氏は、この頃段祺瑞氏に書して、著作資金一萬五千元を受く、名流學者每々如氏。最近北京に關する記録四種を輯めて重版す。北京風物を知らんとするものには調法である。同氏編纂中の『中國文學史』は、各時期に於ける代表作、卽ち文例を選ぶといふ點に苦心しつゝあるの外、各時代の文學趨勢を說くには粗なるものと聞く。同氏の『最近三百年思想史』は、多くある同氏の著述中の佳作である。『清代學術概論』を增補改更せるものと見て可、その篇幅も『清代學術概論』の三倍はあらう。今年中には出刊される筈。以上。（六月二十日）

北京著述界の近況

一、王樹枏氏の著書

對支文化事業の支那側委員の一人、王樹枏氏は學者としては、むしろ通儒的な學問を成した人である。それ故に、其の著述は各方面に亙れるものがある。『陶廬叢刻初集』は二十種五十二册を以て既に完成し、其『二集』はすでに九種二十一册を著刊された。今左に其の目録と定價とを掲ぐ。

陶廬叢刻初集

尙書商誼　四角
費氏古易訂文　二元二角
校正孔氏大戴禮記補注　一元四角
爾雅郭注佚存補訂　三元
廣雅補疏　八角
學記箋證　一元二角
墨子三家校詁補正　八角
歐洲列國戰事本末　三元六角
歐洲族類源流　八角
彼得興俄記　二角
武漢戰紀　二角
天元草五卷　九角
離騷註　五角
趙閑々集目錄年譜　二元四角
陶廬箋牘　一元
陶廬文集　三元四角

陶廬外篇　二角
陶廬駢文　三角
文莫室詩集　一元二角
陶廬詩續集　一元六角
陶廬叢刻二集
希臘學案　八角
新疆山脈圖志　二元
新疆圖界志　八角
希臘春秋　二元四角
周易釋貞　三角
新疆禮俗志、新疆小志　一元
新疆訪古錄　一元
說文建首字義　二元

二、教育雜誌の種類

支那に於ける教育雜誌に就いて、尤も內容の充實せる又尤も長き發行の歷史を有するものは、『中華教育界』と『教育雜誌』とである。『中華教育界』は、中華書局の出版、月刊一部一毛五、主筆陳啓天。最近「中國小學教育研究號」「收回教育權運動號」「國家主義的研究號」等の特別號を刊し、大に該雜誌の聲價を高めた。『教育雜誌』は、商務印書館の發行、李石岑主筆、月刊二角五。其の記事は『中華教育界』の實際を重んずるに對し、これは理論研究に傾いてゐる。「道爾頓制專號」「性教育專號」等の特刊を出した。此二種の外に、

『新教育』　教育改新社
『教育彙刊』　南京東南大學教育研究會
『初等教育』　初等教育研究會
『中等教育』　中等教育研究會
（以上四種は商務印書館で發售せられてゐる）
『英文教育季報』　上海中華基督教育會
『教育季刊』　同
『教師叢刊』　同
『平民教育』　北京師範大學平民教育社

『教育叢刊』　北京師範大學編
『心理雜誌』　同
（右二種は上海中華書局發售）
『教育之友』　江蘇教育會編
（南京東大附屬小學代售）

三、容庚氏の『金文編』
殷周彝器の文字一萬餘を收め、それを分類したるもの、卷頭に羅振玉、王國維氏の序文がある。價七元、北京大學出版。

四、張家驤氏の『中華幣制史』
支那幣制の起原より現狀に及べる記述、六編に分たる。民國大學教授張家驤氏の近著。本年中に同大學出版部より出刊すると。

五、孫人和氏の『三國志校證』

中國大學教授孫人和氏は、近く『三國志校證』を刊行すべしと。彼の著『論衡擧正』は、彼自らも拙作なることを認めてゐる。『抱朴子校補』はやゝ力を盡したる作と謂ってゐる。『三國志校證』の後に、『呂氏春秋擧正』を出すと。

六、崔適氏の遺稿出版

兪曲園の弟子陳漢章氏は、もと北京大學教授崔適氏の遺稿の纂刋をなす由。崔適氏は最近唯一の公羊學者である。

七、張之洞の遺著

王樹枏、熊希齡の助捐によって、『張文襄札記』三百七十卷、北京文華齋にて刋刻中、書價及出版期日未定。

八、馬敍倫氏の著刊

『老子覈詁』を出したる北大教授馬敍倫氏は、今後逐次その著書を刊行する由。其の著の主なるものは、『荘子義證』『荘子年表』『荘子逸文輯録』『六書跡證』『六書解例』『鄧析子』『列子僞書考』等。

北平書訊

◇北平圖書館は、最近館員趙萬里氏を南支に出張せしめ、古書の採購にあたらしめ、天一閣舊藏本の三四十種、蔣氏密韻樓藏の明人文集六百十四部を購入したと。其價格は約七萬元といふ。

浙江寧波市政府は天一閣の藏本が次第に坊間に散佚するので、教育廳員を派して、現存の書目を作製せしめ、これを公報で公佈して爾今決して轉售を許さぬ旨を聲明したのは昨年春のことである。蘇杭の間には其散佚を藏するものが多く、趙氏の手によって購入したものはそれらの藏書家から讓受けたのであらう。

密韻樓の明人文集は市上に出售されるに至ったのは昨年の夏頃からである。但し二、三の書肆から其價格をせり上げられて、つひに良賈を得ずに今日に及んだ。明陳田の『明詩紀事』の如きは、密韻樓の藏本によって編輯されたといふから、明人文學の大觀を窺ひ得るほかに、明時史料を探る上にも重要なる文獻たるに相違ない。焦果堂の『道聽途說錄』四十餘冊の種本、汪曰楨『長術數』十冊の稿本も購入し得たと。

◇王式通、字は書衡、昨冬北平に卒す、六十八歳。駢文を善くす。最近は徐世昌の依託をうけて『淸儒學案』の編輯中であった。

楊宗稷、字は時百、昨冬北平に卒す。琴學を専攻し『琴學叢書』十種三十二卷を輯刊す。自らよく古琴を弾ず。その琴學上の貢獻から見るも清末文化史上の人物である。

朱孝臧、字は古微、舊臘上海にて卒す。現在詞人中の元老である。其輯刊『彊村叢書』は唐宋以來の詞を輯めたもので、詞學を研究するものに必需の書である。

廉泉、字南湖、藏幅家として又詩人としても名を知らる。昨冬物故。

◇近來清人の文集、經解の單行本などが尤も格外の高價で需めらるゝやうになった、此風潮下にあって、各方の書肆は此種罕見の書を影印することが流行して來た。北平通學齋は洪朴洪榜の『二洪遺稿』の原刊本を得て影印出售、一部六元。

◇桐城徐璈が嘉慶末年に郷先輩の詩話をあつめ、小傳を附して『桐舊集』三十二卷を著はし、彼の死後道光年間に刊行されたが、板木は忽ち燒燬されて、その本は甚だ得難いものとなった。同郷の後輩等は辛じて其殘卷を求め漸く完本に整へ、影印に付して出售、代價十元。

◇上海中國書店も明何楷の『古周易訂詁』十卷、鮑鼎『九州釋名』一卷附錄一卷、吳東發の『商周文拾遺』三卷、金錫鬯の『古泉述記』十卷等を影印出售した。其『古周易訂詁』の如きは明版本を得て影印したものであるが、其乾隆重刊本でも特見、四百五十元を下らぬものである。其書店廣告文のうちに「近來東方人士對於此書、極其崇拜、亦可覩其名實」とある。邦人學者の需要が支那の書肆を刺激せしめ、竟に其影印を見たことになる。代價六元。新陽汪之昌、字は振民、かつて蘇州學古堂の學長たりしことあり、現時の老儒章式之、胡玉縉など其門下である。その著『青學集』三十六卷、『裕後錄』二卷は胡氏によって校刻さる。元和李福の『李安浦遺著』一卷をも附刊す。價十元。

◇今の學者教授の近刊書籍中主なるもの次ぎの如し。胡適著の『淮南王書』、新月書店發行。顧頡剛輯印の『古史辨』第三輯、景山書社發行。楊樹達の『積微居文錄』、上海商務印書館發行。傅振倫の『劉知幾之史學』、景山書社發行。梁啓勳（啓超の子）の『稼軒詞疏證』、梁氏自刻本。『清代文字獄檔』、故宮博物館發行。

◇現に豫約を求めつゝある書名次ぎのごとし、嚴懋功の『淸代徵獻類編』二十九卷、豫約價四元二角。陳性の『玉紀』、寂園叟の『說印』二册、北平にて豫約付刻、定價三元、豫約價一元五角。楊家駱の『四庫大辭典』二册、二千頁、定價四十二元、豫約價十六元。（七・一・二三）

北京史蹟雜話

滿州人といふものは滿州蒙古の八旗に隷屬したところの旗籍のひとたちをいふのであるが、彼らはみな掌故癖をもってゐた。そして清末になると、「彼れは掌故に通じてゐる」といふことが、今日いはゆる考古學や歷史學の專門研究者であるかのごとく聞えてゐた。

掌故癖は滿州人にははやくから手に著いてゐたらしい。そしてそれに關した著述も多い。淸初年の劉廷璣──漢軍紅鑲旗人ではあるが、彼れの『在園雜誌』のごときは民衆文藝に關する珍重すべき記載が書かれてゐる。乾隆頃になると博明の『西齋偶得』三卷は內藤湖南博士らの主纂『滿蒙叢書』にも取上げられたほどの著述で、筆者はこれを通讀してその記載のうちに漢人の筆には及び得ない或種の興趣を感ぜられた。尤も掌故に關する事がらも多く擧げられてゐる。

蒙古出身の法式善（一七五二～一八一三）の諸著述になると、その興趣が更に深い。禮親王昭槤になるとその名著『嘯亭雜錄』八卷その續錄二卷のごときは淸代の掌故を語るものゝ基準にもなったゞけあって、津々盡きざる內容をもつ。その他、滿州人の掌故に關する著述はあげつくせない。尤も掌故といっても淸代の故實であるから、それが自ら國政の內容にも觸れて來るので著述されても發表されず、また口傳されたものが大部分であった。

滿州人はなぜに掌故にふかい興味を有ったか。彼れらの生活は富裕で、そして閑暇が多い。さればとて精刻几帳面な考證的な研究には彼れらの氣質はむかないし、また學問することによって地位を高めることも要らない。そこで、吾世一代の掌故について豐富な知識をもつことが彼らに何よりいゝ資格であったと考へられたためであらう。

清末に「清風黨」といふ名士のグループが出來てきたときなども、彼れらは得意に自家の專門知識を標幟して起ったが、或は金石を談じ、或は詞章を談じたが、滿州人盛昱（一八五〇～一八九九）のごときは掌故を談じた。近くは肅親王善耆のごときも掌故の通人であって、八旗文學の集成者楊鍾羲氏のごときは、親王のいふところを筆錄すれば、掌故の名著述を爲すであらうとさへ筆者に語ってゐた。

滿州人の掌故を語る癖は、掌故學まで發展したときには、それに取扱はれる資料が一代の故實或は史蹟であるので、これが北京史蹟に對する興味を煽って來、それが近くは北京史研究の氣運を釀成し來った要因の一つをなすに至ったかと考へられる。

北京史蹟に關する興味を釀させて來たいま一つの要因は清末滿州人がもつ故國觀念である。祖國は一木の支ふるところに非ず、その傾覆の必至は眼前に迫ってゐる。未だ、色改める山河が豫想されたり、花に涙を濺ぐの慘景が思浮べられないまでも、まのあたり巍然たる宮殿、繁華の長安大路に佇望して或る種の感慨を深うせざるを得ない。そして清末の心ある滿州學徒によって幾種かの『洛陽伽藍記』みたやうな著述が殘されて清室はくつがへった。

むかし北魏の都洛陽が東魏の鄴京に移されたとき、楊衒之は重ねて洛陽に遊び、城郭は崩れ宮殿は傾いて、寺觀廟塔は廢墟と化して蓬芒に埋められ、みな孤兎の巢くふところとなってゐた。彼れは慨然として麥秀黍離――故國觀念の衝擊に堪へなかった。かつて見たる洛陽一千餘寺の伽藍は朝夕法燈絕ゆる間もなく法光がうつろうてゐたが、いまはまゝ廢寺の間からその鐘聲をきくのみ。いまにして記述するなくば後世つひに傳ふるものなきに至るであらうと、諸伽藍の孤兒古蹟を述べたのが彼れの名著述『洛陽伽藍記』である。

彼れと同じ感慨で書かれたのが震鈞（一八五七〜一九二〇）の『天咫偶聞』十卷であり、敦崇の『燕京歲時記』一卷である。敦崇のごときは宣統帝の大婚畢って北京西郊八里橋に投じて自殺してゐる。

かうした感慨をもつひとから見るときは、庚子拳匪の亂は、かつて見ざる北京の大異變であったので、清はその實この時に滅びてゐたとも考へられたであらう。そこで、庚子亂下の北京を述べた書も滿州人によって多く書かれてゐる。いまのひとは作者の微意には一かうにふれないで、徒らにこれらの著書を北京史蹟を述べた北京學の好參考書とばかり見てゐる。これらの名著の續出はつひに北京史蹟を考ふるものゝ基準ともなり、北京學研究を誘發することになったと思ふ。

伊東ハンニとやらいふひと、北京の邦人新聞に「北京城下にわれ死なむ」といふ見出しで大文字の廣告を載せたころ、宋哲元部下にあった筆者の友人たちが偶々に筆者を訪ねて來、伊東といふひとはどういふひとかと探聞にやって來た。伊東某は北京の情景に陶醉する氣味をこの一語に表示したとは日本に留學十年した支那人にも解し得ないで、伊東某が北京城を枕に一動亂でもたくらみゐるのかと讀まれたらしい。多少の風騷を解するひとは、歷史なき地にはいかに山紫水明でも永住の心持を起こされないが、歷史ある地に生活するとすぐ根がつく。陶酔してしまふ。この意味でも北京はいゝところだと、皆いふ。

筆者の流落書生においてすら一生の光陰その過半を北京に送ったことが、生けるものとしての幸福と思ふ。が、その間、自然の情景はいゝが「人」の景色がわるい。いくたびか旗を捲いて歸らうと歸與の情に驅られたことも一再ではなかった。でも、何か北京を記念すべきものを書くまではと今日に及んだ。これが筆者の北京學に興味をもち、その資料の蒐集につとめた動機である。『洛陽伽藍記』が未だ脱稿しないばかりに、淹留して歸るを忘れたのである。

筆者がかく淹留踟躕してゐるうちに、支那の學徒によって北京史に關する研究が多少芽生えて來たやうである。そして、北京史學はかつて主として滿州人によってかかれた掌故の記録と、麥秀黍離の感慨でかゝれた『洛陽伽藍記』的著述を溫床として釀成し、それに「民國學術」の風潮が手傳ってゐることは否み難い事實であらう。

その間、われら邦人の手によっても北京史蹟に關する著述のいくつが出た。みな失敗であるとみていい。それは滿州人がもつ掌故の蘊蓄にも匹敵せず、いたづらなる陶醉氣分に驅られて、淸末の學徒がもつ感慨をも有たず書かれたからである。いまひとつの要因は「民國學術」の風潮に示されたごとき史觀史眼をも有ちあはせてをらなかったからである。さすがに三、四十年も以前に湖南博士によって書かれた游記一册が不滅の書香を殘してゐる。

『燕塵』といふ邦文雜誌がずっと以前に出た。「燕塵」なる語は邦人が創意した新用語としてよほど得意であるらしく、今日まで流用されてゐる。これも筆者には何の意味か判らない。燕は「つばめ」であるならば、燕京の燕ではないし、「つばめ」なら塵では可笑しい。「燕泥」といふべきである。燕京の名物蒙古風に煽られる土塵の意味なら、燕塵の語は餘りに卑俗で語を成さない。つばめの燕と燕京の燕をごっちゃにするほど低級な北京趣味であったといへる。いづれにしろ、北京に關する研究は支那の學校の方がよほど飛躍してゐる、お恥かしいことである。

民國になってからの學界人物において、北京史が誰によって研究されたか、また營造學社の同人や北平研究院での研究成績はどうの或は如何なるひとが北京の掌故史蹟について最も豐富な知識をもってゐるか、などの問題についてはいまこゝに詳述するだけの頁數を許されてゐないからこれを省略する。それから民國學徒の北京研究についても評論すべきものは幾らもある。が、これも茲にはその說明の筆を進めまい。たゞ一つ、昨夏われらの同好が組織した北京人文學會で、北京研究のひとり瞿宣頴君が試みた講演を聞いた當時を追憶してその感想を述べよう。

支那歷代の形勢を論ずるものに取っての重點は東北と西北とにある。東漢以來の重點は東北にある。東漢光武の霸業も、北地魚陽上谷の兵で河北各郡を收め得たことによって達成し、曹操の吳蜀を制御したのも袁紹が據るところの幽冀兩州を取り、その兵力で中原を征服し得た。それからあと支那の統一事業は東北と西北の兩勢力の合作で中原統一が達成された。

といった調子で、彼れは支那歷史上北京がいかに大いなる役割を演じ、そして歷史上重要なる地位を有つかについて、興味ある史論を試みてゐる。そして、北京が遼金以來五朝一千年の國都として基礎づけられた歴史的要因に敍及した。かうした大摑みした直觀的な史觀史論といふものは、歴史學の立場にあっての専門家にはやゝもすれば一笑に附して耳を傾けられないところであり、支那の歴史學者にはこの種の史觀史論のうちに立て籠もって記述の筆をすゝめることが却って得意な一面でもあるかと思はれる。近代的歴史學にも、この種の直觀的な史的考察の上に立って大摑みに大觀する用意があってほしい。

昨年は北京建國以來一千年にあたる記念すべき年であった。筆者は「北京を歴史したる」幾つかの名著述が出ることを要望したことであったが、かつてなき大事變の後でもあったためか、かねての用意が整へられてをらなかったためか、北京に記念すべきこの年は等閑に過ぎゆいた。

北京に生活し得たことを悦ぶひとは多い。そして、その個人生活を記念する意味でも何か書いてみたいと思ふひとも尠くあるまい。北京生活を語る北京會はどこにも催されゐるのも、この印象の發露であらう。筆者も歴史家ではないが、北京のある一面を語ってみたい興味がいつも胸にぼつ〴〵してゐるひとりである。不渡手形を振出すのではないが、筆者は乾隆嘉慶兩時代の文人學徒の生活を語ってみたい、といふのが北京に限りなく廣汎に動く興味を強ひて縮減してこの一點に歸著せしめて、十數年その資料の蒐集に取かゝってゐた。

話は前に戻らう。北京に對する歴史興味をそゝらしめた要因には滿州人の掌故癖と『洛陽伽藍記』的著述に寓托する感激が與って力あることを述べて置いたが、筆者が北京を歴史せむとする意圖も、多少この種の感情に動かされてゐることはいふまでもない。北京の一部面を歴史することによって、すなはち筆者の個人生活を歴史せむとする要求である。

また掌故癖についても一言附けくはへておきたいことは、「書かれたところの歴史」は、書かれたところの記録を最も賴るべき資料と考へる。現に存在するところの歴史的物件も、書かれたところの記録のうちに見出だすことによってその信憑性が強められる。が、掌故にあっては口傳が多くて、書かれたものは甚だ尠い。いったい、歴史資料として書かれたものは、歴史の對象となる全事象から見るとほんのその一部に過ぎない。未だ書かれてゐない歴史的事象に比べると、ほんに僅か一部分が書かれた記錄である。掌故といふことは口傳によるものが多く、口傳によって提供される歴史資料であると見たい。

北京を歴史するものにとって、掌故の一面がいかに重要であるかを知らねばならない。北京宮城の建設に回々教徒の創意があづかってをり、アラビア人などによって設計されたことを知ることが出來ると、北京宮城はかくして出來上がったものと早合點してしまふのが歴史家がよく陷り易い陷穽ではあるまいか。われらは風水とか、占卜の思想がどう北京城の設計に反映してゐるかを掌故通のひとから教へられるだけでも、北京城の創意を當時の將作監や外人技師にばかり求めてをられない氣がする。

筆者が現に住居してゐる文化會の地址にしても、書かれた歴史の「正史」にこれをもとめてその歴史を知ることは固より出來ない。掌故的記錄の『明宮史』だの『京師坊巷志』に徵してわづかにこの東廠胡同が明の永樂十八年に「東廠」が置かれた地址であるといふことだけが知られる。しかし、これを掌故通に

徵求すると、

明朝が衰へてくると「東廠」は廢止せられ、その房舍は魏忠賢の暴政が祟って凶宅と取扱はれて借手もなかったので、家屋は頽廢するばかり、牧畜者が豚を飼ひまた革屋となってゐた。そのうちに舊東廠の房屋は全部破壞せられて細民雜居の地ともなった。康熙初年より西方の民房は阿蘭泰の手に購入された。阿蘭泰は滿州の富察氏、康熙二十八年吏部尙書を以て武英殿大學士に拔擢され、この年に卒世、文淸と諡されたひと。彼れは住宅を新建すること約百餘間、しかも東方の豚毛牛皮工場などはなほ故のごとくであったと。康熙五十年に阿宅は轉賣されて慶氏の有に歸した。慶氏は滿州の葉赫那拉氏、卽ち大學士瑞麟（諡は文莊）の祖、佛尼音布の曾祖である。慶氏が購置した後、なほ修繕を加へてこの邸宅を世守して咸豐初年に及んだ。瑞麟は始めて東方豚毛牛皮の工場をも購收して合併し、頗る建築を施しすこぶるその舊觀を改めた。東方建築の隙地は園林を點綴して植樹し、太湖石をその間に築き、園中に竹林が多く植ゑられたので「漪園」と名づく。その後嗣の佛尼音布及びその一族がそこに雜居してゐた。佛尼音布――字は鶴汀、その兄懷塔布、字は紹先、光緖朝禮部尙書に任じ、いまひとりの兄は湍多布、字は薑臣、光緖時浙江按察使となる。みな一時の名士である。その居宅は慶氏の康熙五十年より佛氏に至るまで、居ること凡そ四世、一百餘年を經た。光緖二十六年庚子にたまたま拳匪の禍に値ひ、各國聯合軍入京し、この居宅は先づ露西亞軍に占領せられ、露軍の歸國後、獨逸軍のために野戰病院に充てられ、一年を經て聯合軍退出の後、初めて佛氏に還る。三年を越えて光緖三十年には佛氏は「漪園」を開放し、「餘園」と改名、蓋し劫後餘存の意を取る。餘園飯莊及び茶店寫眞館を園中に設けて市人の遊覽に供したが、北京に公園を創めた先例ともいはる。後久しからずして大學士榮祿の所有となる。榮祿の字は仲華、文忠と諡す。光緒朝に於ける大局變遷の中心人物である。榮氏歿するにおよび、その後嗣良揆は復た民國二年にはこれを袁世凱に售り、陸海軍聯歡社の用に充てらる。民國三年には袁氏は遵義親王府として黎元洪に贈與し、袁氏帝制の曉には黎氏をして遵義親王たらしむる意があった。

筆者の住居についてもこれだけのことが掌故通から聞かれる。先年八十歳近くで物故した佛尼音布の語るところによると、さらに詳細であって正確な事實がつきとめられるのである。支那の學徒に得意な直觀的な史論史觀を取入れ、掌故通に教へられたところの史料で北京史の一部面を書いて見たい。

（東方文化協會總務院長）

支那學界の趨勢と北平文化の崩壊

一

「北平」それよりも「北京」の稱呼が吾らに親はしいといふものがある。五、六年前の北平を觀た人でさへ、今の北平からその時に受けたと同じ感觸は得られないといふ。十年、二十年前の北京を知つてゐるものには、兪曲園の名句を引いていふなら、花落ちて春なほ在り、といふ感慨で故都北京の景物をみるものもあらう。そして、それにしてもまた北平ほどいゝところはないといふものも多い。

北平とそこでの生活を讃美する者は頗る多い。吾ら邦人ばかりでなく、支那人はもとより、他の歐米人に於いても多く見られる。さらば、何故いゝところかと吾らの合點の出來るやうに說ひてくれたものがない。謂ゆる北平文化は北平に萌出したものでなくて各省の文化の混合である。學者も美人も料理も、各方からの粹を萃めたものであり、寄合のものは相互に融合性がなくてはならぬ。肌ざはりがよくなければいけぬ。自らその生活を舒服《のびやか》にし、料理を美味にし、北平ほどいいところなしと一樣にその生活を讃美するに至る。學徒にしろ、蜀山湘水から笈を負うて上都、進士の考試に及第すれば翰林院出身三品官などと榮達し、碩學鴻儒の名は海內に普く知られて來る。如何ほど飽學苦行の士でも地方に居ては、その人ありと知らるゝは容易のことでない。況んや、他省に入りて地萌えの學者と相競ふに於てをや。吾らは清代儒者のうちに地方に齷齪して身前の名に極めて寂寥なりし幾多の篤學あるを知る。そこで、北京の政府は南遷し、國民政府の統一が成功した後、十年或は二十年して「北平文化」に崩壊の色を見せ、北平にも昔日の如きなごやかなる感觸がないといふは、當然以上の當然であり、今日に至ってせめて北平を文化都市としての面目を保ちたいと思ふものあらば老婆の癡言である。かゝる製作を固執するものあらば、時勢の動きと時務を知らざる愚の骨頂といひたい。事實、吾らの味覺によっても此處十年來に於ける此方の料理が頗る豐潤さを減じて來たによっても、時勢の如何ともなし難き推移を味はれるのではないか。

支那の文化なり、學術の過去數百年は餘りに北平に集中してゐた。それ故に國內いづれの都市に見られない黃金區域を造り上げ、途方もない悠長な桃源鄉として諸外人までも欣ばしたのはいゝとしても、地方の文化學術に至ってはいたく荒廢せしめた。今や北京文化の崩壞分解を將來し、その一部は首都南京に移植されつゝあり、又上海に引取られつゝあるが、その地方々々に地萌えの文化に還元して、各地方の文化が各強い特徵を以て蘇生してくるものと見られる。此篇の筆者は、支那將來の文化發展の前途を卜し、支那の爲にも頗る祝福すべき事實と見るのである。かくて三十年、五十年後に、かつて幾百年の繼續した北京文化を回顧して、その文化が變則的なものであったことに思ひ到るであらう。於是、此處數年の間に北京に於ける文獻と學術機關の異動について概說する。

文化事業に從事しつゝある某友人は筆者に向って次ぎの如く述べた。

民國の當事者は一國の文化事業及び學術振興の實施に對しては、初めより遠大の計劃と最も熟考されかつ系統ある計劃とを有して年を逐うてその實行を計り來った。その苦心の存するところは我等にも諒とすることができる。經費問題についても一は建設經費、他の一は經常費の二方面より考察さる。國立の各大學、各研究院、北平圖書館、故宮博物院の如き文化施設は、國家が最も注意をなして永久的の計劃を立案し、各年に於いて秩序ある工作を以てその發展を圖ることに努めた。しかるに內患外難、その實行は困難に陷った。その經費は減少を來した。豫定されたる建築も停頓に陷り、文獻は南遷して當面の修繕のほかなされなくなった。かくて建設方面は此處數箇年は停頓されたるも、幸に經常費はまづ例年の通り支出され居り、北平國立各大學經費として每月三十六萬元は滯りなく政府より送られつつあるによっても知られる。

某君の談はその實情を得てゐる。北平に於ける各大學などについて見ても、北京大學は各方面の寄附でその附屬圖書館が建築されたが、師範大學は校舍五棟の新築計劃が停頓して一棟だけ出來あがった。清華大學の農科擴張の計劃も變更されたが、長沙に地所を購入して農科をそこに移すとも聞く。北京圖書館の第二閱覽室の建築はまだ起工を見ない。故宮博物館で計劃中の雨華閣文淵閣の修築は中止され、故宮歷代瓷器譜、故宮所藏銅器圖錄、故宮所藏歷代名畫譜、天祿琳瑯叢書第二、第三集の豪華版印刷も中止された。かくて文化學術の機關の新たに築かれる方面は全く停頓してゐると見てゐゝ。

民國二十二年二月より五月に至る間に、故宮博物館の重要書籍、書畫、瓷器、及御賞珍品、約一萬三千五百箱は五回に分ちて南遷せしめ、現に上海佛租界天主堂大樓中に保管されてゐる。同時に古物陳列所の貴重物品三百餘箱が上海に運ばれ、本所の現在は僅かに入場券の收入を以て維持されつゝありと聞く。歷史博物館の重要物品はその年二月と二十四年十二月の二回に南京に運ばれた。國子監の石鼓も二十二年二月に上海に運ばる。同年二月に頤和園の銅器一百餘箱も上海に運ばる。かくて民國二十二年には北平に於ける重要文獻が洪水の如く南遷した。故宮の古物を裝入した木箱が洋車に載せられて、嚴かな警戒のもとに運ばれゆきし光景は今も目前に浮ばれる。

北平圖書館は民國二十四年十二月に善本二百箱（善本書目甲種に屬する）また更に普通圖書より善本を選擇して乙種善本としその一百十四箱、及び西文書籍一百二十箱、敦煌寫經四十九箱、碑帖八箱、地圖七箱を上海亞爾培路の中國科學社に送る。社會調査所もこの年全所を南京に遷され、中央研究院歴史語言研究所もこの年の十一月に南京に遷された。この月、清華大學の重要圖書及び實驗器具等約三千箱は漢口に移され、地質調査所もその頃重要標本及び實驗器具など殆んどその全部を南京に移した。本篇の筆者など、北平圖書館で朝夜を徹して館內に響きわたる木箱打ちつけの音をきゝ、その陰慘の聞くに堪へざるものがあったが、翻って思へば、これも勢のまゝに動きつゝあるのだ。これは決して柩棺を釘打ちつける死の音でなくて、やがて南遷の後、新しきを產み出す產聲であらうとも考へられた。しかもある人の如きは、一度、南に遷っては再び北に歸った例はないと歎息をもらしてゐた。

浙江省立西湖博物館と吳越史地研究會との共編になる『杭州古蕩新石器時代遺跡之試採報告』と稱する報告書が昨日、筆者のもとに贈られてきた。衞聚賢の序、胡行之の報告書及び「古蕩新石器出土在東南文化上之價値」と題する論文、その他數篇を輯めた小冊子ではある。吾らは此小冊子そのものに學術的考究の偉大なる成果を稱讃しようとするものではないが、吳越人がその故地に於ける古代文化に對する研究について從來の方法觀察を易へて見直しをせむとする企圖によるものであり、地方文化蘇生の一前提として、その動向を此一小册子のうちに看破せらるゝのである。そして彼らは、支那古代の文化は黃河流域に發祥し、記錄の文獻によると孔丘の『春秋』にも吳及越に關して記述は各々その百分の一に過ぎない。『左傳』『竹書紀年』『史記』をあげて、當時の吳越文化の地位を述べ、民國十九年に南京棲霞山、及び今年三月に杭州古蕩に出土した石器、銅器、鐵器などによって、黃河流域の新石器時代と江浙の新石器とその文化はそれぐ〳〵獨立的のものであることを立證せむとしてゐる。

二

南京教育部に於ける調査による統計は此處數年來、專門學校以上の教職員は、專任教授が漸次增加して、校外の兼任者の減少を來したことを報告してゐる。校外の兼任とはその多くは官公吏のことゝ考へらる。

年度	專任	校外兼任	計
民國二十年	四、二三三	二、九二〇	七、〇五三
同二十一年	四、七二三	一、九八六	六、七〇九
同二十二年	五、〇〇〇	二、二〇〇	七、二〇〇
同二十三年	五、一二七	二、〇七八	七、二〇五

この事實は最も鮮かに支那學界の指導者におのおの專門的學才を得て、學術の研究が漸次部分的に深められつゝある趨向を語るものである。

民國十二、三年までは、教界の人物と政界の人物とが混淆してゐた。時を得ては某部の總長、部長、失脚すれば大學の教授或は校長となり、教育部などの官吏で教授を兼任するものは比々皆然りといふ實情であった。吾らはよく北京政府時代に交通部、教育部の科長室、司長室に伏案讀書しつゝある學人を往訪したことがある。そしてこれも前清時代の遺風かと思はれたことである。現在の各大學文科には支那哲學を講ずる專任教授もあり、その專攻學者として知名の學究も見受けらるゝが、往日の大學、一例を以て謂へば北京大學の支那哲學では陳介石、陳漢章、馬敍倫などの老學が經子の講讀ばかりしてをった。

往年、五四運動旺んなりしころ、學生服を着ながして民衆運動の先頭に立てる士は、二十年を經たる今日は教育部長、大學校長としての月桂冠をかち得てゐる。かくて支那はその數年に於いて人物の一大轉變を行った。今の支那はもはや新しく登壇されたる人物に支配されてゐる。それは政界ばかりでなく、學界でもその他にありても同じ、たとひ在來の人物が登壇してゐてもその頭を右にふらすも左せしむるも、そはその配下に集れる新人物の意向そのまゝであると見ても敢て過言であるまい。かくて學界の人物も既に一變してその新容は人をして畏れしむるものがある。

前清に於ても乾隆、嘉慶の時代は學術極盛の時であったが、民國が產める學才の鬱蒼たるに及ばないのであらう。彼ら學徒の多くはその年配も漸く不惑を越えたばかりの者をしもなほ長老と見做して、すべて少壯の英才であるから將來、學界にどれほど活況を添へることであらう。總じて今の六十、七十の老學の輩は前清末期の頽廢時期榮職にも就き得意裕長であったものであり、五十年代の學者は革命に際會して搖られながらも讀書立身を志したものである。それ以下の少壯學徒に至っては、內憂外患に刺戟されて憂國に燃えつゝまた攷學の心も炎の如きものがあったのである。そして彼らの前輩は革命の烽火あがるときいて怱卒、筆を投じて戎軒を事とし、海外に留學してをったものも書を拋って歸國廢學したが、彼らのうちには、その求學の時期を逸しないで、そればかりでなく充分に素養をつくって海外に留學せしものが多い。そして歸國の後、文學思想の革命にも、漢字革命にも國語問題にも參加して雄叫びして起ったのである。胡適の自撰年譜『四十自述』や、顧頡剛が『古史辨』第一册の巻頭に縷々數萬言を以て述べたる自家讀書の經過についての回想を讀むならば、何人にもこの間の實消息に領づかるゝところがあらう。更らに段玉裁所撰の『戴東原年譜』など清代鴻儒の年譜と對照して見ば、惻々として吾らの胸を打つものがある。どちらにも相通ずる熱腸と敬虔を見出し得るのである。

一時、海外の留學生が歸國の後、その英才は相率ゐて故國の文化運動に邁進してその花役者と躍った。そしてその海外に於いて所學何事と問ふなれば、曰く農學、曰く造船學、曰く電氣學、と面々に意表の回答がきかれるに驚かれた。彼らは留學中に學べるところを以て自國に於いてそれを更らに發展し應用することが出來るほどに自國の科學及び工藝が進步して居らなかったので、餘儀なく、この一路に轉向し來ったのだと常識的に考へられないこともないが、一面より考察する時は、彼らには自國に於ける創造文化を餘りにゆたかに有するので、強くこの方に引附けられ、かつこれに立戻らしむるのであって、筆者はこの事實を支那學徒の還元化と稱してゐた。もとより變則的である、尠くとも民國初年より二十年にいたる文化運動はこれら還元學徒によって支配された。然るに最近はかゝる變則的の動向から脱け出でて、自國の學術は充分に自國に於いて、その素養と造詣とを得てから、餘力あれば海外にあそび自家の所學を精練せむとの傾向が見えつつあり、各地の大學教授のうちにも自國の學校出身が漸く頭顱を竝べて來た。かつ歐米留學に上途する學徒は、自國の人文科學に後髪を引かない自然科學の研究家のなかから多く選ばれてゆくかの如く見られる。

かつて文學革命の大風起てるあと、「白話詩」「新詩」の作者はその才華を競うて雲の如く集った。筆者は民國九年の秋九月十三日夜月の洞庭を渡る。ときに舟子が舷を敲いて徐志摩、朱湘などの「新詩」を朗らかに謠ひつゝあるをきいた。當日の詩壇にをどりたる作者が十年、二十年したる今日の心境と身邊とを聞かまほしと思はば試みに北平國立清華大學の學窓を覗いて見るがいゝ。

聞一多(一八九九～一九四六)は『死水』の著者、現に清華大學の古典の教授、彼は清華大學の留米豫備校時代の出身、米國に文學を學び、歸國して中央大學、武漢大學、青島大學、北京大學の教授を歴任、楚辭、詩經の專攻を以て知らる。その論文「高唐神女傳説之分析」と及び近く『清華學報』に見る「楚辭校補」「離騷解詁」でその蘊蓄が窺はれる。詩經では今の學徒を駭目せしめた妙論が彼の口から發せられた。『詩經』「狡童」の不與我食兮、「衡門」の可以療飢などの諸句に於いて漢書外戚傳注などを引證して食を男女性交と解したのである。

兪平伯（一九〇〇～一九九〇）は浙江徳清の人、清華大學の教授、北京大學教授をも兼ぬ。「五四」運動の前後には、抒情の新體詩作家として知られ、『雜拌集』『西還』『憶』『古槐夢遇』などの著がある。清代大儒の曲園先生の曾孫、今や百花繚亂の清華學園の才華とうたはれて彼の詞曲講壇が他系の傍聽生もおしかけて堂に滿つるの盛況ときく。舊小説を考證して『紅樓辨』、詩經を講じて『讀詩雜記』、詞を論じて『讀詞偶得』など、巨編大作ではないが、隨筆零墨のうちにも彼獨爾の會釋が讀まれてゐる。

朱自清（一八九八～一九四八）は紹興酒を以て知らるゝ紹興の人、酒の產地に陶淵明愛好の詩人を生むのも滿更緣なきことでもなからう。この頃、日本文學から支那文學に轉向と見られてゐる北京大學周作人も紹興の人、そして陶詩嗜好の癖をもたるゝその兄樹人（魯迅）の夫人は朱氏の伯母ときく。筆者は「陶淵明年譜考證」の一論文を朱氏よりうけて讀んだほかは、未だその力作に接しない。他日、大いに栗里南山の風徽を闡明されること﹅思ふ。清華では陶詩のほか、宋詩、支那文學の批評などを受持ち、近く隨筆『你我』を印行。

この三教授は、今は古書蠹册に没頭して古文學の研究に餘念なきが如きも、その研究は創作心境であり鑑賞的である。創作的文學研究家であるから固陋の一派からは、いつも夢幻を描いてゐるやうに見えるかも知れない。思想方面から支那古史の研究に着々と成績をあげつゝある郭沫若などの心境も推して知られる。

三

歴史研究の要諦は有らゆる史科についてその僞を去ってその眞を取るといふ考訂審査を先決とする。一切の文籍器物は歴史資料でないものはない。かつ支那の古籍は至って繁多である。それで僞も多い、眞僞混淆してゐる。歴史家は僞作虚言を實事と取扱って考訂を誤っては後世の人は益々その愚を受けることになる。前代の學者が此の問題に對する論著は甚だ多いが、惜むらくは各書に散在して見易からず、民國十年胡適、銭玄同、顧頡剛らによって『辨僞叢刊』を編輯してそれら零細の材料を一編にあつめ、學界の爲に史書考訂の勇氣を鼓舞せむことを試みた。爾來十年の間、その資料の捜輯と各本の校勘寫定につとめ、ついに『辨僞叢刊』第一、二種の書目を公表してその付印を見るに至った。

『古史辨』第一册は民國十五年に出づ、まづ顧頡剛、胡適、銭玄同等が古史討論の往復書札が輯められて「禹」を中心問題として論議された。歴代の僞書に對する謂ゆる辨僞運動にも論及された。その上編は民國九年十一月から十二年二月迄、「禹」の討論のほか姚際恆の『古今僞書攷』などが究められた。下編は十二年五月から十五年一月迄王國維の『古史新證』も引かる。

『古史辨』第二册は民國十九年に出版、上編は古史問題、十三年十一月から十八年に至る論文で、中編は儒家問題にふれて十二年より十七年に至る論文集で、下編は『古史辨』第一册に對する評論である。

『古史辨』第三册は民國二十年出版、上編は周易經傳の問題で、十五年末から十九年末に至る討論集で顧頡剛、李鐘池、余永梁、容肇祖など最も論壇にをどる。下編は詩三百篇の問題で、民國前一年より二十年に至る論篇、顧頡剛、鄭振鐸、兪平伯などの妙論を見る。『古史辨』は此册に至って易詩を問題として專ら經學の討論に邁進して來た。そして從來經傳の牙城から拔け出して、易はこれを卜筮の地位に、詩はこれを樂歌の地位に還元せしむべきであるといふ結論に諸家の觀點を一致せしめた。

『古史辨』は民國二十二年出版の第四册に於いては周秦諸子の著作時代の問題を扱った。上編は民國五年より二十二年一月まで、下編は民國前二年より二十二年一月までの論文を輯め、梁啓超、顧頡剛、馮友蘭、羅根澤、錢穆、張壽林、容肇祖などの新説が讀まれる。第一、二、三册は顧頡剛、第四册から羅根澤の主編である。

『古史辨』第五册は民國二十四年の出版、上編は民國十六年四月から二十三年一月までの今古文問題、錢玄同、胡適、顧頡剛、錢穆の論文があげられ、下編は陰陽五行說の起原問題、古帝王系統の問題が取扱はれてゐる。民國十二年より二十三年十月にいたる梁啓超、顧頡剛、錢穆などの論文が多い。

地理歷史の研究は前淸に於てすでに一時期を劃した。然るに近く十年に至っては此方面の研究は衰落の極點に達し、各種の雜誌にも此種の論文は見られなくなった。大學の歷史教課のうちにも組織されたる史地學の講義が聞かれなくなった。一般の歷史家でさへ、往々禹貢九州、漢十三部、唐十道、宋十五路の何ものなるかを知らざるものもあって、我らの民族の成分は究竟するに何物、民族意識を深からしむるほどうしても史地學の研究に俟たねばならぬ。『禹貢』は實に支那史地學の第一篇であるので、禹貢學會を組織して每月二回の雜誌『禹貢』を刊行することゝなり、顧頡剛、譚其讓主編となって民國二十三年三月その創刊を見、今に續刊されてゐる。そして彼等は清代考據の學者が『禹貢』『漢志』或は『水經注』などに對する著述の刻苦と、その謹嚴なる精神に對しても十分なる敬意を有つばかりでなく、他の一面には進歩せる科學的研究法を以て、最大の效果を期待したのであった。その具體的仕事の一として整理されたる一部の支那地理沿革史、地理沿革圖、歴史地名辭典の編纂に對する準備もあり、清代學者が未だ竟へざる仕事、例へば一時代の地理志なども詳密に編纂せむ企てを有した。その後「地圖底本」の出版豫告を發表してその幾分を售出した。顧頡剛を筆順に、譚其讓、鄭德坤、馮家昇などいふ英年の學徒が思ふ存分にその才華を輝かせた。

『崔東壁遺書』がこの風潮中に新裝を以て上海亞東圖書館より出版さる。これは單に書肆の射利の出版と見られないことは、この書の出版の緣起と新裝された再生の此書に考へさせらる。顧氏によって「崔東壁遺書」が標點を加へられたのは民國十年に始まる。出來るだけ材料の完備につとめ、そして嘉慶本の『東壁書鈔』、その遺稿『知井集』『荍田賸筆』など、彼の夫人成靜園の『二餘集』、彼の妹崔幼蘭の『針餘吟稿』、彼の弟崔邁の遺著四種、胡適等によって輯められた佚文、二十餘封の遺札に至るまで許多の新資料を後編に附刊することを得た。顧氏の標點及び崔稿整理は蓋し民國十年に胡適、錢玄同等の發起によって「辨僞叢刊」の際に、顧氏自らが勇を振うて負うた仕事の一つであったのである。當時、胡適は「科學的古史家崔述」の長篇論文を北京大學の『國學季刊』に載せた。

陶希聖（一八九九〜一九八八）は湖北黃岡縣の人、民國十一年、北京大學文科卒業、現に北京大學教授、そ

の力作『中國政治思想史』三册のほかに『中國社會之史的分析』『中國社會與革命』『中國問題之回顧與展望』『社會現象拾零』など。彼は大學を出てから安徽省立の法政專門學校の教授となつたが一箇年餘で退き、家郷に歸つて讀書、宗法を以て支那の親族繼承制度を說明し社會學を究めて幾篇かの論文を發表し上海商務印書館編輯に勤めることゝなり、五卅事件の後、雜誌『現代評論』主編、勞資問題を論じて當局の忌諱にふれたこともあり、國民軍北伐の時は武昌中央軍事政治學校の敎官となり、上海の曁南、復旦などの諸大學に敎授の旁ら賣稿生活してをつた時、民國二十年夏、北京大學敎授に招かる。彼は敎課の傍ら半月刊『食貨』を創刊したのも、社會思想の趨向から由來した。將來の民族解放運動、社會の改造運動、救國的運動、乃至それに對する研究的の準備を考慮して支那の古代社會に關する論文を輯めてゐる。支那今日の場合、徒らに空論を弄し、高踏的であるべきでない。明末淸初、黃宗羲、顧炎武が實學を以て明學の空疏に對抗したのと、その精神を一にするの氣概が見える。筆著は彼に面接の機會は未だ多くないが、虛心坦懷、古學者の風がゆかしく窺はれる。彼なほ春秋に富む、大學の敎授に於て、『食貨』に於いて、今や頗る充實味を見せ、收穫を積みつゝある。

顧頡剛を盟主とする『禹貢』は史地の學に於て、陶希聖の主宰する『食貨』は社會及び政治思想に於て、各相對峙して獨爾の開拓を期して居り、その將來の如何やうに發展するかについては吾らの豫測を許さぬところであるが、この兩種の學會が時事に刺戟されて勃興した學究的氣概の發露であることは爭はれぬ事實であり、單にたまく北平にあつて對立した兩種の學會ばかりでなく全國到るところに此の氣慨を以て興起された學會が見られるであらう。民國の革命家、革命されたる國家指導者の誤れる一路は排外思想の吹込みに急なるのあまりに民族を自省せしむる餘裕を有たなかった。熱狂奮慨せしむるに急にして、益々問題を紛糾せしめ、退いて自らを顧み冷靜に民族意識を究めしむることを等閑にした。興奮劑ばかりを與へて清涼劑を與へなかったといふ誹謗を免がれないと思ふ。かくて『禹貢』『食貨』の如きは深くこゝに洞察されたる結果生れ出でたるものと見られる。

槊を横へて疾驅しつゝある支那軍閥の威容には、もはや三民主義の形骸か化裝ばかりを見出され、その要諦はこれら學徒の腦裏に沈積せられつゝある。

近く禹貢學會は、傅增湘氏の所藏清陳克繩の『西域遺聞』を付印してこれを第一册として『邊疆叢書』刊印の宣言を出した。彼らは云ふ、民國の自立を求むるならばまづ邊防を固くすることが上策である。支那の土地は途方もなく廣くて人口も多い、邊地と中土の語言風俗も相異なる、それで道光以來、外人はこの缺陷に乘じて陰謀を逞うして來た云々。又近く北平圖書館では「善本叢書」の刋印に着手された。その書目を見るに、明張雨の『邊政考略』、明魏煥の『皇明北邊考略』、明茅瑞澂の『皇明象胥錄』、明李言恭と都杰の『日本考』、明陳侃の『使琉球錄』など、明人の罕見書を輯めてゐるが、いづれも邊地に於ける史地に關するもので禹貢學會の『邊疆叢書』と其選を同うする。筆者は重ねてくどくどしく宣明するが、支那學人の將來の研究も時事と聯關して、民族の自主と國土の自存の立場から刺戟されて救國と攷學とを同牀に發展を續けるであらう。

四

現在の支那哲學界の人物その學説も複雜してゐる。殊にその個々の人物との面識を有し、その生活を見てゐる機會を多く與へられてゐる筆者には益々その複雜性を思はしめる。

從來、民國成立の支那思想の發展を述べられた著述は尠くないが、いづれも廖平、康有爲、譚嗣同、梁啓超の經學的政治思想を述べ、林紓、嚴復の飜譯成績を語り、章炳麟、王國維の舊學貢獻に及び、陳獨秀、胡適、梁漱溟、李大釗などをあげてその學派を明らかにし、その貢獻著述を列ねてゐる。近くは馮友蘭、張申府、李達、陶希聖、郭沫若など個々の人物の哲學研究とその系統に敍及したものに過ぎない。

胡適がその師杜威《デューイ》よりうけ來た實驗主義《プラグマティズム》の哲學は、彼によって北京大學に於て講ぜられ、現にデ氏の來支によって益々その思潮を全國に煽ったことである。その時、彼はデ氏の哲學が歐米に於ける勢力を述べ、日本では實際主義と譯されてゐるが實驗主義と譯すべき見解を述べた。在支二年、彼が歸國の際は「杜威先生與中國」の論文を以て餞したほどであり、その著の『中國哲學史大綱』などその研究の方法をデ氏に承けたのである。その眼光と研究でなされた「墨子」の研究なども學者の目を惹いたこともあった。

同時に馬克斯《マルクス》の「唯物史觀」も滔々として支那を風靡し來り、時にその消長あるも、絶えず支那の社會に勢力を有し來った。その先唱をなしたものは陳獨秀、李大釗に刱まる。雜誌『新青年』を通じて支那の若き學徒にもたらした彼らの印象は大いなるものがあった。李大釗は傳統的なる支那の舊思想を破壞すると同時に西洋思潮をも排撃して系統あって深刻なる思想の建設に努力し、つひにその主義のために民國十六年四月に同志二十餘人と北平露國公使館に捕へられて絞死された。陳獨秀もつひにその思想發展を見ないで囹圄のうちに呻吟し終るであらう。胡氏の實驗主義も馮友蘭の新實在論にその席をゆづって、その『中國哲學史』が今の學徒に迎へられてゐる。馮氏の思想は張東孫氏と同じく柏格森《ベルグソン》の哲學を代表して立ち、轡を竝べて「新實在論」に奔り、張氏は「新唯心論」に、馮氏は「新唯物論」に向けて發展しおのおの獨創の思想を拓きつゝあるものと見られる。胡氏が北京大學に實驗主義の獅子吼をさし控へたころ、馮氏が清華大學に、張氏は燕京大學に龍蟠虎踞してゐるの觀があった。この一期が支那哲學界の最も活況を呈したときと考へらる。

馮氏と同時に「新實在論」の主唱者に張申府、金岳霖などもあり、ついで沈有鼎などが出で、今にその論理學に關する論著が學界におくられてゐる。馮氏はその思想發展の三階段を融合し、その基調に於て程朱の學を講じゆくゆく彼自身の思想を確立せんと努めつゝあるやに見られる。

民國前四十七年、楊文會（一八三七〜一九一二）がはじめて藏經翻刻の計劃を立てゝ江寧卽ち今の南京に「金陵刻經處」を設けてから、翻刻された佛經は夥しき數に上る。そして吾邦の續修藏經のためにもその捜輯につとめ、他の幾種かの著述をも出版し、その師法をうけた弟子も輩出したが、未だ研究といふほどのものが出でなかった。民國五年には四川の謝蒙の『佛學大綱』、六年には北京大學に印度哲學の教科を加へ、七年には梁漱溟の『印度哲學概論』さへ出版され、漸くこの方面の研究者を北京大學教授及び居士のうちに見出だされたが、久しく法相唯識の方面にかぎられてゐた。近くは彼らが支印思想の綜合的研究から脫して支那西洋の思想の綜合比較まで發展し、熊十力の『新唯識論』の出版があり、更にこの方面に奔る幾多の新鋭學者を見むとしてゐる。

前述のマルクス學派を承襲せむとする「新唯物論」以外の學究は、いづれも西洋哲學より支那の古典研究に還って、そして自己の思想系統を組織するといふ傾向を有し、今後の學徒の多くはその方面に邁進を續けるであらう。

孫文（一八六六～一九二五）の思想はその著『孫文學説』『三民主義』『建國大綱』などに盛られてゐるが、その由來するところを窮むれば、黄宗義が『明儒學案』に實踐德行を稱揚して『明夷待訪錄』に暴君を攻めて民權を揚げ、孫夏峰、李二曲、顧炎武の輩が故國の思に寄せて經世致用を叫べる昔に溯らねばならぬ。それより康有爲の變法維新、梁啓超の『新民叢報』、古文學派の巨人章炳麟の『民報』に及び、民國革命の成功、三民主義綱領が判明されて民族が民主民權の前に置かるゝに至るまで、自ら一貫せる傳統を有する。然るに國民黨の成立は、つひに黨の主義主張を教課のうちに取入れて、漸次これを學生の頭腦に浸潤せしめ、かくて黨の機關人才で國民を教育せんとする「黨化教育」の名詞も出來、それが民國政治の本義と相矛盾するので、民國十七年の全國教育會議には「黨化教育」の名詞を取消すことが議決された。しかも小中學に黨義の教課があり、大學に黨義の教授があり、一部の論者には耶蘇教が羅馬の國教となってから衰落し、孔教が漢武帝の推尊から振はざるに至ったと同じく、やがて黨化教育に反感疑惑を生じその衰落の日が必ず近くに來らうと思はしめた。

民國最初の指導者が、國民政治をして如何にして哲學的に意義づけるかに苦心したことゝ、三民主義の三綱領の首に民族を持ち來ったこと、この二事は吾らの大いに思ひ致すべき點であらうと筆者は見るのである。

學窓にあっては活潑潑地なる時代哲學の講義が聞かれなくなり、政治は哲學なき政治に墮したる現狀にあって、若き學徒の鋭鋒は果して那邊に趨向せむとするか、前述の如く最初の革命指導家が國民をして內省を缺かしめ徒らに排外を煽り、その收拾すべからざるに陷ったその劣迹を追ふものは決して賢明なる學徒の爲すべきところでない。賢明なる一部の學徒は自然科學の眞理探究に向ひつゝあるは事實に相違ない。於是、最近、勃興し來った科學思想の發展に筆を進めたい。

支那に於ける「科學」の用語は近々三、四十年來の造語であり、その前にあっては「洋務」の二字に含ませられてゐた。清葛士濬の『皇朝經世文續編』にすら洋務の一門が加へられてゐる。一八六五年（同治四）に江南製造局、翌年に福建船政局の設立、一八七一年（同治一〇）の泰西留學生の奏請、戊戌政變後大學に格致科の新添、民國の初年には雜誌『科學』の出版、毎年「時憲曆」を出版することを任務とせし中央觀象臺を研究機關に改めたこと、地質調査所の新設を見るに至っては、はじめ國家富强のための策から主張された科學思想は、教育の材料に取入れられ、純學術研究の對象となり、殊に近年は他の形而上の學問研究に於ても科學的方法が叫ばるゝに至った。

支那、今日の科學研究が如何ほどに進捗しつゝあるかは專門家ならざる筆者の敍べ得べきところでないが、驚くべき進展を續けつゝあり、邁進中にあることだけは斷言し得る。今年八月十六日より二十一日に至る間、中國科學社、中國數學會、中國物理學會、中國化學會、中國動物學會、中國植物學會、中國地理學會の七團體聯合會が北平に開かれた。國內に於ける他の學術團體にも多くその比を見ざる盛況であったことが、雄辯に最近、支那に於ける科學研究の實情を語るものである。秉志を社長とし上海佛租界亞文培路に總社をもつ中國科學社は二十一年の歴史と三千の會員を有する。翁文灝を所長とする中國地質學研究所の成功、生物研究所の周口店よりの「北京原人」の發掘など世界の學界を駭かすに足るものである。地質調査所の今日あらしむるに偉大の貢獻ありし丁文江は本年一月五日、長沙に於て煤氣をうけて卒世、『獨立評論』第一八八號に張其昀の「丁文江著作繫年目錄」を見る。筆者は上述の如き科學勃興の現狀を說くために、やゝ詳細に此方に於ける考古學の進展についてその筆を進めたい。

支那の歴史は三皇五帝より遡っての研究はかつてなされてゐない。そして三皇五帝の時代に對して多くの學者は傳說として取扱はうとしてゐた。その民國初年にあって地質調査所によってなされた河南奉天の發掘は、石器時代、銅器時代の遺趾をつきとめてきたので、支那の史家のうちには漸く架上の載籍を見棄てゝ鋤尖に頼って發掘された出土物によって考究をめぐらすに至ったのである。つひに支那北部の石器時代の文化、及支那の青銅時代を確定するに至ったのであるが、その導引を爲したるはいふまでもなく支那人でなくて西人の地質學者である。アンダーソンの如きはその一人である。アンダーソンは地質學者であるが、彼は支那北部奉天より甘肅に至る一帶に於ける石器時代の遺趾について、石器のほか、獸骨、陶器、骨器、瓷器などの發見があり、就中その彩色陶器の花紋が中亞細亞、南歐のそれに比較するに至っては、つひに支那史家をして古史に對する興味をそゝり新鋭の學者はつひにその實物によって古史研究に入らうとして或は載籍による史實を證明せむとするに至ったのである。李濟の如きは支那考古學の開山ともいへよう。

かくて仰韶式の石器の發現によって、その時代自身がどう經過し、何時に始まり何時に終ったか、その時代をどう現代の歴史と結びつけるかの如き問題が提出され、中央研究院はその研究のために豫算經費を計上するに至った。はじめ彩色陶器は北支那より甘肅にかけて發現し山東及揚子江一帶に發現を見なかったので、中央研究院は山東濟南附近なる龍山鎭城子崖の發掘によって、さきの仰韶式陶器との比較研究まで發展し、仰韶文化と龍山文化の比較問題として提出され、更に第二回發掘にすゝみ來った。

安陽殷墟の發掘は近年、考古學界の重要なる工作の一であり、幾度かその發掘が繼續され、それによって、その時代に比較的進歩したところの文字があったこと、そしてその時代は最も進歩したる青銅文化であることが定説さるゝに至った。同時に仰韶龍山の文化との比較から幾多の問題が討論さるゝに至った。その後の詳細はいま記述する紙面を有しない。今年三月十九日より約三箇月を以て第十三回の發掘を始めた。工人約七十名を雇って今回は殷代の建築遺跡の全部を發掘して古代宮殿の規模を知らうとするにある。發掘物はすべて現地にて登錄し、南京に送って研究さる。

上述の如き考古學の成績があげられつゝあるとき、周口店に於て舊石器時代の遺址を發掘し世界人類學上の資料を發現するに至った。周口店の發見は地質學、人類學、及び考古學上、支那の地をして一層注目の的たらしめ、この國の研究をして世界的に重からしめたのである。それは北京原人「シナントロプス・ペキネンシス」竝びにその遺品が正確なる科學的發掘の下に發見されたがためである。この地は旣に早く一九一八年にアンダーソンによって哺乳類化石產地として注意されてゐたのであるが、一九二一年ア氏がその助手ズダンスキーと共に再訪せる折、この地方に稀なる石英屑が沈澱層に混在することによりこゝに人類遺跡あることを直觀したのであった。その後一九二三年にズ氏はその發掘を行ひ一本の齒牙を得たが之を同氏は類人猿様のものと考へてゐた。その發掘物は瑞典ウプサラなるウーマン教授の研究室に運ばれて後にその中より人類の齒牙（下第二臼齒）が發見されたのである。これに刺戟されて中國地質調査所は北京協和醫學校解剖學部と協力しロックフェラー財團の資金を得、二箇年に亘る大發掘を計劃して、李濟、楊鐘健、裴文中、ボーリン、シャルダン、ブラックの諸氏をして之に當らしめた。この結果、更に人類齒牙及び下顎骨を得ることが出來、ブラックは齒牙の性質よりしてこの人類に新屬名「シナントロプス」を與へた。この氣運に乘じて調査所內に新に新世代研究部が特設され、新生代の徹底的研究方針が建てられた。一九二九～三二に亘って更にロックフェラー財團の支持を得て發掘が繼續されこの時期に於ては遂に裴氏によってシナントロプスの頭蓋骨の發見（一九二九、十二、二）竝びに人骨と共存する多數の石製品地層の發見等の大收穫がもたらされた。この人骨はブ氏の研究により形態學上ピテカントロプス（布哇原人）とネアンデルタール人との中間に位するものであり、形態の原始性に比して用具の發達せる事實は注目されてゐる。現在、地質調査所は周口店に分所を設立し、毎日百人以上の人夫を使役して發掘に從事しつゝある。最近は更に「シナントロプス」以外にそれより新型に屬する人骨とその器具、裝飾品などの發見があり、この遺跡の興味と重要性は盡くるところを知らざる狀態にある。今年に於ける發掘成績については新聞紙に報ぜられたるものがあるが、未だ記述する時期に達してゐない。舊石器時代研究に關して、中國地質調査所の活動と竝んで注目すべきは、天津北疆博物館のそれである。これはリサン及びシャルダン兩師の布教の傍らの研究機關であるが、既にオルドス地方に於て重要なる舊石器時代遺跡の發見竝びに報告をなして居り、尙、最近には山西、陝西に於ても幾多の舊石器遺跡を確め、東亞が舊石器時代、既に廣く人類の住む地なりしことを明かにした。

支那に於ける最近十數年はその舊石器時代の豫想外の收穫をもたらした。今後の十年は恐らく更に興味あるべきものあるを推して知り得るものである。

五

五四運動以來、新舊兩思想の對立をふかめ、紅い太陽を東に拜する青年と西山暮照の老朽と對立し、此の間に舊思想は打倒され、才子佳人の詩詞、俠客英雄の小說は、一躍して時代の思想、正確なる社會觀を表する文學に革命さるゝに至った。文學革命の經過などについては胡適の著『近五十年來的文學』に詳述されてゐる。文學革命後の文學は、何種の偉大作品が產出さるべき待望のうちに曰く小品文、曰く諷文學、時に應じて小さき產聲をあげながら鴻濛の地を辿りつゝありしとき、にはかに周樹人魯迅の訃聞が傳へられた。筆者は現支那の作者方面の消息に疎いからこれに就いて語るべき何ものをも有しないが、魯迅の「阿Q正傳」の如きは一讀した。今後もこれはどの力作が出たときに讀んで見たいといふ興味あるのみ。

かつて民國初年に激發した新舊兩派の闘爭に於て打倒された舊派が孤城落日を見るは當然のことであるから今取出していふことを要せぬが、勝利を擧げたる新派の行衞如何、文學革命の大將どもはあれからどうした、今どうしてゐるかは、大いに見極めねばならぬと思ふ。筆者の見るところでは、かの華々しき闘爭があってから十年と過ぎ二十年と過ぎてゐる今日では、かつて新派であったもの、うちに更に新舊兩派が鮮かに區分されるに至った。それればかりでなく當日の新派の同じ根から出でながら新舊兩派に分たれてゐる。前述の作者氣分、創作心境で古典の研究に入れるもの、時事に刺戟されて憂國孜學を一氣に邁進しつゝある學徒は、研究の方法を如何にすべきかについての一大苦悶に逢着したのである。新たなる研究法を立てることに頗る苦心を費したので、筆者はこれを方法論攷究派或は方法派と名づけたい。當日の新派のうちにも徒らに時流にのせられて闘爭革命の馬上におしあげられたものは、仇の首だと思って打取って見れば豈計らんや吾親の首であったと驚いたものも尠からず、更に時流にのせられてゆくも愚と考へられ、昨非今是、もとの心持を引もどして研究の實績をあげんとつとめた。この輩は文獻の田畑に於て清儒の未だ爲し竟へざりし地を拓いて見ようとする。筆者はこれら今の舊派に封して文獻整理派或は文獻派と名づけたい。そしてもとの新派の大將どもの現情を見るとその大部分は今の舊派に屬すると見られる。胡適氏に於いてすら、かつて既往を省みながら、有ゆる仕事に手を出したが何一つ成功し得なかった。やゝわが意を得たる成績は小説に對する考證であったと感慨を洩らしたといふ。自ら文獻派に裏書することになる。

方法派と文獻派と、この兩派の溝は年を逐うて深められてゆく。些細の例であるが、方法派に稱讚を博する一名著、一妙論がでるときは文獻派では自分の立場から物足りなく感じ、輕泛に見られる。同時に文獻派の著述に對しても徒らに前人の糟粕を嘗め居るかの如く陳腐に見受けられて來た。しかし筆者はこゝに聲を大にして聲明したいのは、兩派ともに前淸の碩學鴻儒に對して心からの敬虔を有するといふことの一事である。前儒の製作竝に精神は偉大であり大いに後學の敬禮を致さねばならぬと一樣に感銘してゐるが、それにしても吾らは科學的方法で研究せねばならぬといふが方法派であり、吾らは先人のかつて爲し竟へざりし未開の地を先人の鋤尖を利いで開拓しようといふが文獻派である。方法派といへども決して論語代薪の思想を抱く叛徒ではない。文獻派といへども孔丘崇拜の大旆を振る忠臣でもない。これがもと同根より生じたる所以か。

筆者は於是、極めて大膽に兩派の將來を見透したる豫測を試みたい。方法派は方法論の攷究にも限りがないからその一部はゆく〳〵文獻派の前に跪づく。しかし他の一部の學才はこの把捉する文獻が文獻派のかつて手にせざりしもの例へば新出文獻のうちにあって開拓するところがあらう。そして文獻派は前儒の偉大さに魅せられて、前儒の取扱った文獻の範圍とその方法に於いて幾多の成績をあげる。恪勤の餘り漸く疲れて來者を開く氣魄を失するであらう。

古物古書の出現と學術の振興とはいづれの時代に於ても相關的である。孔壁より出でたる經傳によって西漢以來の古文學が生れ、近くは、民國前十年よりこの方は古器古字竝に刋鈔舊籍の多く出でた時代であるから、その爲に學界は頗る活況を呈し來った。支那では一の稀見の書本なり海內の孤本と稱するものがあれば、人々爭うて先睹を以て快となす。財力あるものは私寶に收めむとする。學人はこれを影印して流行を希ふ。一たび影印されてくると一部の人士は能事畢れりと見做して高閣に束ねてしまふ。この傾向を有ってゐるかの如く見られる。それ故に將來の學界の動向を推知せむとなれば、新出の文獻に對する研究の態度如何を見究めることが肝要であらう。

本年六月十三日、突如として清末から民國にかけての古文學派の泰斗章炳麟の逝世が傳へられた。その學行についてはすでに論述されてゐるので、今更、茲に贅述を要しない。その近年は家を蘇州に移されて諸生と國學講習會を創立し、雜誌『制言』を發行して老軀を提げて讀經運動に獅子吼された。その講席に侍れる學徒に取っては彼の逝世は人琴倶に廢し大廈の崩るゝが如き衝動を與へられたであらうが、前述に縷述せし如き學界の實情のもとにあっては、さほど大いなる影響でもなかったかのやうにも見受けられた。

×江瀚字は叔海、福建長汀の人、四川に生る。光緒十九年布衣を以て重慶東川書院長となる。三十二年京師大學堂師範科監督、宣統二年に京師大學經學分科教授、民國元年京師圖書館長、十七年に京師大學校文科學長、故宮博物館理事、二十四年十二月逝世、年七十九、その著『孔學發微』二卷、『石翁山房札記』九卷、『詩經集說』八卷、『論孟要義』二卷の刋行を見る。

×王樹枬は號は晉卿、河北新城の人。前清光緒丙戌進士、四川各縣知縣に歷任して、彈劾されて辭職、張之洞に知られてその幕府に入り、新疆布政使司となり、民國となりて新疆省議會議員、及衆議院議員、民國三年に參政院參政、國史館協修、民國九年に國史館總纂、民國十四年、段執政時代に東方文化事業總委員會委員、兼人文科學研究所副總裁、民國十七年に委員を辭して奉天張學良に招かれ、近年北平に蟄居、今年春逝去、年八十六。その著述『尙書商誼』『天文章』『費氏古易訂文』『離騷注』『孔氏大戴禮記補注』『陶盧箋牘』『爾雅郭注佚存補訂』『趙閑閑詩集年譜』『廣雅補疏』『陶盧文集』など『陶盧叢刻』に輯めらる。

×顧震福、字は竹侯、淮安の人。彼は今年四月北平に逝く、年六十五。南菁書院學古堂の出身、その經學は黄以周にうけて、舊くから林頤山、柯劭忞と往來し、光緒丁酉の擧人。彼は淮南の郷里で教育の爲に盡すところがあった。晩年北平に來って女子高等師範に詩文詞曲を授くること七年、現在の女流作家として知られた馮沅君もその弟子である。その著『小學鈎沈續編』『方言釋名校補』『古今注校正』『韓詩遺說續考』『齊詩翼氏學發微』『左傳賈服註䄂述』『孟子劉煦注輯述』『隸經雜著』甲乙篇などの力作はその壯歳に於て付刊されてゐる。彼は冷淡に過ぐるほどで、かやうの名著もその幾部かを印刷して容易に人に示すことをなさなかった。晩年には詩謎の趣味に耽って『跬園謎刊』三種を印行しまた古泉の蒐集につとめ『泉說』の著がある。

昨年窮冬には江瀚、今年春には王樹枏、ついで顧震福、筆者の知れるうちでも此處一年の間にこの三老學が物故されたのであるが、僅かに故舊の間に人天水隔の感を引くに止まり、今の學徒にはこれに何の關心をも致されないうちを寂しく道山に歸られたのもまた時潮のせいであらうか。（昭和一一、一一、二〇記）

北京文化の再建設

一

北京は世にも罕なる偉構をもつ文化都城として、遊人の心目を眩耀してゐた。またこの地に住める我等の生活をいつまでも陶醉せしめて來た。

蘆溝橋事件が突發してこのかた、六代都城の北京はつひに破滅の淵にさらされて、岌々乎として危い日が幾日もつゞいた。間一髮の危機を、微塵だも燬傷されないで救はれたことはむしろ奇蹟といってい〻ほどで、我等にも彼等にも洵に悅ばしい事實である。

北京はなぜ救はれたか、此頃の僕はときどきその解を得ようがために思ひに沈むことがある。他日、三たびこ〻に思ひを致して見ようと思ふ。この三月がほどは每日の如く砲聲を城外に聞いてゐた。北海公園に遊んで見ると、白塔のわきに溶々と照る月にも一抹の不安な雲がふりか〻ってゐた。庭を歩みながら見遣る野菊にも戰場の腥血がにじみ居るかと悚然することがあった。向日葵《ひまわり》の前に立つと、何ものかを祈る心になって、思はず合掌することもあった。

數年前に故人になった北京大學教授黃節氏は、今は他にかけがへなき大詩才である。一日黃氏は故宮を觀、何か大いにその胸に觸る〻ものがあって、ありたけの詞藻を傾けて故宮を詠まむと、十年一賦を志してその資料を集めてゐた。僕もしばしばその賦の就るを督促したことである。同時に僕も「北平賦」の一書を著さうとその起稿に取りかゝった。この時が僕の北京愛着の尤も高調に達してゐた。歌人茂吉翁もその頃にこの地に見えた。

此の七月二十日ごろ、ある教授の娘から「伯父さん」と呼びかけて手紙が寄せられて來た。去年の夏休みには僕の兒女と公園に舟を浮べた廻想から書き起して、潛や濯や（兒女の名）弟妹の國とどうして戰爭が起きたのだらう、どうしても北平は離れたくないが、南に歸るより他に餘儀なくされるのであらうか、などと緜緜として愛憐を訴へてゐる少女の手に成る一篇の「離騷賦」を讀ませられた。

「北平」といはれたよりも「北京」となった方が吾等には何となく親しい。花落ちて春なほ在り、故都愛着の感慨からであらう。北京生活を贊美しないものはない。さらばなぜ北京はいゝか。未だ、この平凡な質問に對へてくれたものがない。愚按ずるに、謂ゆる北京文化は北京に芽生えたものでなく、各地各方の文化がこの地に磅礴し來り、この地に混合集積したものである。官僚も、學者も、美人も、料理も、地方の精華を萃めた。そして、宮殿もこゝに燦爛し、學者文人は雅々雍々列を爲して進み來り、文字通りの山海珍味は銀燭の下に陳べらる。その文化は五光十色の輝きを呈し來った。寄合ひなるが故に調和を要し、調和あるが故に人おのづから舒服《のびやか》なるを得よう。北京はなぜいゝか、の質問には僕はかう對へたい。

北京生活に對する贊美と愛着、中外人の別なく萬人がもつこの感情からする力の綜體も、或は北京の危機を救うた一因と見られるであらう。

二

民國革命このかた、久しい間の軍閥の鬪爭、南北の對峙と葛藤とは北京文化を各地方に切離さうとする動向に轉ぜしめた。首都が南京に移されてからその動向はますます辛辣になって來た。北京でいつまでも桃源夢境に韜晦しようなどは老婆の癡言と見られて來た。北京ばかりを文化都城として輝かせて地方の都邑田園を昔そのまゝの荒廢にうち任すことは民國々策の取らざるところであった。むしろ北京文化の崩壞は悲しむべきも、それが地方に還元し、さらに新しく地方に甦らすことは東方文化の將來のためにも一大更新を劃するものとして祝福すべき事實とも見られた。

孔雀東南に飛ぶ、漢人の句を口ずさんで見るまでもなく、北京文化の崩壞して地方文化の蘇生を見ることは、地氣の動くところ如何ともしがたい動向であった。しかもなほ、北京には國立大學の四校、外人經營の燕京輔仁中法協和醫學などといふ大學も伽藍式の學園を新裝して一萬五千の學生を擁し、國立北京圖書館、國立故宮博物院各種の研究機關もあり、舊都はなほ文化都城としての尊嚴を墨守して來た。

滿州事變勃發、彼らの大學は左眄右顧しはじめた。國立清華大學は行李を整へた。國子監の石鼓は翼なくして南に飛んだ。故宮博物院は十册近き南僊目錄を殘して寶物の殆んど全部を移し、空虛觀るべきものなきに至った。北京圖書館の夥しい善本及び敦煌寫經も、萬壽山の銅器にいたるまで、目ぼしき文獻は洪水の如く南に去った。研究機關の多くは南に遷されて此處は門をしめて空巢となった。學人は南嶺を望んで歸與の情切なるものがあり、北京は、まさに文化浩劫の時期に遭遇したかの感があった。

後に取り殘されたものは空虛なる故宮の大伽藍と排日侮日の罪劫の集積處とも見られる諸大學とその學徒ありしのみ。

こゝ二十數年に亙る排日抗日、また侮日の集積は、もうすでに大衆的外科手術を加へられるまでにその病根は鬱結し化膿してゐた。そして他から手術のメスが揮はれるにしても、內から爛れ出るにしても、それが必ず北京に激發されるであらうといふ豫想さへあった。そして激發せずに已まぬこの事變は第二次の柳條溝事件としての性質をもつとも見られた、柳條溝が蘆溝橋とまで豫想されないにしろ、北京一邊に突發するであらうと想はれたのは、當時支那に動きつゝある思潮を綏遠系と上海系にわけて見、その動向を線引いて見ると、北京が確かにその交叉點に逢著しつゝあり、本年五月四日の師範大學での學生事變の如きは、時の北京當路者にも頗る大きく取扱はれてゐたやうであるが、今次の事變はその時これを契機に內的爆發を微露したからである。

僕はかうした支那の動きを民國十五六年頃の支那に見出す。時の思潮或は教育をすべて黨化に蔽うて支那の强化を謀った。北京大學教授胡適氏が黨義の疑點を指摘して筆禍にかゝり思ひがけない迫害に遭ったこともあったし、全國教育會議では黨化教育の矛盾を攻めてその名稱取消さへ決議されたほどであった。黨化の弊は內的爆發を孕んで危機を將來してゐたが、濟南事變でその病根を硬結させてしまった。

蘆溝橋事變の發生は、支那ではわが方の豫定した策動であると宣傳し、歐米人のうちには火藥の前に火を玩ぶ危險を敢てしたからだと曲論したものもあったが、此の問題は燭を把って洞をのぞくやうにさう簡單に片づけられるものではない。今次の事變の複雜錯綜し居る性質を燎らかにせざる限りに於ては、上海事變の往年を追想し、數年後の今日に於て、また同じ地に於て、より慘烈の戰爭を繰返さねばならなくなったことはどうしたことか、單にこれら眼前の大事さへも解し得ないであらう。

僕らの周圍に來る支那の政治家、學者、そして市井の販徒にいたるまで、一樣に、支那は生命を拚《す》てゝゐるのだ。英國は圓きモノ（錢）を持出し、ソ聯は赤いモノ（思想）を持出しての戰爭だ、と論斷してゐるではないか。また彼らは誰も、生命を持出してゐる。われらばかり掛引の合はないものはない。我等同色の東方人相互の間に、何とか砲聲煙幕を淸掃し得ないのだらうか。日本は生命も圓きモノも、さらに赤いモノに抗する殺色劑をもすべてを抛出しての戰爭ではないか、と浩歎してゐるではないか。內にしては黨の弊害に蠹毒され、外よりしては英の經濟支援あり、ソ聯からはたらきかけたコミンテルンの策謀がかうした事變となったことは今では支那の衆に常識づけられてゐる。

茶前酒後、眉をひそめて語る彼らの對話の間にも、彼らが驚天動地の戰爭に一たびは驚倒した擧句に洩らされるものとして耳を傾けて聽くべきものがある。今はもはや、無敵皇軍の期圖する勝利は、領土の侵略でもない、國民黨の打倒ばかりでもない。支那の良民を蹶飛ばさうとするのでは斷じてない、ことが不識不知彼らの腦裏に浸潤しつゝある。この事實の報道を、日々に傳へられる皇軍の捷報の一として我が同胞に聞いてほしい。

僕が東方文化會の私寓に遁難してゐた或る日、抗日學生の本源地と見做されてゐる某大學教授某氏が倉皇として僕を訪ね來った。某氏は、兩國はまさに戰爭だ、しかし我等はいつまでもよき朋友だ、と破顔一笑して僕の手を把った、この一語は今に僕の耳朶をうつ。

某氏は、かうなったのも、我等の國人にも大いに省みねばならぬことがある、國民教育の指導が誤ってゐたのだ、と附言しながら、某老詞人が僕に贈られた「木蘭花令」一首を留めてたち去った、その詞中に國改山河落照江の一句が詠まれてゐる。

山河色を改むといふ語は、歷代幾興亡の彼らには何よりも哀しむべき言葉であるに相違ない。侵略呼ばはりしたる支那人は、今次の戰爭を、山河改色の慘景目睫に迫る日と感じたであらう。そして自ら赤きに改めつゝあるを省みられないほど焦燥してゐた。そして國民政府は近く露骨に、ソ聯と握手し赤化することが唯一の救國策であるかの如く聲明した。それは赤く書き改まるべき支那を支那素有の色に還元してくれるための戰爭であることに觸れざらんとする、民族叛徒の戲言に外ならない。

然らば、支那山河の素有する色とは何ぞ、卽ちわが東方人が誰も有する東方の文化である。東方文化の精神である。東方の兩大民族がこの同一色に提携せむがために目まぐるしく火華を散らしてゐる今である。皇軍の期圖する徹底勝利はここに在らねばならぬ。

三

僕は或る日、友人某氏に送られて歸宅の車中、明が黨に亡び、民國も黨に亡ぶべきことを語り、東方文化會の會址東廠胡同《トンチャンホトン》の巷名は、明魏忠賢以來極惡の印象を傳へ來たこと、東方文化昌明の意を取り、廠字を昌字に改めたがよからう、廠昌二字は字音も近いから、といふ話に及んだ。その翌日街巷の立札も、戸々の門札も皆昌字に改められてゐた。

苟も事文字に關する以上、一字の改正も聽棄てにしないといふ彼等の文的觀念の强烈なるに贊歎せざるを得なかったことである。

また或る日、北京放送に友人某氏の言擧げを聞入った。某氏のいはく、わが同胞よ、聽け、諸君は日本軍の進攻を何と見て居るぞ、諸君は今次の戰時に何を思うて戸惑ひして居るぞ、中國の史籍を繙くに外族によって立國せし例は比々あり、立國のための外族軍隊は簞食壺漿を以て迎へるが禮である、といふ熱辯であった。

某氏の熱辯を、多くの人は時勢に阿媚するものと聞くかも知れないが、僕は、皇軍によって立國し得たとき、日本と共にその文的徹底勝利を享受したいといふ意圖を微露せしものと聞くのである。

また保定陷落の捷報が傳へられた日、北平地方維持會での支那側委員どもの會話をきくに、日軍は保定で進攻を停める意嚮だらうか、さすれば昔日の遼金を追うに過ぎないことにならう、と語合ってゐる。我らはただ一系《すぢ》に上下三千年を回顧するが、彼等はさらに舊き歷史を各朝の命脈にきざみ、或は二百年或は五十年と直感するのだ。我等はただ一系の精神なるが故に現實ばかりを捉へて考へるが、彼等は各朝の興亡を考へるが故に時間觀念は甚だ悠長なるが如く見られる。又思ふ、彼等は偶然の談話にも、つねに歴史觀念が附いてくる。歴朝興亡に對しては史的回顧や詩的情緒で打遣ることが出來るかも知れないが、我等にただ一系に一體化した精神がある如く、彼等もまた彼等の民族あって以來一貫せるものを把握せむとする心情になり得る。卽ち漢民族素有の「文」である。

或る論者はいふ、日支兩族の文武觀念には相異がある。我等は武を先にし文を後にする、彼等は文を尙び武を卑むと。そは武は侵略の半面であり、文は自由を護るものとばかり思ふ輕薄なる論者の言である。我等の武には活の精神を極致と見做してゐるが如く、彼等の武は文的勝利をも含めて謂ふ。戰爭に敗れても文に勝ち得ることを常に思ふのである。彼我の文武觀念は斷じて相容れざるものではない。

戰爭はまさに酣である、日々の捷報は我等をして血わき肉をどらしむ。北支那が、全支那が、そういふ政治規構に改められるかは我等の豫測を許さない。されど隨時隨處に揭げられつゝあるスローガンにも、及び軍の布告、官衙の規程にも、必ず東方文化の一語が插しはさまれてゐる。彼等の偶語のうちにも文的國家の建設を希求してゐることは、否むことの出來ない嚴然たる事實である。

そして北京が文化都城として世界の驚異と絶讚を得來たったこと記述の如くである故、北京區域の文化對策の更新は、有らゆる意味に於て絶對的重要であることは斷言して憚らない。同時にこれに對する至って重き責務が我等の頭上に降りかゝって來た。

古語にいふ、戰々兢々、深淵に臨むが如く薄氷を履むが如しと。この本懷で我等は、與へられたる責務を遂行せむがために鬪はねばならない。時をり前線から歸來する皇軍を迎へて慰謝の酒杯を捧げるとき、部隊長などから、我等が戰塵を洗ったあとは君等に賴むぜといひながら酒杯をかへさるゝことが一度でなかった。

文的勝利を得るまでは戰爭は繼續されてゐるものと見なければならない。

四

北京文化の崩壞は悲しむべしと見られたのは、今次事變の情勢に置かれた時の感慨で、矢はすでに弦を離れては、今次の事變を契機として新たに書改めらるべき文化都城を描き出だされる。さればとて未だ崩壞せざる部分をも破壞してしまへといふのでない。北支文化の崩壞分解によって地方文化が芽出しかゝったことも事實であり、これも助長してやるべきであらう。

文獻古物の南遷は、北京をして文華凋落の感を增さしめた。その後時局は飛躍的に進展した。物件の南遷はその倉庫を易へたに過ぎない。北京文化の絶望的損失だと見るは弱い。乍然、北京に於ける文獻古物及び圖書などの整頓、文化人の引留めなどは今後の大いなる仕事であらねばならぬ。その詳細なる方策はこゝに述べ立てる時期でない。

いくつかの大學をもち、一萬五千の學徒と數百の教授を擁してゐたことが、北京文化の要素でもあった。今は學徒の大半は四散し、四つの國立大學は閉鎖し、外人經營の燕京輔仁中法協和の學院が近く開校された。これを學術浩劫の時代が來れるかに視るは淺見である。事變の洗禮をうけて新裝して出で來るものを待つべきではないか。沈著なる識者は周到なる具案を以てその產出にそなへるだけの準備があってほしい。さりながら、革新の前には多少、無意義の破壞は免れ得ぬところであるから、心ある識者は害あって益なき破壞に對して警告を發するだけの責任を有する。

最初、蘆溝橋の砲一聲が放たれたとき、待てとばかり砲門に攀ぢて狂へる支那軍を制止せしは何國の者であったか、最初の一發をきいて、翻然覺悟するだけの謙虚さ、眞諦さを有てるものは、彼等の軍兵の間にも、各界の人物中にも、一人だも存し得なかった。この底の人物中に絕無なることが今日までの支那の大いなる缺陷ではあるまいか。胸の滿たされてゐる英雄は今の支那にもザラに輩出してゐる。その策謀は逞しきも、大事に處して事を誤らしむる。明治維新史を繙くものは、國の大事に逢著するごとに、謙虚なる英雄が出でて大策を誤らしめなかった事實を讀むことが出來る。

一世の指導者として名聲轟ける大學の教授も尠くはなかった。彼等は學徒の前に、無責任なる救國論を呑吐して自ら快とすることは出來た。彼等は緊急なる時局の前に如何に若人を内省せしめ鎭靜せしむるかとは寸毫想ひ及ばなかった。一世の指導者として尤も貴き要件を喪ってゐた。

彼等が排日抗日、また侮日の罪惡を集積せし學園は、今、秋深うして黃花羞らふごとく嘲る如く綻び居ることを思はずや。かつては矯激に刺戟する狂人の語に耳を傾ける學徒、雨霽れて月素く、絃歌の聲漸くその處に起らむとするを思はずや。僕は敢て矯激の言を發しようとするのではない。机上の空論とセンチメンタルな感情論にばかり終始してゐた彼等にはかうも言はなければ聽かうとしないからである。前の指導者が誤れる迹を是正することは、北京文化の爲に最も緊、最も切なる仕事であらねばならない。

北京地方維持會が最初の文化工作として、小學中學の教科書の修正を行ったことは尤も機宜を得たことである。支那の抗日教育については我等の尤も關心を有せしところではあるが、幸に輕薄なる指導者は時功を求むることに急なるあまり、北京に於ける高等教育及び文化各機關に對しては毎月一百萬の巨資を支拂ったに反し、小學中學に對してはその十の一にも滿たない代價しか與へられて居らなかった。そして、約四百の小學に四萬の兒童、約五十の中學に約二萬の學生を容れてゐた。郊外の小學には、三字經千字文の舊教科書を披いて、事變をよそ目に教課をすゝめてゐる村夫子も尠くない。

北京の初等教育費に、從來に數倍する代價を賄はるべきであらう。地方維持會が匆卒の間に、何はさて置き初等教育費を支出したことは奇特である。

黨權は一切よりも高しと傲語して極端に黨化政策を北京に強ひたことは、北京に於ける毎月一百萬元の代價を捻出せしめ、それが大部分は黨人或は黨人に妥協せるものの好餌たるに過ぎなかった。正直なる黨外の人物はその殘飯を擲げられて、それに滿足してあるよりほか無かった。憂ひを深うして新局面に躍り出でたる有志の士は、乞ふこゝにその思ひを致せ。

本篇の筆者は、最後に、わが邦人の支那及び支那人觀の是正を求めたい。支那は廣くそして舊い。廣き故に地方的差別が著しい。舊き故に精神の興衰を史實に考へねばならぬ。一時一事を追ふに止まる一般ジアナリストの支那觀ばかりに信頼してはいけない。

支那料理は、その厚味に於て味はふべきである。支那の衣帽を着けてゐる支那人に於て支那人を觀るがいゝ。浴衣に木履を穿ける支那人に見入ってはいけない。飽迄、支那素有の文化に更新せしめたい。

滿州國はすでに成立した。北支那が、或は全支那が如何なる政治規構を創作するかに係らず、それらに共通するものは、東方の精神と文化であらねばならぬ。そしてそれらの國々と、より高處にあって一貫し、指導する使命を有するは日本であり、日本精神であらねばならない。

焦燥なる支那通は、北支那戰局の進展を見、逸早く指導原理を指示して政治規構を整へよといきり立つ。新しき建設の精神は彼等に於て單明自明であるが如く、その指導の精神は我等及び我等の祖先が、個々に、何人も、ただ一系にその胸に持ち傳へ來れるものであるから、自らその胸を撫して求め得べきであらう。

（昭和十二、十、九）

（筆者は在北京、人文科學研究所長）

定義づけられてゐる、研究の對象とされてゐる「文化」の意義がどうあらうと、「文化」とはその國なり民族なりの、特異なる生活と觀念に根ざしたものである。

文化物の移入だけで兩國の文化が交流した事象とは見られない。兩國の文化交流とは一國の文化の移入に作用されて、それから他の一國民の生活と觀念とに、培成されて新文化が生起されてきた事象をいふ。「論語」「千字文」がいつもたらされたか、白樂天が生けるときその詩集がわれに傳へられたなどいふことは、單なる文化の移入で、未だ文化の交渉とはいへない。

「關」の內外觀念

本篇の筆者はこの一月を、滿州國成立後の實情を見がてらに、支那の二三の學人を引具して、新京・奉天・大連・旅順に「訪書行」を試みてきた。

まづ、完全に書改めた新京の新裝に驚かされた同行のひとりが、『われらの北京もゆくゆくかう造られるのだ。考へさせられる』と言放った。それは彼らは改められつゝある北京と北京生活の落ちつくところをほぼ摑み得た心持ちで、將來、どうしたら生活安住の地を得られるであらうと見決めがついたものと聞えた。

文化事業に手づさはってゐる滿州國のひとたちを歷訪したとき、彼らの口から「關內」「關外」といふ清朝史でも繙いたときにのみ見うけるやうな語が頻りに語られてくるのが不審でならなかった。そればかりでなく、今まで「關內」といふは支那中土、「關外」は東北を指していうてゐたと思ってゐたのに、彼らにはそれが逆用されて滿州自國を「關內」といひ、北京方面を眺めては「關外」といってゐるではないか。

この用語は彼らが他から勸められたのでもなく、强ひられたものでもない、無意にいつとはなしに用ひられて來たやうである。彼ら自身と雖も何等の意識なしに用ひられて來た。彼らに明暮れ相附きそうてゐた友人にそのことを話すと、初めて『さうであったか』と感づくほどであった。

關の內外觀念が反對に使用されて來たことの要因はどこにあるか。彼らは滿州皇帝と隨伴して新京の國都に、それは恰も彼らの祖先がかつて龍に隨うて入關したことあることを、地をかへて繰返したに過ぎない。それゆゑに關の內外觀念が轉用されたとて何の不思議もあるべきでなからう。と、あっさり此の問題を片附けられたくはない。もし國家の組織が新ためられて國名も年號もかはって新たな主權者のもとに立ったなら、『われらの滿州國』『われら滿人』といふことを些のぎこちなく自然に話し、聞くものも、何の耳障りなく聞取られることが出來るだけで、これは政治上の作用とも見られる。が彼らには關の內外觀念がかく無意のうちに轉用されて居りながら何ぴともそれと氣づかないでゐる。

ひとつの國なり民族なりがもつ原始的の觀念思想などは皆かうして培はれて來、かつ成長し來たったのであらうかと考へられる。さうしてそのうへに文化も芽萌えする。たとへ他から移入された文化にしろ、さうした觀念に根ざして培成したものは、一見もとの國のものであるかの如くではあるが、其實もはや移入されたもとの文化でなくなって居る、その國自ら創造した文化であらねばならない。

これまでに日支文化の交流を考へたひと、日支文化の提携を論じたひとは甚だ多い。が、この觀點に於いて筆者とその見解を異にするものがその大部分である。筆者はなほ親切にこの自家の觀點を明らかにして置きたい。

食い辛棒の筆者は一ヶ月の滿州各地の「訪書行」のうちに、いたるところ知交の饗應で大いにその舌福をたのしみ得た。知交の多くは、『北京から來たひとに滿州料理は遠慮しよう』と滿州料理はよしてくれた。その言葉に、謂はゆる滿州料理が支那料理のそのまゝの移入であり、然も支那で食べ得るモノの僞作であり粗惡品であることと同時に滿州料理そのものはまだ出來ていないことを容認してゐる。

日本の料理屋にあがると、すぐ小籠に載せた手拭を『おしぼり』と稱して客に配られる、食後にも同じこと。これの風味は實にいい。この風味を缺いては料理の價値を殺ぐことも多からうとさへ思はれる。かうした風味がもとから日本のはうにあったものではないことは誰も知らう。そして西洋料理にはいまにこの風味を持入れて居らない。支那に遊べるひとには誰にもこれが支那から移されたことであるが肯づかれる。

支那の劇場にゆくと、熱湯のなかからしぼり上げられた手拭が觀衆の頭上をかすめて、或は階上から階下へと、飛び交はされてゐる光景がまづ邦人の眼につく。料理屋にゆくと邦人はまづ差しのべられた手拭をとる、潔癖性のひとなどは不氣味さうに顏をふく。食後にもそれがすゝめられる。そこに支那としての一種の風味を感ぜずには居られない。がそれは日本の料理屋に持出だされたり、普通の家庭で來客にすゝめられる『おしぼり』と、その來源を探ぐれば、支那から我がはうに移されたにしろ、その風味に至っては全く別物である。もちろんそれをうけて不氣味な面持などするものがない。かつ、その來源すら何びとにも考へられたことがないほど、無意の間に支那から移入され、自然に日本に於て創造されてゐた。日支文化の交流の眞諦をこの觀點から眺めたい。日支文化提携の眞義を這邊にもとめて、筆者は深く三思を致さねばおかれない。

車上の喧嘩

滿州「訪書行」の終篇――錦州から北京まで、二等客車中にあったことである。乘客の大半は邦人、若干の支那人と歐米人。陽はかなり強く照りつけてはゐたが、その日が立秋の日、白雲飛んで天もけふより際だって高く一脈の涼氣が霄間から流れてくる。

急行十二三時間のうち、汽笛も時折り緩かに響く、乘客は一再ならず、けたゝましい喧嘩に驚かされた。乘客は皆耳ばかりを聳てて、どうした喧嘩かを知らうとしてゐたほか、誰ひとり立ちあがって見ようとするものもない。一箱の車中で三度ばかり繰返された喧嘩のどれもこれも、それが誰にも謂われの判らないものであったらしい。天津を過ぎてうとうとしてゐると、俄かに對面の邦人客が筆者の胸襟を摑みグングンとはためきはじめた。喧嘩はつひに己が身にふりかゝって來たか、筆者が寢そべって彼の男に無調法なことでもしたのか、と思ってゐると、彼の男、側の支那人に身を押寄せていはく、

この野郎生意氣。『ご免ください』とも云はないでこの棚から荷物を下ろしたのだ。

といきり立つ。この野郎とは筆者同行の某大學教授、日本語の一語も解しないひと。友人は頻りに自分が惡かったと譯も判らずに、叩頭でその奇難を避けようとしてゐる。筆者は、この人は日本語は出來ないが、大きい聲の支那語で『ご免ください』と云ってゐたことは筆者にも聞こえてゐたと語ったが、彼の男は、『貴様はそれをきいてなぜ通譯せぬか』とまたも筆者の胸襟を摑んだ。筆者は、『この支那人の不調法については彼も叩頭してゐる、僕もおわびする、なほそれでも御勘辯して頂けないのなら、北京でお話する』、と筆者の名刺をわたし、彼の名刺を乞うた。默然と考へ込んだ彼は、『天津で、友人と癪にさはることがあって、鬱氣に堪へないでゐたものだから、つい鬱憤晴らしをした、俺も相當の教育をうけたものではあるが』と身の上話を繰返してゐたが、筆者はもう彼の言葉に耳を借さなかった。

北京などでも、電話の呼出しは確かに遲い、實に不便である。遲いからとて受話器を叩きつけて見たとて誰の所得にもならない。邦人が神經が多過ぎてゐるなら、支那人は神經が足らないのだ。神經が多過ぐることも足らざるも同じやうに中庸を缺くことであらねばならぬ。支那風にいへば、過ぎたるは及ばざるに如かずであるかも知れない。日本の普通列車のことを支那では慢車といふほど慢の一字に彼らは親しみをもつ。支那人が慢車主義であるなら、邦人は急行列車顚覆主義かも知れない。筆者が邦人に向って切に求めるところは、支那人と手を把らうためには、神經の一本も拔いてかゝれと一般にいひたい。神經を拔くだけの勇氣がないなら狂人じみた末梢神經をもてる邦人だけはまづこれを殺してから支那大陸に出かけてほしい。

何だ、支那服など着あがって、のそのそと支那人ともけじめの附かぬ奴だ。と言ふのが新來の北京婦人たちがもつ老北京に對する侮蔑であるなら、市場などで支那人に女ながら武力を用ひ喧嘩してゐるモダンな新來の婦人などに嫌厭してゐる在來の婦人たちは、

支那人に馬鹿にされてゐるとも知らないであゝした態度は國辱だ。と顰蹙せられてゐる。筆者にはどちらにくみしやうにも采配がふれない難問題である。歸宅すると友人のヱム君が滿州から來てゐた。車中喧嘩の話を持出すと、彼も亦、自分も車中で一喧嘩買はされて來たといふ話。車中で身元調べのひとがやって來て、『お前の本籍は』と聞くから『宮城縣』と對へた。『姓は』と聞かれて『都』と對へたまでであるが、『お前は、本籍といへば都といひ、姓はといへば宮城といふ、ふざけるな』と叱りつけられたので憤慨しての喧嘩であったと。ヱム君の東北辯では、宮城も都もまぎらはしく聞えて錯覺を起させるには十分であったらうが、この簡單な事實によってさへ錯覺を是正するだけの餘裕をもち得ないでますますその神經を錯綜せしめ、興奮狂亂せしめることは極めて稀にあり得た特異のことであるならまだよいが、もし邦人に有りがちのことであるとすれば、他にさほど誇るに足らぬ邦人がもつ心象と謂はざるを得ぬ。かういふ神經はまづ引抜くか麻痺せしめるだけの修養を積ませてから大陸の土を踏ませたい、さなくば神經の過勞に斃れるものが多いばかりでなく、そのために大陸のひととの折合ひを阻害することも夥しいものがあらうと心配される。筆者はいつも思ふ、日支兩國のひとが相孤立し隔離絶交してゆけるならそれまでであるが、相提携してゆかねばならぬ、寸時も無關係に取越されない宿命

のもとに置かれてゐる以上、これだけの準備が邦人にあってほしいといふのが最小限度であって、極めて緊め切った要求である。此の種の要求は支那人に對しても多くある。そのうちでも筆者は支那人が面子に對する歪められたる執拗なる觀念を指摘したい。それを正しい名譽觀念にまである程度まで矯正してほしい。矯正し得られないにしろ、その必要を自覺してほしい。邦人にはいま少し支那じみてこい、支那人にはもっと日本人らしくなれ、かくすることによって兩國人ははじめて手を握ることが出來よう、などいふことはよくありふれた支那通の所見であるが、筆者はこの種の見解とは絶對に相容れない。なぜならそれはその國なり民族がもてる觀念を自殺せしめ、生活を覆滅せしめるもので、かゝる了見のもとに文化の提携を工作し、文化の交流を考へたら、それには角を矯めて牛を殺すより甚だしい危險が附きそふ。

北京の街上に、ふぐ屋おでん屋が軒を列ねようと、異裝の角力取が裸足で歩かうと、どてらを着た男が通り過ぎようと、それらも邦人としての最大の醜態暴露ではない。われらの生活の延長はむしろ歡んで迎へねばならない。われらの生活を覆滅し、素有の觀念を矯めてまで遠慮すべき理由はどこにも見當らない。眞實其まゝに些の僞裝を用ひない正しい文化の進出は彼ら支那人にも迎へられるであらう。

建築屋の話

東京杉竝の自宅に相隣してゐる建築請負業者の意をうけて、その弟といふひとが偶然やって來た。一見して彼はテキパキした頗る無邪氣な性格と知られた。彼は門ぐちでチラと兩廂（支那では耳房のこと）のかた

を立見しながら齒切れいゝ聲で、

日本では大臣どこのお屋敷でも入口からお臺所が見え透いてゐて、深みがないのがいけない。かういふとこを取入れた家をつくってみたらいゝ。

と、建築屋としての創意の眼をきらめかしながら獨言を云ってうちに入って來た。筆者は彼を中央公園の或る料理屋に引っぱり出し食事をともにした。彼はこの事變に或る所用を帶び中南支に出かけてゐたので、その間の見聞を話すことに氣がせいて、筆者の言葉など聞かうともしない。食後、公園内を一わたり見廻らさうとつれだった。彼はなほ語りつゞける。彼の話には些の皮肉も深意もない、まるで蒸留水のやうに淡い、たゞ見たまゝを見たやうに吐き出すだけである。それだけ眞率さが汲まれて來る。戰地を見廻って來たので多少の熱は帶びてゐる。公園の社稷壇にさしかゝったとき、神柏の森に浮かんだ紫禁城の甍を指して、『どうだ、綺麗だらう』と云ふと彼、『綺麗とは言へるかもしれないがね』と低い口調で筆者の言ふことを輕く反撥してくるかと思ふと、例の齒切れのいゝ聲でまた昂然として語り出した。

きのふ、萬壽山にいったです。あゝしたものを支那の文化だの、極樂だのといひふらして見物人を驅りあつめてゐるなんて、その支那人の氣が知れぬ。あんなものを日本の日光に引き比べてくれたら、アレは支那人の大恥辱ですよ。いったい、どこがいゝのだ？　どこに「美」があるのだ？

筆者が『君はさう思ふかナ』といふと、『さうとも、さうですとも』と反復して彼の自信でつめ寄せて來た。あとで彼は聲を低めて、『支那の建築にもよいところはうんとある』と、謂はゆるいゝ事を話してゐたが、筆者は彼の云ったことを失念してゐる。この事變で幾十百億の黄金を泥土にし、幾萬の生靈は荊棘の野草に麥畑に塗れしめた慘ましさは目に餘る。感慨も筆舌に盡せないほど胸に蓄へさせられてゐる。そしていま彼建築屋の一語にその幽憤が一時に吐出だされ、五臓六腑おのづからすがすがしさを覺えしめられた。

彼の口から此の種の話をきゝ得たことは、筆者にはこの事變で百億の賠償を得たよりうれしい。今次の事變の犠牲は大きい。がそれだけ收穫があり得、文化界も爆發されたが、新文化の建設されつゝありと天の聲をきゝ得たときの悦びである。

支那人に日光の眠り猫など見せたとて、かへって彼らの侮蔑を買ふだけだ、もっとでっかいものを見せろ。こんな風に考へるひとほど自家の文化を冒瀆してゐるものはない。一建築屋のけなしてゐる萬壽山に文化の燦爛するを思ひ、誇張してゐるものは支那人自身でなくその多くはわが邦人ではないか。

北京土産

事變以來、北京に寄せて來る邦人はますます激增を見るばかりである。土着するものもあり、一遍の視察でかへるひともある。往きの汽船汽車のうちのひとが皆重大使命でも帶びて來たかの如く誇張するものでなくば、一攫千金のもくろみあるが如く皆夢のやうな話に氣焰をあげてゐるのに引換へ、歸りの船車の蕭條さとを見比べると、いさゝか皮肉な感なきにもあらずではあるが、かうしたことは一時の幻影で取あげるだけの問題でない。

北京に土着したひと、そこの地主とまでなってゐるひとに取って、いつも悩まされてゐるものは、歸りゆくひとに贈る土產物のことであらう。で、ある方面では各方面のひとを集めて土產物の座談會などを催して、この問題を研究してゐるむきもあった。實に必要なことに相違ないが、筆者は別の觀點から、この問題ほど重要さをもつものはないと思ふ。

座談會などで支那通の令夫人旦那様たちの話して居られることをきいて見ると、ヤレ翡翠はどうの、保定漬物はどうだの、戯劇人形はどうの、骨董趣味のひとであれば端溪の硯はどうのと、五光十色の詮議話に花を咲かせてゐる。筆者はかく盛りたくさん土產物を取あげ得られるだけ北京に住居するひとは幸福であるといひたい。

その土地の土產物の種類が豐富であればあるほどその土地の文化は高い。かういふ觀念はわれらが一たび北京を離れて他地に旅して見ると感づかれるであらう。支那人の家庭で、これは鄉里でつくられる料理ですとよく差出されたものにはいつも特殊の風味がある。たとひそのつくり方がよくなからうと、箸を取って見ると特殊の風味を見出し得る。去年の春筆者は包頭厚和に出かけた。その土地の臭ひあるものを求めたさに頗る眼を配って見たが、何ものをも得られなくて失望した。骨董屋を覗いても皆その地方の製作でも產物でもない、そこの地中からの發掘物はその地方の人の眼に入らないで北京に運ばれてゐるらしいし、店舗に陳列されてゐる大部分は北京からの移入であった。かうした地方の文化はとくに枯れてゐる。

この頃北京の市場などを步いて見ると、北京土產として買はれゆくものに新趣向のものがまだ創作されて居らないにしろどことなく新鮮の味を添へてきたことはうれしい。それは邦人進出の激增に多く買はれゆくといふばかりでなく、それに刺戟されて土地の人が多少創意を加へようとしてゐる意圖が個々の品にあらはれてゐるからで、これまでは、支那のひとからさへも見向きもされなかったものが堂々商品化してゐるものさへあるやうだ。

今時に於ける時代と文化との關聯をこんなところに看取しないで、どこに僞裝せざる眞實を把握することができようぞ。北京市場の個々の土產品のうへに生きてきた製作者の創意は、大學だのその他の文化機關だの新成立に見較べては、餘りにそれが無意識的であり、お粗末であり、微細な事象であるには相違ないが、路傍一點の芳草も根ざすところあって生起してゐるものには造られた花の耀びやかさを見られぬにしろ、それには生ける生命が繼承されてゐる。北京哈達門外の貧民窟に蟬のぬけ殼をいぢって人形をつくるひとや、その他の小工藝品を創作してゐる彼らの文化貢獻は大きい。

路傍にひさぐ玩具の前にたっても、その創作の趣向とか、色彩の調和などに對して、靜かに鑑賞してやるだけの餘裕は、つねに文化先進を自負する邦人にはもってほしい。

或る故事の厠

ケイ居士の書室には、その夫人と顔をつき合はしてゐる寫眞を机上に置いてゐる。『奥さまを呼んではどうか』と云ってみると『さうも出來ない、老母が居るのだから』と、支那の家族制度の鐵則から解放を許されぬことを言はず語らずの間に認識を求める。客あれば、決ったやうに、蠟紙で包んだ飴菓子とさ湯をすゝめる。

西城（北京）に出かけて、彼の寓に驅け込んで、厠を借ることはしばしばあった。それは、彼の前を通りかゝるとすぐ驅け込みたくなると云ったほど筆者には常習的でもあり、彼亦ちゃうどいゝとこに住居しても居る。

彼の厠も支那風につくられてゐて、溝の兩側に煉瓦の臺が置かれてゐるきりのものである。が、其の間いつだって紫黃陸離の狼藉さを見せてゐたことはない。棄てられてゐる紙片を見ると、桒花の瓣一片が染められてゐると見らるるものがつゝましやかに落ちてゐる。

坊主だって居士だって、その人間たるに相違はない。嫁も欲しからうし、金錢にも執着があらう。『支那の坊主は皆墮落してゐる。城外の某寺の謂はゆる高僧だって、十日に一どは城内にひそませてゐる妾の門を叩く』などときかされてはゐるが、筆者が某寺の和尚をたづねて話してゐる間だけは、その淸白素味の生活に打たれないまでも、和尚と對談してゐるのだといふ氣持だけは充分に滿足される。坊主として淸白素味の生活から偶まにひと目を避けて妾門を叩くほどのことは、はなはだ風情もありゆかしくもある。その和尚の生活は日日是れ好事の坊主の日記であり、幾日かのうちただ一日が俗人の破戒日記ではあるが、ひと目を避けてゆくのだから彼らは坊主から解放されたのではなくて、多少懺悔の生活に近いと思へば、それまた尊い。

或る日本から來た留學僧に、居士の家に下宿をすゝめたことがある。留學を終へて歸國する際、彼が述べた僞りない感想に、『短くもない間、毎日精進料理をとらせられて居たせゐで、性慾の衝動に惱まされることもなく、しとやかに生活が出來た』と云ってゐた。支那人とて性慾に弱いものとは思はれないが、彼らは性慾の溜置きが出來る。邦人が性猥談を好むのも性慾を溜めおき得ないで、常にそれを發散して居りたい氣持になるためらしい。禪僧の說教にも七分の淸談に三分のエロ氣分が加はってくるのは何だらう。

支那の坊主とわが內地から來た僧侶と肩をならべてゐると、支那の坊主居士のはうが遙かに僧侶らしくもまた居士らしくも見える、その僧服に於ても。ことに事變後に軍裝に似た僧服をまとうてゐるのを見ると、延暦寺の僧兵もああしたものかと、支那の坊主を瞠若たらしむるに十分である。

開教の古きを誇る寺は北京にも上海にもあるが、ひとりの支那人信者がつき添はないのはどうしたことだらう。宗教としての研究は支那の坊主にも、日本の僧侶にもおのづから別問題として考へたい。研究なきがゆゑに却けることはできない。自ら與へざるまでも他から奪はうとせず、與へられたものに滿足してゐる支那僧侶の虛澹さだけは買ってやりたい。表面ながらも戒律で面子を立ててゆかうとする彼らに、些の貪欲さを彼らの表情に見出し得ない。些の事業慾も表はさない。

無數の善男善女ざわめく大伽藍の光景、それよりもケイ居士の廁のはうにひとの心は惹かれてゆく。まづ戒律あって僧侶らしくも見えて支那の坊主も手を延ばさう。兩國宗教家の提携は立てられよう。

北京文學界の現狀

一、期待すべき將來

事變のあとにも文壇人と作家群は底さらひに成都、昆明に去ったわけでもあるまい。小品文學とて隨筆作者連は事變前においても鬱然たる文才の所在であった。その大將周作人氏は今の北京大學文學院の院長に着かれてゐるやうにも聞く。そこに小品文學の作者がうづまいて來ることは當然すぎるほどの事實、老教授の錢稻孫氏の作家としての地位については邦人にあまり知られ過ぎてゐるから今さら取擧げるまでもない。若い教授沈啓无、尤平折[1]の二氏らも周氏傘下の健將として馳せ參じた――尤氏は漱石の『猫』を譯した人。「小品大學」「少年老師」の一聯の對句で北京大學文學院の前途を祝福したい。

それは若僭の教授なぞで出來上がった文學院だと揶揄する氣持でいふのではない。日本などでは老輩の酸化鐵層と少壯の眞鐵とが妙に膠着してゐるのに、支那ではこの兩層の間が膠着するまでに活潑な分解作用が行はれてゐる。それだけ發展性がある。われに對する限りない羞汗と彼等に對する他意なき絕大の賞詞である。

それだから女子師範學院の蘇民生、新民學院の張壽林、實報社の王代昌、もと『朔風』雜誌の主編者方紀生、陸離の二氏、そのほか陳介白、傅芸子、傅惜華の兄弟など、その圈外に居た小品隨筆の作家たちま

---

1 ママ。尤炳圻、また尤平白、尤煥會とも。

で、大學院のよそにあって、これに呼應して立ちあがって來た。筆者等が純學究として交はってゐる謝國楨、班書閣、謝興堯諸氏の如き人すら、いまは評論家でもあるかの如くそれに續いてその圈内に捲きこまれて來たやうではないか。かうした飛躍は痼結した社會の組織の上には見られない事象で、事變後の北支に大いなるひとつの動きをこゝに見極めたい。

尤も支那ではかうした分離作用が平和裏に行はれゆくだけその發展性が怖ろしい。民國十七年後の支那も、これあるが爲に存外に強くなってゐた。いつもこの事象に注目を懈らなかった筆者には〝知らぬが佛〟とたかをくゝって居れないほど焦慮してゐたものだ。

事變以前に於いて、周作人氏に近づいてゐた作家は多かった。そのうちでも兪平伯、徐祖正二氏の如きは今も北京に沈默してゐる。このひとたちも今に鳴き得る時期が來るとしたら、その時は事變以前の活況をも回復し、よほどの新鮮味が加はってゐることであらう。

實報社社長の管翼賢氏自身は未だ作家と迄はいへないが、彼のまはりには今の『小實報』主筆の王代昌はじめ、王家駒、王石子、侯小君などの諸氏が附いてゐて、文壇元勲の一人と謂へよう。管氏も北京に戻って來て、それらの作家もそのもとに集って行ったが、まだもとの陣容を整へる程に足竝が揃って居ないらしい。

そこに、張深切氏の『中國文藝』が登場して來た。『中國文藝』はたった昨年の秋頃に產聲をあげたばかりであるが、事變後讀物なき——あっても白ぼけた素人雜誌ばかりであった浩劫世界に颯爽たる英姿で現はれ來った。翼なくして飛ぶ賣れゆき振りに、今や北支を完全に席卷しつゝある。それには周管兩氏に近いひとたちも、そのほかの作家も創作を送ってゐるところから見ると、事變後に取亂された作家群がこれに收拾されてゐる觀がないでもない。

二、無名作家の輩出

この事變下で、母國には戰爭文學が簇出して來てゐるのに、支那ではその一篇もみられないとはどうしたことか。或人は、支那は敗いくさだから出ないのだと解釋してくれる。それなら捷戰を傳へられてゐる蔣介石方面には戰爭文學の傑出したものがある筈だともいへる。

また或る支那の老教授が、事變後の日本を視て來ての話に、日露戰爭時の日本では、如何に片田舍に行って見ても、鼻垂れ小僧が戰爭ごっこばかりやってゐるを見たが、この事變では支那人相手の戰爭遊びはどこに行ったとて見られなかった。これも支那人とし云へば同文同種で、日本の兒童にも支那人に對して敵愾心が起り得ないせゐであらう、と。この意味で支那には戰爭文學が出ないといふなら、それは眞にめでたい事象で、事變處理の問題など解決濟みである。

『中國文藝』の前號で曹埜氏の「迷路」といふ小說を讀んだ。これは共產八路軍の女鬪士が北京でスパイに驅けまはってゐるうちに、それが發覺して捕はれたことを取材にしたものであったが、平生この方面の作品にさほど注目して居らない筆者ではあるが、事變を取入れた小說はこれ位しか見られなかった。それも再讀に價するほどの傑作とはいへない。初生兒はかく榮養不良であっても元氣な嬰兒が懷胎されてゐると思はしめられる事象もたしかにある。

事變後の舊文壇はいよ〳〵潰滅の瀬戸際に立ったやうだ。これも新しい事象のひとつと看取られる。誰にもが、戰爭が行はれてゐるときには棄てられた舊文壇の殘骸も拾はれて來ることが豫想されるのに、『三國志』などの系統を踏んだ作家、陳愼言氏などの小説は作家の圈内からはふり落されて地方の新聞を賑はしてゐる。かつて北京の新聞で好評を博した、陳氏の力作「斯文人」なども多少改めて再び北京の新聞で讀者に見えてゐるやうである。

舊文壇が潰れてゆき、新作家が擡げて來た。文俊のペンネームをもつ無名作者の「團圓節」が『中國文藝』に載せられて頭角を露はして來たのを筆頭に、「初戀日記」の張劍鍔氏、沈櫻のペンネームをもつ作者の「在監獄裏」、曹原の「老醫師外傳」、士眞の「王大媽」、唐楷氏の「肚子」などの近作小説が文壇に送られて來て、いまはその多くが無名作家であるが、多少年月を經るにおいてはこれらの作家の本名も知られて、文壇における地位もおのづから定ってくるに相違ない。いまは「詠人知らず」の時代の如く無名作者輩出の時代である。

謂ゆる小品文學の随筆作者も動いてきたことは前號の如くであり、それがどう事變以前の舊殼を剝落して、どんな新衣裳で出てくるか、その手際によって將來が祝福される。洪藝蘇、林榅、曹實琳(『靑年呼聲』の主筆)、朱啓洛、楊炳辰諸氏に多くこの期待をかけたい。

戯曲家の陳錦氏と張鳴珂氏、（舞臺装置で知られた）『藝術評論』の劉凌滄氏、フランス留學から歸って來た張維之氏などもおのおの異なった立場で今日の文壇に現れて來た。やゝ高いところでは新詩舊詩の作家傅嵩榍氏があり、女流作者唐芮女史が出馬して近作「淡藍的花與紅葉」がある。

かう見てくると北支那の文壇も頼もしい、將來の多幸が豫約される。尤も北支那といって見たところで、北京に限ることで、天津、青島ではまだまだ作者の所在も明るみに出て來ないであらう。北京で賣れゆきよき『中國文藝』が上海では殆ど讀まれないし、上海での讀物が未だ北支に讀まれたといふほど賣れてゐない。

北京の學藝界

北京文化の都城は、老儒、文士詩人、書畫家、骨董愛好者など、五光十色の存在にどれほど雅かさを添へ得たことであらう。いまはそれも、在りし昔を知るひとには曉星寥落を思はしむる寂さに堪へないものがあらう。どの方面を見ても山巓の孤松がひからびた老幹に暮日をあびてゐる見たいに、老輩の一二が目立ってゐる。澗底《タニ》の雛松は叢がってゐるが、山巓の古木はどこまでも傷ましい。

文人高會などに引出だされた筆者などは、いつも彼れらに〝若さ〟が羨まれたものだ、〝年少翩々〟などとおだてられたものだ。八十の齢を過ぎた趙爾巽翁などは、いつも逢ふごとに十八歳としか云ってくれないでゐた。少壯學者の集ひであった思辨社の同人に招かれたときなど、筆者は最年少者であった。

趙爾巽や柯劭忞に統べられてゐた清史館には、一代の碩儒老學が袖を聯ねて集った、雅々雍々、ああした世界もあったことである。傅增湘の藏園では毎年在京の進士を招飲して、翰苑の盛事を偲び、記念寫眞などを留めておくことが例となってゐるが、いまは十人と數へられまい。だが傅氏はなほ健在、老いてますます旺んに、校書に若き學徒のひきたてにその日も足らぬ忙しさを見せてゐるが頼もしい。その藏園には萬卷の圖書をもつ。北支の藏書家といふ點でも、天津にゐた李盛鐸の木犀軒の藏書はその死後いまの北京大學文學院に收められたし、いまは彼れをおいてほかにひとりもあるまい。古書の校訂は彼れの尤も生命であり、その『讀書記』は版を重ねつゝある。民國になってから大規模な出版にはいつもその祕藏をひらいて資料を提供、その出版文化に盡した貢獻も大きい。また大掛りな編纂事業にも彼れの統率によって成されてきたものが多い。かくて故徐世昌の主宰した『清儒學案』も出版されたし、『綏遠通志』も脱稿されたし、現に『全蜀文』とて宋以前の四川人の文篇が集大成されようとしてゐる。

ついでに近二三年間に當地で物故した翰林出身の進士をあげると、清帝の大傅で知られた陳寶琛にその詩詞集『滄趣樓詩集』『聽水齋詞』が遺されて居り、その遺筆はいまも人の珍重するところ。瑞洵は科布多參贊大臣まで陞ったひとであるが、その抗直な性格は晩年を寂しくし、淨業湖畔の僧庵に逝く。その著『犬羊集』『散木居奏稿』は彼れを敬慕する邦人鈴木吉武氏によって付印された。また清末の名御史として鳴らした高潤生もその晩年は頗ぶる貧窮、米資にも苦しめられつゝ世を去ったが、その名著『爾雅穀名考』は長く名著として光るであらう。俞曲園の子俞階雲も逝き、曲園の孫俞平伯はもと北京大學・清華大學の教授、文學の研究者、また作者としても才名を謳はれてゐた少壯學者。事變後は閉門讀書してゐるときく。藏書家として書誌學者として聞えた李盛鐸は、かつて日露戰爭前に東京に公使だったこともあり、明治天皇様から寵遇をうけた感動は筆者いくたびか聞かされたことで、天津に逝く。その子李少微はよく家學をつぎ、近くまで天津縣知事として成績をあげた。八旗文學の泰斗として『雪橋詩話』の著者楊鍾羲も昨年逝世、晩年その品格はわが邦人にも慕はれてゐた。いま旗人出身で八旗著述を研究し、その著述をあつめてゐるひとに恩華といふ進士もある。達壽、文斌など四五の旗籍出身の進士も健在である。進士ではないが奉寬は前清掌故歷史に通じ、滿蒙藏各種の邊疆古字にも通じて、現學界の至寶とも思はるるひと、いまは靜かにわが東方文化委員會のために筆を把ってゐる。郭則澐は現に北京詩界の大將、才麗健實なる詩風をもって詞壇を牛耳ってゐる。嘯鹿あるゐは蟄雲の別號で知らる。老書家として知られる邵章は伯絅の字で知られ、その筆力は老いてますます典雅である。また詩詞の作家でもある。張海若は六朝の書風で知られ、佛拓などの模寫は前古その比を見ない技を有つ。かつては世に聞えた豪酒家であり、洒落な文士である。

いま燕京大學の學園に高臥しつゝある張爾田に至っては現存の碩學として筆者には最も尊敬を有たるゝひとである。代々學者を出した家であり、氏の『史微』はわが湖南内藤博士も推奬して已まなかった名著で、儒佛詞章有ゆる學に深い造詣をもたれてゐる。著述も多い。そればかりでない、その高雅な人格は人をして襟を正さすものがある。その姪の張東蓀は燕京大學の教授。哲學者としては現支那の第一人者である。彼れは歐米に留學したこともない。暫らく東京の東洋大學の前身哲學館に學んだことがあった。その深篤なる哲學論文は若き學徒にその指針を示すものがあらう。學徒の敬愛をうけてゐる。昨年は、滿州國の羅振玉、前述の楊鍾羲、そのほか儒學に深い研究をもち、また『四庫提要補正』の浩瀚なる著述をもたれてゐた胡玉縉、文選學者としてまた詞章學に著述と學殖をもたれた高歩瀛などいくたりかの老學を失ったことは寂しい。邊疆の歷史に精通してゐる吳燕紹はいまも健在であるが、あまたある著稿が一つも世に出でない。その子豐培は現に輔仁大學講師として西北の史地を講じてゐるのはこの翁の老懐を慰むるに十分であらう。『周易古筮考』『焦氏易詁』など易學に關する力作を公刊し易學の新開拓者尙秉和も近來とかく多病であるがその健康をいのりたい。その高弟黃之六は英年の篤學者で師の學を承けてますます發展するであらうと期待されてゐる。かつては吳承仕らと共に中國大學にあって篤實な考證學者として、また詞章の學に深い孫人和は今も中國大學・輔仁大學で學徒を指導してゐる。章炳麟門下の四天王といはれたうちの呉承仕、錢玄同の二人は北京にあつたが、今次事變後に呉承仕まづ天津洪水にさわいでゐるとき病を得て天津で死去、ついで錢玄同も學友星散のうちにさびしく世を去つたことである。章門ではもと北京大學の教授馬裕藻ひとりなほ北京に讀書生活をつづけてゐる。

歴史學界では事變直後に孟心史・孟世傑の兩孟を失つたことは惜しい。孟心史はもとは日本に留學して法律學を治めたひとであるが、その後明清の歴史を研究し、『清朝前紀』などの力作を公刊し、その學名はわが日本にも傳へられてゐた。もと北京大學の講師でもあつた。もと師範大學の教授孟世傑も支那の近世史の研究家で、『中國最近世史』などが印行されてゐる。こゝに歴史学者としては現に輔仁大學校長陳垣と燕京大學教授鄧之誠の二人の健在が頼もしい。陳氏の元史研究から生れた著述及びその論文はわが邦の學界からもいたく尊敬を受けつゝあり、『二十史朔閏表』『元典章校補釋例』『元西域人華化考』などの如き好評を以て迎へられ、いまも著述の公刊をつゞけられつゝある。鄧氏の史學は尤も至難なる通史の研究者であり、『中華二千年史』の巨著は此種の著述では壓卷の名作として內外人に迎へられてゐる。歴代ことに明清の政制掌故などについては他の學徒の及びもつかない造詣をもち、また青年學生の指導に親切なる、その門下には英年の學究が渦いてゐる。その舊著『骨董瑣記』の如きは趣味的讀物としても興味があつたので、わが邦人の間にも求むるものが多かつた。

『太平天國史料叢書』十二種を編刊、その歴史の研究で知られた謝興堯は新民學院の教授で、淵博な學殖を傾けてゐる。未刊の著述も多く、また掌故官制の學に深い。『晩明史籍考』『清開國史料』の編著をもつ謝國楨は孟心史ら亡きのち此の方面の歴史研究はこのひとの研究によって續けらるゝほかない。編纂著述に餘念がない。新民學院教授で續修提要にも力を添えてゐる班書閣には史學に關する著述が多い。僑置に關する研究も近く發表される筈。『清史列傳』の隱れたる著者として知るひとも少き孫曜が事變後新民學院の教授にも暫らく就いてゐたが、死亡したのは惜しい。その弟孫光沂また史學に精しく、その篤實なる研究はいまその兄のあとをうけて續修提要のために傾注されつゝある。そのほか史學方面には少壯の學究にはその人少しとしない。地志の研究者として知られた、譚其讓、朱士嘉など、しづかに研究をつゞけてゐる。

ここに老史學者として見遁せないのは吳廷燮である。いまは七十を過ぎた老學ではあるが矍鑠として異常なる記憶力をもたれ、その夥しい著述は次を逐ふて印行された。その自撰の『景杜堂纂輯書目』にその目錄が見られる。恐らく現存の學者のうちでも彼れほど多くの著述を試みたものはあるまい。ことにその明清實錄などに對する學究は近世得易からざるものであらう。ここ數年來續修提要に專心、ときどき老軀を南京に運ばせて『江蘇通志』の編纂を指導してゐる。その短軀肥大、盛夏の候にも褞袍をかさね、そして好酒、彼れが袁世凱、徐世昌らの知をうけ、その顧問に任じ來ったこともある。『西周史徵』『方志學』などの著述ある李泰棻はいま北京大學の史學教授である。

いまは病で引籠んでゐるが支那の新舊法律の研究者程樹德は、『漢律考』『九朝律考』『中國法制史』など多くの力著を公刊してゐる。未刊の著稿も印行されつつある。彼れの支那法學に對する貢獻は大きい。前司法委員會委員長董康はいまは法源寺の寓居に讀書を樂しんでゐる。法律學に深くて民國法曹界に於ける元老ではあるが、書誌學に通じ『書舶庸譚』などの著述もあり、ことに出版文化に盡した功勞も甚だ大きい。

晩年は營造學社を發起して支那の建築學に對して大きい成績を留めた朱啓鈐はいまも健在で、同學社の事業を整理しつゝある。彼れの下にあった清新なる建築學者は事變後南に去った。いまは一人も遺されてゐないのは寂しい。同學社はわが關野貞、伊東忠太兩博士とも極めて親密なる關係が持續されてきたことである。同學社が未だ成立せざる以前彼れは交通總長、內務總長など歴任した時代に各般の文化的事業を企劃實行してきたことである。本篇の筆者がかつて『朱啓鈐文化事業特刊』を發行してこれを世間に披露し、わが邦人の彼れと提攜せむことを希求したこともうすでに十七八年の前のことである。

支那の佛學界はあくまで居士の間に講ぜられて來、北京大學に講究さるゝに至ったのはかなり遲かった。事變後にはいくたりかの學究も四散してひとり周叔迦が北京佛教學院々長として後學の指導に努めてゐる。彼れには『唯識研究』『牟子叢殘』などの著刋がある。居士林の高觀如もいくたの著述を出してゐるが大部の著述、『佛教年譜』『佛教文類』『道家著述考』の如きは未だ刋行されてゐない。

金石考古の學者では事變によって北京大學教授馬衡も南に去り、燕京大學教授劉節も北上せず、昨年は馮汝珍も老病で斃れ、いまは甚だ寂しい。書畫家として知られた周肇祥はむしろ金石學に深い學者であって、彼れの書畫の如きはその餘技であると見ていい。古物鑑定についても今人に罕なる眼識をもち、かつて日支繪畫展覽會を發起して日本に赴いたときの『東遊日記』は日本に傳った古物を撫摩して彼れの學養を傾けた遊記であり、これまで發表された著述も尠くない。また『遼文拾』、そのほか未刊の著稿を多く有ってゐる。事變直後地方維持會にあって文化方面に盡した功績は大きい。かつては長く古物陳列所々長でもあり、古物保存と彼れとは切られない關係がある。楊嘯谷も徒らに書畫骨董の鑑定家として邦人の間にも知られてゐるが、もっと彼れの學術を買ふものあって然るべきだ。かつてはしばしば日本に遊び、『東瀛考古記』に於いて正倉院御物の考古にも及んでゐる。大同の雲崗石佛についての研究も發表されて居り、彼れはまた多くの資料をあつめ來って『紙』に關する著述も試みられてゐる。陸和九また書畫家或は篆刻家として知られてゐるが、中國大學に於いて金石學を講じ、その講稿を印刷してゐる。また獨創の見解をもつ。篆刻家に壽石工がある。石工はその別字であり、また印丐の字も用ふ。王福庵、程白葭の南に赴いたあとには彼れの篆刻はますます世評を高めつゝある。また藝術專門學校でも學生に授けてゐる。が彼れには篆刻雕龍は壯夫の爲さざるところの氣概をもってゐるに相違ない。その詞章に於いても名作が多い。于非庵また篆刻をよくす。しかし彼れは畫家でありまた文士である。また掌故の學に頗る蘊蓄をもつ。

前淸康熙の時代までは國內の統一も未だ成らず、これを統一するためには、いきほひ宋學即ち理學に根據する倫理的政治に指導原理をもとめるほかなかったので、宋學は御用學の立場におかれたのも當然のことであった。しかるに乾隆時代は統一もなり、天下昇平の黃金時代を將來し得たので、その學術は考據の學にすゝみ、宋から遡って漢學の攻究に入った。それもほぼ東漢の學術に復古しようといふことであった。その古文學派に對して、さらに西漢まで遡らうといふ氣概が生れてきたのが、謂ゆる今文學派なのである。

それにしても古文學派の經書は皆完備してゐた。資料は豐富に整へられてゐた。それで今文學派がいくらこれに對抗して起っても、またその主張はいくら正々堂々であるにしても、一は東漢に復古し、一は西漢に復古するといふだけの差で、今文學派にはその學をおし立てるだけの資料がない。わづかに十三經に對して春秋公羊傳一部が完全に存してゐたに過ぎない。それで古文學派に對抗してゆかうといふのでは卵を以て石をうつといふ野暴に過ぎない。

しかるに時勢はいつまでも乾隆時代の如く昇平を謳歌せしめてくれない。內憂內亂も起って來、また外患も目睫の間にせまって來る。かうしたときは徒に考證一點張の漢學では何ら時用に立たないばかりか、時代精神を指導してゆくことも出來ない。そこで今文學派は資料の貧弱さで自滅するほかなき苦悶のあげく、公羊傳や禮運などから極端に思想を發展せしめて、思想を以て古文學派にも對抗し、また時代の思潮をあふらうとした。それが革命思想と結びついたのである。それが康有爲の『新學僞經考』に至って、一切古文學派の經書は僞經であると、大見得をきって相鬪ふに至った。

かくて民間革命は烽火をあげ、そして清室は頽れたので、それで今文學派は火の原野を焼きはらふように學界を席卷すべきであったが、資料の貧弱は、眞僞問題はあるにしろ二千年間信奉を得てきた古文學派の經書一切を犧牲するまでにはいかず、そのために今文學派は革命成功と共にそれだけで滿足して他にその梶を轉向するよりほかなかった。

かうして今文學派の餘勇はどこに向けられたか、一は支那古籍の眞僞の問題に對して研究することになった。これが民國初年來古書眞僞の問題が活潑に研究された所以でもある。他の一面には古文派の東漢復古に對して今文は西漢復古の主義であったので、西漢よりさらに遡って古史の研究に進んだのである。この二つの問題を取扱って學界に根をつけたが顧頡剛らの『古史辨』となってきた、と筆者には考へられる。そして今文學派のために最後まで殘壘を固守してきたのが前述の錢玄同であったと見られる。

古史の研究には一つの好資料が幸に提供された。それは清末に河南安陽縣小屯村から發掘された殷墟文字、卽ち甲骨文字の發現であり、これによって殷代だけは假說の時代ではなかったことが知られ、その多く發現するをまって殷代の史料をこゝにもとめて多少殷史を考ふることが出來た。そこでこれまでは『十八史略』などにかゝれた歷史のように支那の歷史は三皇五帝の假空の傳說時代から書きとめられたものが、確かに實有であった殷代から書起されるだけに「眞史」の自信を歷史家に與へ得たのである。

殷代の文字の發現によって文字學の上に革命をもたらすべきことも當然であり、いままで『說文』というところまで遡り得た文字も『說文』は後漢に不合理に統一されてその時代の意義をつけられたので、古字の意義は必ずしも『說文』のそれの如くではない、さらに金文及び甲骨文字との聯關を明かにせねばならぬといふ必要に逢着したのである。そこで金文甲骨文の研究、及び古音の研究が叫ばるゝに至った。

そこでいま北京にある此方面の學徒には于省吾、孫海波がある。于氏は甲骨文字金文によって『老子』『詩經』『荀子』『穆天子傳』に新しい解釋を試みたことである。從來古書を解義するのに『說文』までしか遡らなかったのがさらに三代の文字についてその字義を考へるようになって來た。孫氏にいたっては甲骨文字に關する多くの著述を公刊してゐるばかりでなく、古音學の研究にも及び、漢學宋學を渾然融合した學養にまで發展せしめむと努めて居る。文字には字義の方面と字音の方面とある。字義の方面は發見された甲骨文字や金文によって――前から「金文」といってゐるのは銅器青銅器に刻された殷周から先秦時代にかけての文字のことである――その字義を考へて見ることが出來る。しかし文字の古音の方面は頗る複雜した變遷を示してきた。時代により地方により變遷してきたので、後世のひとから見ると甚だ究め難い、がどちらかといふと文字にはまづ音があって義がつきそふといったような發達の經路を辿ってゐるので、文字の古義古音は切りはなして研究は出來ないわけである。

　しかるに古音については資料が甚だ少いばかりか纏った著述が殘されてゐない。どこを基準にして古へと遡るべきか、現行の字音といへども各地方によって頗る異同があることは皆衆知のことである。この困難な問題に逢着して支那の學徒も久しく逆ってゐたものと思はれる。筆者の見るところによると、次ぎの二つの經路をとって、研究されることに落ちついたと思はれる。その一つは現在行はれてゐる支那各地方の方言についての調査であり、その異同を考へ系統を明かにすることによって或は古音を知るための手がかりを得むと豫想されたので、一時の學徒は多くこの方面の工作に向った。趙元任・白滌洲その他のひとびとはいまは或は死亡、或は西南に去って北京に留ってゐるものはひとりもない。他の一つは『廣韻』といふ書物がまづ取纏られたところの、ある時代の古音について系統づけられた記錄である。これを基準としてまたこれを階梯として古音の研究は進めらるべきであると著眼したことである。もちろんここに著眼したものは前清の學者に於いて多く見うけられるが、『廣韻』の系統について古音の組成を取纏めて見るといふ工作は爲されてゐない。それに著手したのは輔仁大學の研究部で、名譽教授沈兼士指導の下に劉詩孫らによって爲されつゝある廣韻研究で、近くその成績が發表さるゝまでに進んでゐる。沈氏はながらく北京大學教授として文字學を講じてゐたひとである。

つぎに詩書畫の北京をのぞきたい。易順鼎、樊增祥などが北京詩壇を牛耳ってゐたころには作者は鬱蒼たるものであった。梁鼎荷、羅癭公、王樹枏、柯劭忞、陳寶琛、楊鍾羲、秦樹聲など老輩十年許の間に皆世を去った。陳三立は民國詩界の一大宗派である江西派の作者としてその『散原精舎詩』とともに後生傳へらるべきほどの巨物であり、民國の作家はその傘下にあるものが多かったが近年北京に逝いた。後勁の作者として黄節、邵彭瑞などに期待さるゝところがあったが、黄氏は晩年、漢魏の詩集注釋の刋成に心血をそゝぎ、作家としての領域に進まうとし、『蒹葭樓詩』が開版するを見て死去したのは惜しい。邵氏の如きは詩家といふよりは詞家の巨手でもあったが、その攻學がかなり廣い範圍に亘ってゐたし、晩年は大いに作者としての才が揮はるゝであらうと思はれたのに開封に赴いて亡くなった。孫雄は多くの小作者を率ゐて詩壇に躍ってゐた。そして北京でその詩社を組織してゐた。このひとも今少し長生せしめたかった。

今日では前述の郭嘯鹿が老作家として存在が知られてゐる。が未だ自ら詩社を組織して起たうという氣合も見えない。どちらかといふと江西派に近い作風だらうと見られる。それに少壯の作者では黄孝舒、瞿宣頴などの四五作家が出てゐる。郭黄瞿の諸家の作をあつめ、傅增湘のもとに集ふ翰林諸老の作家を招いて餘園詩社が創められ、月刊『雅言』が發行されて、號を重ねて十二巻に及んだ。現に華北政務委員長王揖唐はもとより吟咏を嗜み（それは前委員長王克敏に於ても同じであるが）、かつては采風社を主宰して全國諸作家と呼應してその近作をもとめて著錄し、自ら『今傳是樓詩話』を草して、それが事變直前に及んだことである。支那詩界にはかうした詩社の存在はなくてはならない。なぜなら詩書などいふことは一般的な素養として、ただ專家ばかりに獨占されてゐるものでなくて、學者も、政治家も、銀行家にもあらゆる士大夫の階級を通じて試みられてゐることであるからである。王（揖唐）氏の主宰された采風社は停刊されたが、その氣持で餘園詩社を助けて居られる。

かく北京の詩壇の今日は寂しい。がこゝに偉大なる老作家がなほ健在して居る。そのひとりは前述の張爾田であり、いまこゝに說明を重ねない。他のひとりは翰林出身進士の夏孫桐で、八十餘歲の高齡で、その『觀所尙齋詩存』もすでに公刊されてゐる。そしてこの兩氏はいづれも詩人としてよりも詞家としてその名を知られてゐることである。詞の作者として一代の宗である。本篇の筆者切に兩氏の健在をいのるものである。

民國になってから一時章草體の書風が盛んになった。章草體といふのは隸書と草書の間をゆくもので、漢の上奏文はこれでかゝれたと。此の書體で知られた余紹宋、葉恭綽などは北京を去って、周肇祥、卓定謀の兩氏が北京に居る。周氏のことは前に述べた。卓氏は章草體を書學上から研究もし、名著『章草考』を開刊してゐるばかりでなく、一體、この體に屬する法帖なり、明淸の遺蹟が甚だ少いので、一舊拓を得ればこれをコロタイプ印刷に付して公刊して居る。卓氏によってさらにこの體の提唱に努力せむことを望みたい。近年物故した善書のひとでは、前大總統徐世昌は草書をよくされたし、羅振玉は隷篆では近世得難い名作を留められたし、康有爲、梁啓超の南北朝體、秦樹聲の隋體、丁佛言の鐘鼎金文體、吳昌石の石鼓體、梁鼎芬の柳葉體、それに學才肌の書體としては、章炳麟の遺筆は今人にも珍重されてゐる。すでに亡くなった陳寶琛の書風は徽宗體であり、宋の徽宗の書體をうけたもので、今では前述の楊嘯谷がこの書風をうけて精研してゐる。

さらに館閣體とて、前明淸のころから翰林院考試の書體が次第に定型づけらるゝに至った書風で、近年物故された楊鍾羲、朱益藩などもこれに屬するかと思はれる。この書風に徹底されたひとに、淸末に盛伯羲があり、現在に傅增湘がありと見られる。いまの少壯學徒の書風はその學風が乾隆嘉慶を追ふものであるから、乾嘉學人の書風に敬慕をもつものが多いといっていい。

劉石庵・鐵梅菴の書風に近い寶熙は新京に健在である。老書家として馮恕、邵章、張伯英、などが高齡で北京に居ることは心强い。邵氏は詞章家としても知られ、書誌に通じてゐる。張氏の書風は南北朝體に蘇東坡を兼取してゐると見られる。天津では篆書をよくした馬吉璋も近年亡くなったようだし、南北朝體の魏鎭山が健在である。曹汝霖、方若など知名の士の書風はますます老熟を示して映えてきた。

十數年前の北京の畫界は作者輩出して頗る賑かであった。陳師曾は有名な詩人陳三立の子、雄渾なる筆致を傳へてゐた。その作の品も高かった。王夢白、陳半丁の花鳥、湯定之、蕭金泉、蕭謙中の山水、金石學に深い姚茫父その他齊白石、胡佩衡など、いまは湯定之南に去り、謙中、白石、佩衡が北京にあるほかは皆在世でない。謙中はいまも靜かに僧庵にかくれて畫筆をとって居るであらう。白石の聲譽はますます高く、その獨創的な畫趣は若い學徒にも慕はれてゐる。そして木工から身を起したその徑路もその特異なる畫風とともに世に喧傳されてゐる。それらの諸氏とははるかに年輩の低い胡佩衡の筆致に對してはわが邦人畫家のうちにも尊敬を有つものが多かった。それら諸作家の間のうちに立って日支繪畫展覽會を發起したのが金拱北、周養菴（肇祥）氏であった。金氏は臨畫の名手、湖社を結んで頗る多い少壯畫家がその傘下に集ってゐた。日支兩國の畫家の握手が出來て東京・北京或は上海に展覽會がいくたびか開かれ、また一時の盛況であった。

金氏の歿後日支の繪畫展は停止されて、群龍無首の狀態に置かれた時、張大千が北京に來り、傅心畬と共にふたりの聲譽が急に高くなり、北傅南張の呼聲さへ傳へられてゐた。事變後は張氏は他に去り、黃賓虹が南から老軀を提げてやってきた。黃氏の美術に關する學養は深い。また美術界に盡した貢獻は大きい。もと革命詩人の結社南社の舊同人で北支にはもう彼れひとりの存在、――汪兆銘もその同人のひとり。それから于非厂の畫も斯界に知られてきた。民國になってから畫界の風氣は前淸の石濤、藍瑛、八大山人、李復堂などがねらひどころであった。上海の吳昌石がそれであって大いに畫名を博したので、一代の風氣が滔々としてそれに向かったと見ていい。しかし末流は手近い吳氏の畫風を模倣するに至ったので、吳毒彌漫とでもいふべき臭みがあって不快である。吳毒はいまに少壯畫家から拔けないようだ。

筆者に特異なる印象をもつ畫家に陶鑑泉といふのがある。彼れは一點一畫に對しても深い研究を重ねて一幅の作成に數月を費すことがあり、售ることを求めず、そして自家の作品を鄭重に取扱ふことに於いて他の作家に見られないところがあった。その狂人じみた性格は八大山人を思はしむるものがあった。筆者にくれた一幅の小品畫に微かな折目をつけられてゐるを見て、いたく怒らせたこともあった。彼れは司法委員會の祕書長陶洙氏の兄である。宮廷の如意館派の作家で徐燕孫の健在に敬意を表したい。彼れのあとにこの畫風は絶傳と思はれるからである。

新文學界の大將周作人が教育督辨、北京大學文學院長で居られることであり、その民國文學界に於ける地位などここに説明するまでもない。周氏の知交は多く散ばってしまったが、兪平伯、徐祖正、蘇民生などはなほ北京に居る。この大和尚の傘下にたくさんの新文學の動向が指示されるであらう。日本文學の研究には周氏のほかに錢稻孫、傅仲濤の兩先輩が北京に居られるから心强い。支那の小説研究者として知られた孫楷第は今も北京圖書館に勤めてゐる。傅惜華も旗籍出身でこの方面の專攻者で、また支那劇學の造詣が深い。北京放送局の文藝課長としてはけだしその人を得たりといふべきか。その他新進作家についてはこゝにその説明を省かう。（醉軒潛夫）

江叔海學行記

節山博士から江瀚追悼記を寄せろと命ぜられたのは春二月である。江瀚の一周年の忌日といふ今日に至るまで遂に其筆が執れなかった。あり合せの資料と追憶でその年譜と學行を記してこの筆債を償ひたい。（一一、一二、一七、北平にて）

一、年譜略

清咸豐七年（丁巳）　一　歳

江叔海、名は瀚、別號は石翁山民。福建長汀縣の人、父祖以來三世四川に家す。咸豐七年一一月初三日華陽縣に生る。その用語は四川の音である。何維樸の贈詩に、坐聞蜀語心先喜の句注に、君生于蜀、不能操土音、余初以君爲蜀人也。

光緒十二年（丙戌）　三　十　歳

蘇州にあって『吳門銷夏記』を著はす。

光緒十九年（癸巳）　三十七歳

是歳布衣を以て重慶東川書院院長となる。在任凡そ四年に及ぶ。

同　二十年（甲午）　三十八歳

九月『呉門銷夏記』三巻を東川書院にて印行。自ら序を作る。

同　二十二年（丙申）　四十歳

致用書院成立、その都講として教課を掌り、「致用書院記」を作る。

同　二十三年（丁酉）　四十一歳

江南學政江標、字は建霞、によって長沙校經堂に聘せらる。

同　二十四年（戊戌）　四十二歳

江南巡撫陳寳箴、字は右銘、及び江蘇學政瞿鴻機、字は子玖、によって經濟特科に保送さる。

同　二十六年（庚子）　四十四歳

呉慶坻の贈詩に、乘槎志遠薄通侯の句注に、君有遊歐州之志。

同　二十八年（壬寅）　四十六歳

署兵部侍郎都察院左副都張仁黻、字は劭予、によって經濟特科に奏保されたが應試せず、それより四川總督奎俊、字は樂峰、安徽巡撫浙江巡撫聶緝槼、字は仲方、廣西巡撫柯逢時、字遜弁の幕客となり、知府候選道員に保薦さる。

同　三十年（甲辰）　四十八歳

江蘇巡撫端方、字は午橋、に推薦されて日本を遊歴す。「東遊絶句」四十首が『愼所立齋詩集』巻六に見ゆ。

同　三十一年（乙巳）　四十九歳

江蘇高等學堂監督兼總教習となる。

同　三十二年（丙午）　五　十　歳

江蘇兩級師範學堂監督を代理す。閏四月に學部より奏請して學部總務司行走となる。七月大學堂師範科監督兼教務提調となる。

同　三十三年（丁未）　五十一歳

二月學部より派遣されて直隷山東河南三省の學務を視察す。九月學部參事官に試署。十二月參議上行走となる。

同　三十四年（戊申）　五十二歳

二月學部參事官に補授、なほ道員を以て在任候選、五月湖廣總督陳夔龍、字は小石、から人才の推薦を受く。九月召見、道員を以て軍機處存記の事務をとる。

宣統元年（己酉）　五十三歳

『孔宗篇』を著はす。この書は後『孔學發微』と改名。『詩經四家異文攷補』一卷、『晨風閣叢書』中に輯刊さる。

同二年（庚戌）　五十四歳

正月京師大學堂經學分科教授となり、女子師範學堂總理を兼任。四月一日欽選資生院碩學通儒議員、同

月二十六日河南に出づ。六月十二日清理財政局會辦を兼任。十月二品銜を加へられる。

同三年（辛亥）　五十五歳

四月河南布政使に署任す。七月原任に回る。九月諮議局の推擧により督辦河南全省守望社事宜、十月請假去官。

民國元年（壬子）　五十六歳

六月教育部より京師圖書館長に任ず。

同二年（癸丑）　五十七歳

二月二十六日四川鹽運使の署任、辭職して就かず。

同三年（甲寅）　五十八歳

一月內務部總長朱啓鈐より地方行政講習所教務長兼編訂禮制會會員に任ず。四月二十五日第二期知事試驗主試委員に任ず。六月政事堂禮制館の總編纂に任ず。

同四年（乙卯）　五十九歳

一月十三日參政院參政に任ず。四月「地方行政講習所同學錄序」を作る。八月京兆國民會議に出席し、審查會會長に選ばる。九月地方行政講習所所長に任ず。

同五年（丙辰）　六十歳

六月文官高等考試典試官に派せられ、歸って總統府顧問に任ぜらる。九月『孔學發微』三卷を北京に印行。

同八年（己未）　六十三歲
二月再び日本に遊ぶ。
同九年（庚午）　六十四歲
竹添光鴻『毛詩會箋』に序す。
同十一年（壬戌）　六十六歲
四月二等大授寶光嘉禾章を授けらる。
同十三年（甲子）　六十八歲
『長汀江先生著述五種』太原で印行さる。
同十五年（丙寅）　七十歲
友好詩を作って七十の壽を頌す。その詩は『片玉碎金』中に輯めらる。
同十六年（丁卯）　七十一歲
十一月禮制館館長兼總編纂に任ず。
同十七年（戊辰）　七十二歲
一月京師大學校文科學長に任ず。六月京師大學堂校長代理。十月八日國民政府より故宮博物館理事に任ず。
同二十年（辛未）　七十五歲

四月胡玉縉と東遊す。
同二十一年（壬申）　七十六歳
五月傅增湘、字は沅叔等と華山の遊をなす。
同二十二年（癸酉）　七十七歳
七月南京故宮博物館理事會に出席、理事長を代理す。『南行紀事詩』一卷を印行。
同二十三年（甲戌）　七十八歳
春師友の書札を輯めて『玉片碎金』一册を影印して友好に贈る。
同二十四年（乙亥）　七十九歳
十二月十七日北平小方家胡同寓居に逝く。庸と爾鶚の二子がある。

二、著述と學術

江氏に對しては、その生前に於けるやうに、本篇にも叔老といふ親しい稱呼で呼ばう。叔老の長子庸、字は翊雲、私立朝陽學院院長であったが、今は上海で辯護士を營まれてゐる。庸氏から筆者に示された叔老の遺著目は左記の通り。

『孔學發微』三卷　已刊
『石翁山房札記』九卷　已刊

『詩經集說』八巻　已刊
『論孟要義』二巻　已刊
『愼所立齋文集』四巻　未刊
『愼所立齋詩集』五巻　未刊
『鄭氏親屬記增訂』二巻　未刊

右のうち『詩經集說』八巻は未見、『詩經四家異文攷補』一巻が載せられてゐない。『論孟卮言』一巻と京師大學にありし日に成る『論孟精義』若干巻が載せられず、『論孟要義』二巻に刊本ありといふは『論孟精義』のことか。文集四巻詩集九巻は既刊であるに、詩集を五巻とし、詩文集とも未刊と記されてゐる。『鄭氏親屬記增訂』二巻中の上巻はすでに『服部先生古稀祝賀記念論文集』に輯印されてゐる。『長汀江先生著書五種』は民國十三年春その弟子によって山西太原で印行された。『愼所立齋文集』四巻『愼所立齋詩集』十巻『孔學發微』『詩經四家異文攷補』一巻『石翁山房札記』九巻が輯めらる。詩集が新印であり、札記は舊印『吳門銷夏記』增修であるほか、他の三種は原印本のまゝを再印したものである。

『詩經四家異文攷補』一巻は『晨風閣叢書』のはじめに輯めらる。けだし唐殘本『玉篇』『一切經音義』『玉燭寶典』などによって陳喬樅の及ばざるところを補った名著である。叔老の治經が尤も詩學を得意とし、詩學の專家としての聲譽も古くから知られてゐる。かつて竹添光鴻の『毛詩會箋』に序して曰く、

夫參攷三家、以扶翼微學可也、屛棄毛詩、而僅守不備之斷簡不可也、士生今世、而欲窺詩教之全、洵舍

毛詩無由矣。

この文は『愼所立齋文集』卷二に見ゆ。これがその詩學に對する持論を尤も簡明に道破した文字と讀まれる。その主意はその「朱氏詩集傳書後」にも明かに述べられてゐる。そのうちに、

近儒東原戴氏、固漢學家所奉爲依歸者也。雖臧在東詆其好逞臆說、以奪舊學、然戴氏所作詩經補注、往往舍毛鄭而取朱傳、則猶有從善服義之公心也。竊謂康成之箋詩、實取齊魯韓三家、不盡申明毛義。

筆者かつて叔老から易學に對する所論をきく。先づ論語から加我數年云云の一章と、子曰不占而已矣云云の一章を朗誦されて、聖人易を語るものは論語にこの二章あるのみ。これを庸言庸行の間にもとめ、圖書象數の間にもとめてはいけないといふ意を敘べられた。その「讀王氏易注」が『愼所立齋文集』卷二に見ゆ。そのうちに云ふ、

嗣輔之注、掃去舊解、專闡名理、實從象數推勘而出、雖違於漢學、而合於孔門、未可訾議也。

そして老の札記などのうちには清宋于庭孫季述の諸說に對しても極めて放膽に其の失點を指摘してゐる。

筆者此頃坊間に售出された叔老が張爾岐の『儀禮鄭注句讀』(光緒錦江書局本)を用ひて、朱墨兩筆で詳かに手批を加へられたものを見た。曾國藩、黃元同、王闓運、兪樾、曹元弼などの諸說が字行の間に鈔寫されてゐる。校書頗る殷勤なるものである。そのうちに『喪服集箋』の原稿一頁が插まれてゐた。試稿の一頁と見られる。そしてそれは前の手批本『喪服』と對校して見ると叔老が『儀禮集箋』の著述を思立てられて、先づ喪服について起稿を試みられたものと考へられる。

『吳門銷夏記』三卷は、其最初の著述で、光緒十二丙戌蘇州にありし時、經史考訂の隨筆である。二十年（甲午）九月付印、これが嘉定錢氏の學に傾倒した時代の作と見られる。この書は晩年增修されて、『石翁山房札記』と改名付印、すべて九卷。

その札記文集のうちから叔老の尙書に關する特殊の見解を拔くこともできる。その經學に對する見解は大致一樣であるから茲にそれを略する。文集卷三に見られる「與廖季平論今古學攷書」一篇は、叔老の學術を尤も端的に語るものであり注目するに足る。

『吳門銷夏記』『詩經四家異文攷補』を著はされた壯年に於て叔老の學術はすでに達するところに達し、それ以後に見られる幾多の著述は、それの重提か或はその學の體得からのものと見られる。老の「庚午孟春」の述懷に、入仕初無繫援、官止旬宣、幸全淸節。讀書不分門戶、學兼漢宋、勉附通人。一般に支那の學者は、少壯の意氣で大いに考據の成績を積まれると、中年以後はその學術から得た體得を樂しんでゆくといふことになるものが多い。そしてそれを自らも漢宋兼修といふ見解に立ち、他からもかく見られてゐるが、筆者はその觀點に贊成できない。考據の時代、體得の時代（或は仕學の時代ともいふべきか、古人なれば學んで後に仕ふのではあるが）といったやうにその人を分けて見たいのである。それによって其の人其の學に對する正當なる敬意が生ずると思ふ。

『孔學發微』三卷は宣統元年の著、原書の名は『宗孔篇』、胡玉縉趙熙の序を載す。民國一二年の間更に删改を加へて民國五年北京に印行。上卷は總說、明道、正倫辨性。中卷は述學、修身、應務、論法。下卷は雑事、叢譚の諸項に分つ。孔子の志は經世にある、それ故に「公」を貴び「仁」を貴ぶ。孔子の人倫を説くや徳目を竝びあげる、君臣夫婦昆弟朋友の如き、そして兩目はそれぞれに相對的意味を有することを説く。孔子の學問に對する教訓は、學而不思則罔、思而不學則殆、此句を引いて中西學術の總括まで論をすゝめてゐる。孔子の好古思想を述べて、西人の說を引いて排古の徒を斥け、孔子の教育は徳育智育體育の三つを兼ねて、就中德育を重んずることを述べ、また孔子が屢々「忠信」を說き、しかも「信」を重く視てゐることを述べてゐる。

當時の尊孔主義の著作としては、かなり新しい見方で書かれてあり、時の學徒の印象を深めた著述であり、書院の教科書としての價値を有する。淸末の學部では江瀚胡玉縉兩氏の如きは皆革新派の急先鋒であったと聞かされて、隔世の感に驚かされる。筆者は江胡兩翁と面談の時などよくそんなこともあったかときくと兩翁は微笑しながら頷かれてゐた。當時の老輩を刺戟した叔老の思想は此の一書に盛られてゐる。その意味でこの書は胡氏の『東遊日記』と孫雄の『續經救國論』と照して讀めば、殊に興味を覺ゆる。江孫兩氏が時潮の波に搖られながらも其の波を追っていつも社會の表手に立ったが、胡氏はいつまでも當時の思想をもちつゞけて樸學を墨守して世間には沈んでゐた。

『愼所立齋詩集』十卷はその自編の詩集で、七百餘首の古今體詩が年次を逐って輯められてゐる。民國十二年山西大學にあった時印行さる。同治十年辛未に始まり、民國十一年壬戌に終る。吟咏の人としての叔老の風懷が知られる。

三、逸事

筆者の見た叔老は、至って無邪氣である、至って淡泊である。心身至って健かなる老いたる惡戲兒とも云って見たい。筆者がもし歌心があったら「このおきな」と呼びかけて二三十首ぐらゐは聯ね得たであらう。その體質は壯健、少壯より老境まで一日も未だ病床に臥したことなく、幼童の時疸を患ったので右足少しく跛を引く。その聲は洪鍾の鳴るをきく如く、時に洪笑を發す。その長逝年六月悼亡、六十年花燭重逢の佳日に先きだつ僅かに十數日であったので、哀痛の餘頓に老衰を來たした。夫婦の間如何に濃かであったか推される。そして終生妾姫を侍らせず、鮑振鏞の「寄祝七十壽」の詩に不藉朝雲伴老坡の句があり、注に、公一生無姫侍、白頭夫婦、今五十餘年矣。十二月七日病臥されて、十七日逝世、その年七十九。

北平東方文化事業にはその成立當初から研究員として力を盡されてゐた。續修四庫提要が各研究員によってその書目が編成されつゝあったとき、叔老は編目をきりあげて提要の編纂に着手したがいゝといふ主張を有し、ある日會の客間で兩翁の途方もない劇論となった。筆者はつくねんと旁觀してゐた。叔老の聲は眞に洪鍾の如く老顔に朱を注いだがすぐ雨霽れて月の思で、兩翁は互に微笑を洩らしながら語合ってゐた。

柯劭忞氏は民國二十二年（昭和八年）八月三十一日逝世、その時十二月二十七日に東方文化會の主催で追悼會が開かれた。叔老には深い感慨を持って柯氏の學行についての演說をやられた。その名演說は眞に聽者を泣かしめた。そのうちにいふ、

自分が嘗て『石翁山房札記』九卷を著はしたとき柯公に序を乞へば、自分を顧亭林の學と評了された。こ

れは溢美である。自分の札記は經史考訂の著述で錢竹汀に近い。民國三四年の間內務部の地方行政講習所の所長であったとき、柯公に乞うて『文獻通考』を講じてもらった。その時の札記を見て自分は柯公こそ亭林の學に媿づるなしと贊歎した。

叔老がかく說かれたのには自負にすぎてゐるかに聞かるるが、その少壯の時錢氏の學を紹述する氣魄をもたれた。瑜慶が光緒二十四年戊戌に贈れる詩に百年潛研堂の句があり、注にいふ、建霞爲余言、先生攻嘉定錢氏之學。時に叔老年四十二、建霞は時の江南學政江標の字である。あるとき「詩經の提要だけはおれのお手のものだ、君もおれの作も讀んで見たか、どう思ふたか」と問はれたので筆者も思ひきって答へた。提要の作者を掃除に譬へよう。雑巾で床板をふくものも居る、草箒で塵を掃ふものもゐる、刷子で磨くものもゐる。叔老の如きは棍棒みたやうな棒でたゝきつけて塵も何も飛ばしてしまふ。叔老にあへば清代の名儒も片端から痛棒に叩かれ、大喝にあふものと思はねばならぬ。

といったがさほど不機嫌でもなく例の洪笑をもらして居られた。他の老學に對しては謂ひ得ないことでも叔老にだけは話がすゝめられた。そしていつも不機嫌な苦笑一つで萬事解決した。それほどに坦懷であり無邪氣であったので、事務をとってゐる職員の誰よりも慕はれてゐた。

毎月兩三度は必ず顏を出さる。そして「これから天津でも出かけようか」など話あった翌日の小報や畫報を見ると役者某々北平より來る、その後に江髯子を見受けたという戲文句や寫眞が見られてゐた。訃告に附した行狀のうちにも、先嚴體極强健、性復曠達、又善於行樂とあり、また、先嚴好學、老而彌篤、閱覽撰述、日有定程、暇則以絲竹自遣、と記されてゐるは蓋しその實錄である。
尤も驚歎に堪へない一事は叔老が書札の才に長じてゐることで、その書札の敏捷で殷勤なる、筆者は未だ老の如きを見ない。尤もその筆端はふるうて一見ぎこちない書體に見えるが達筆たるはいふまでもない。書札に長ぜらるることは事務方面にも堪能といふことである。老には極めて几帳面なる一面がある。そして他から寄せられた書札などもすべて整理されてゐる。逝世の前年卽ち民國二十三年の春には伍肇齡、黃雲鵠、王先謙、柯劭忞、兪樾、吳汝綸、陳三立、より七十古稀の和詩にいたるまで詩函を輯めて『片玉碎金』と題し影印されてゐる。そして自ら「預定喪制」の遺書まで書かれてゐる。自分最後の死にいたるまでその始末をして居られるのである。「預定喪制」として書殘されたものに、

屬纊後殮以常服薄棺、三日成服無所謂棱三送庫由門人訃告世俗孤哀子之稱、既屬不典、泣血稽顙、尤涉虛僞、抆淚拭淚、亦强爲分別、竝無取不作哀啓、不搭喪棚、不製明器、不焚紙鏹、不延僧誦經、不請人題主、兩星期出殯、踰月而葬若有葬地、則不必出殯、兩星期卽葬。

這般の消息はその「行狀」のうちにも記されてゐる。そのうちに、

十五日晨延石珊珍視云、發肺炎、但尚不甚劇、隨卽注射防制之劑、十二時、忽精神煥發、洋洋若無病、時問不孝以所撰服部宇之吉七十壽序、已否書就、命卽進覽、自誦一過、笑謂不孝、余交猶豐腴、疾可勿慮也、又談及數日前和曹湘蘅自貴陽寄示重九日詩、忽起立覓取、不孝阻之、從書案屜中檢出、捧讀未二句猶云、獨憐皓首金臺客、病起依然衰氣豪、可見先嚴意氣垂危猶勿衰也。

老は三たび東遊を試みた。光緒三十年には端方から命ぜられて教育視察に向った。「東遊絕句」四十首が

ある。二次は民國八年二月夫人と共に出かけた。五六十首の詩を得た。「帝國大學歡迎會」は服部博士相知早、都講京華久傾倒の二句に始まる長詩である。第三次は民國二十年四月胡玉縉と同行、筆者も隨行した時である。幾首かの詩を得た。逝世の年春湯島の聖堂成るや、老は東渡してその盛典に列したい意嚮であったが、身邊の人はその老體の萬一を氣づかってこれを止めたことである。

筆者が叔老を知ったのは大正八年諸橋博士の紹介でその寓居を訪づれたに始まる。「題日本諸橋轍次册」の一篇を『愼所立齋文集』卷二に讀んで今更遠い追憶に耽らしむる。老をして今に出でしめず、遡って六朝にあらしめたら、淸談風流の名士として永く歷史にその遺事を輝かせ得たであらうと思ふ。

老が七十三歲の寫眞に自ら題していふ、無科第而竊師儒之號、無繫援而至旬宣之官、不求富而言常適、不養生而神自完、爾何所能、實曰偶然。筆者はこの語によってます〱其人を憶ふ。その學、その官、その自適長壽皆老自ら爲せるところである。

章太炎先生謁見紀語

民國二十辛未八月三日記於上海同孚里寓

弟僑居北平。于茲十又四年。久仰泰斗。向繙大著。欽紉之情。無日不切。一見丰姿爲幸。今詣淸階。辱荷塵敎。光榮奚如。

足下治何種學。

弟志學以來。曾無常師。亦非大學畢業者。惟性之所適。欲修騷選之學。亦獨爲此嗜好耳。

此種學亦不容易。蓋先須閱普通書史。然後再研治此學。方有資料也。

騷選之學。卽訓詁。卽漢學。非以諸種經史爲根。其學不立。弟之稟性迂鈍。深知紹述無望。

讀文選欲知其訓詁。須三五年功夫。至其文章。則更難學。大氐學詩尙易。學文則六朝文稍易。漢文則甚難摹仿也。

敬聆大敎。一話一言。當服膺不忘。李審言選學大家。弟此行持楊公雪橋介箋。往見爲樂。但聞審言已歸道山。古人云。相見恨晩。弟則晩而不得見。洵引爲遺憾也。此外有何人能通斯學。

近日當以黃侃爲知選學者。然其學或不如李公之專。

六朝學術。仍從兩漢而出。其文章亦然。此事竝須先從訓詁求之。近帝國大學。想仍有漢學先生在內。

弟私案選學與文選考訂。判然有別。文選與漢魏文學。固有關係。選學與文學。無甚有關。弟惟於此一事。頗有未得解。他日當修一箋請益於左右。

高弟子黃季剛在北平常見。行必當往見領教。孫隘庵前日已往見。張孟劬亦常所仰慕也。

貴國所謂漢學者。百年以前。頗有卓然可稱之士。如太宰純。物茂卿。山井鼎之類。皆是。近世所謂漢學者。似較前人遠不相及。前此。僕在東京。見帝國大學教授根本通明。自負頗甚。其實空空。無可談也。

弟曾聞敝邦山井鼎所撰七經孟子考。已入四庫著錄。阮元十三經注疏校勘記。亦敘及於是書。而有所評正。然山井所見。實爲足利學校舊存之純正宋刋。阮元所據。爲正德補刻本。則眼識低昂。豈有智無智三十里之比耶。

貴國舊本書籍甚多。而所謂漢學家者。從來未考訂及此何也。

時有隆窳。學有盛衰。雖一國一時。學者宗旨。竝非一樣。乾嘉學者。檀長考訂。于時在敝邦。亦有山井鼎。狩野望之（野谷字之誤）。松崎明復。皆精於考訂。以迄於島田瀚。皆有撰著。識見高邁。往往出於貴國人上者。山井七經孟子考。弟既叔及。全唐詩九百卷。康熙末葉出版。未有人詳其編纂事情。然爲有清一代之巨製。迄於乾隆年間。敝國人市河世寧。撰全唐詩逸三卷。道光〇年刋入知不足齋叢書。是書雖零細著述。能足以補助貴國學人所爲。其氣魄精神。洵可欽也。祭酒林述齋。編有佚存叢書。輯刋亡於貴國存於敝國之古書若干種者。是書亦光緒〇〇年見重刋於貴國人之手。述齋子檉宇。亦賡乃父志業。天保〇〇年卽道光間。上議幕府。使下古書刋行之命令。肥儒松崎明復聞之（肥卽國名）。感激殊甚。以謂聖世盛典。發揚國家之光。在此一事。乃自編其書目。幷附說明。以呈送檉宇。松崎時年七十一。

樫宇松崎相嗣逝世。惜此事無所成。松崎書目。見明治廿〇年出刊慊堂遺墨中。弟曾閲讀此小册。深爲歎服。竊謂乾嘉名儒亦未嘗及此。

服部宇之吉。白鳥庫吉。此二君欲以古學爲新學。而才力不及。終不免于武斷。

弟在北平時。或遊歷各方之際。迭見服部博士在京師大學時之學生。渠輩僉云。往年聽博士講學（羅輯學。）引中國古書爲例。博引旁證。興味津津。於今不堪贊歎云。若無非常卓識。孰能如此。白鳥博士則弟未會見。然史學家中之大將也。

僕紀在貴國時。與大學教授談。則無可聽。與圖書館人員談。則頗有可聽者。蓋見聞多寡之異也。

林述齋及其子樫宇。以其學術言之。亦不足言。貴國有清一代。充國學祭酒者幾人。而其學亦多無可言耳。

弟拜讀大著。中有敍及敝國學人月旦一節。在敝國人立場見之。先生所敍甚泛。未料今日再聞於左右。弟所言。無些客氣。死罪死罪。

仙臺有館森鴻者。二十年前。頗從鄙人講論。近亦幾六十矣。聞在東京教育界中。不知其學能否進步也。

此人弟未會過。未詳仍在世否。但記此人在敝國詩界之泰斗。未聞知其學術也。

此君本重野安繹之弟。重野曾有文集行世。然亦平平無深入處。

敝國詩家。多不講學。故其作皆平板。無甚深意。講學家中。則往往有詩作可見。桐城派之文。東瀛派之詩。弟視爲一例也。

前數歲地震。聞帝國圖書館書。多被焚、而宮內省及內閣則無恙。但此爲政府祕藏之書。思難得見耳。

宮內省及內閣文庫之古籍。幸免震火。可謂幸矣。吾友長澤規。頗有才幹。專攻文學。尤精考訂。頃在滬市。與張菊生董授經相應酬。兩文庫事情。渠知之尤詳。恨不得今日與渠詣階下。俱聆教言。

韓國國史聞甚敏富。但近亦祕藏難見。敝國因修清史。史稿雖就。而人多不滿意。蓋于清之源流。不能詳也。此在明實錄及明人著述中。頗有資料。然似不如朝鮮見聞之親切。故甚欲求朝鮮史觀之耳。

弟聞朝鮮有李朝實錄。通史志館志。承政院日記等等。記載甚詳。眞貴國文籍。參攷於建州史料。頗有可補者。先生品學。中外俱知。如一遊其京城。祕藏珍籍。當啓石室以供高明之覽也。

明實錄及明人公私著述。與清建州初受封及中間變亂事。頗亦詳實。然世系不能貫穿。此須從朝鮮史中得之。蓋建州雖稱藩于明。而亦兼稱藩于朝鮮。故知之獨詳也。計其國從明永樂時受封。必明萬歷中年。而獨立。中間二百年。其世系多參差不齊也。清人本無文字。故自于其祖宗世系。甚多顛倒誤脫。明人載之稍詳。而亦不甚貫穿。

建州歷史之研究。敝國仍有其人。亦有專著。弟未閱過。故未克答淸問也。但弟曾在北平小市。偶見韓王致順治帝之國書一帖。其　璽則用老滿字之篆書。弟巳鈔寫其原文。未遑與清實錄對考也。弟日內起程。從蘇州而江寧。而溯江到長沙。勾留泥滬市。巳經數日。想往年來此。吾四詣新聞路。謁見沈子培先生。哲人萎萎。立雪無由。感慨係之矣。今日趨拜尊階。辱承教言。殷勤之情。感荷無已。

京山李維楨傳考

李維楨、字本寧、湖廣京山人、父裕、福建布政使、維楨弱冠登隆慶二年進士、由庶吉士授編修、轉給事中、在翰苑幾十年、出入燕趙、因縱遊西山八陵之勝、多抒爲文章。

「考」明史本傳李維楨至編修、京山縣志同、明史本傳山西通志授給事中。王元美西遊集序、在翰苑幾十年、出入燕趙、縱觀西山八陵及禪林蓮勺之勝。善屬文、汪伯玉王元美皆亟稱之。

「考」張繼任本集序、公於汪（伯玉）王（元美）稍後一年、而兩公齊推轂之、以爲將來定踞吾二人上。性多可鮮否、不勝杯酌、不善博奕、不問家人生產、樂易闊達、博聞强記。

「考」小草三集自序、明史本傳樂易至强記。出爲陝西右參議、遷提學副使。

「考」明史本傳。

王序、而竟以失絳灌意、出參關中紫薇省、遷其副臬、專督學事。因遊終南三華昆明太液之蹟。

「考」王序。

與諸官師弟子約以八條、大略爲遵禮法、養士氣、安分義、務實學、祀先賢節義、禁矯情沽譽等。

「考」大泌山房文集卷一百三十四陝西公移。

丁父憂家居。

「考」小草三集自序、既居父母喪、取藏書校讎諷誦、期以十年不出戸、成一家言。

既而買舟東至武漢、陟匡廬、汎彭蠡轉入徽中、晤汪伯玉抵錢塘。

「考」王序、又云、倘佯於三竺六橋者、兩月餘。

訪王世貞於其家、出其所爲詩稿、囑爲序辭。

「考」王序、書出典三編而曰、別子且汎太湖登莫釐之峯、轉至陽羨、歸循洞庭、升衡嶺、度大庾、而謀諸羅浮、是集也、序當以屬子、時雄按維楨南遊之志、殆未果行、其訪元美、當在太倉也。

尋起家、以吏議豫告、又起爲蜀越之役、復以不任謫。

「考」小草三集自序、坐他事迫謁選人、未三年、復以不任蒙吏議、賴上恩不加譴、容豫告、忽濫名啓事、起家有蜀越之役、甫三年復以不任謫、時雄按維楨謁選、及蜀越之役、各書皆不詳、皆似在萬歴以前事。

萬歴初、拜山西參政、晋按察使、明斷如神、不事苛刻、每以弼教明刑爲心、敦請耆儒、纂修山西通志、親加考核、當時稱良史。

「考」明史本傳。

小草三集自序、起家爲秦晋之役。

浮沈外僚、幾三十年、會朝議登用耆舊、召爲南京太僕卿、旋改太常、未赴、諫官有言詞、不就、時方修神宗實錄、給事中、薛大中特疏薦之、未及用、四年、董其昌薦之、召爲禮部右侍郎、甫三月、進尚書、并在南京、維楨以史事起用、乃館中諸臣、憚其以先輩壓己、不令入館、但超遷其官、維楨亦以年衰、明年正月力乞骸骨去、明年卒於家。

「考」明史本傳。

維楨與同館許國齊名、館中爲之語曰、記不得問老許、做不得問小李、其文章海內、請求無虛日、能屈曲以副其所望、碑跋之文、照耀四夷、門下士招當人市賈、受取其金錢、亦應之無倦、負重名四十年、然文章多率應酬、品格不能高也。

「考」明史本傳。

小草三集自序、出爲外史、人率謂史臣、能文、於是授簡代言、時所不免、人無賢愚貴賤、事無大小、有求必應、無所受謝。

著有史通評釋、黃帝祠額解、大泌山房集。

「考」明史本傳。

北平圖書館有法國女士 Dolléans 者、名教授 Pelliot 之高足、以交換職員在平館服務。日前來索閱大泌山房集、云得其師指示、欲考李維楨事蹟；而平館所藏昔年已南遷也。因介之於人文科學研究所主任橋川時雄先生。先生以集中初無李傳、特就研究所典藏諸書、撮取爲此紀略以報之。在先生以爲犓蒐資料而已；然於考求李傳者、甚資參考。固請於先生而刊載於此。附跋其始末幷敬致謝。（編者）

雑抄二則

僕には支那文學の研究法などいふことで、語るべき何ものをも有ちあはせてゐない。三たび思ひを致してなほ書くべき題材をとらへ得ないのである。

昭和六年の八月、僕は上海で章太炎にあったときの筆談記録が、歳末身まはりの整理中に見つかったので、それを左に抄譯することにする。『文選』の研究法といふことに觸れてゐる問答でもあるから。

今ひとつは、僕は此の頃しみぐ〱思ふことがある。それは自分は支那風呂に雇はれてゐる擦背（三助のこと、俗に上活とよぶ）とか修脚（爪取りのこと、俗に下活とよぶ）見たようなもので、浴客の脛などを擦すって、鼠糞みたような垢が列をなして進むのを見るによって一種の快味を感ずる。また、爪を取り耳糞を取りなどして黑豆のやうなものが轉げ出してくるとむげにほほゑましくなる。で最近ほじくり取ったうちでは一塊の太爪をまづ諸君にみてもらうことにする。

一

醪《どぶろく》をたらふく飲んで、萬年床に寝ころんで隱士とも叛徒ともつかぬ陶淵明の野郎は擦背にもなかく〱張合があったがもうこちらの方が根氣疲れしてしまった。此の頃の僕は謝靈運などの毛脛にぶらさがって力瘤を入れてゐる。

× × ×

僕は先年海源閣舊藏の宋本『三謝詩』を借りてそれを印刷して見た。これは宋の唐子西の原撰で、文選のなかから謝靈運、謝惠運、謝元暉の詩だけを抽刻したものである。

それだけの書であるなら、たとひ其の宋本が世間に隱れて居らうと何の關心をもつべきではないのに、僕らの先輩松崎明復が陶詩のあとに、尤袤の宋刊『文選』（六臣本）から抽刻して『三謝詩』一卷を附けているのだ。明には天一閣藏の『三謝詩集』一卷と皕宋樓藏本の『三謝詩集』七卷（現に靜嘉堂に歸す）とがあるが、唐子西に撰本とその源流を異にする。

唐子西の『三謝詩』の據るところは五臣の原本（六臣本から抽印されたものでない）から來てゐると見たい。

謝靈運の「登池上樓」一首に

池塘生春草。園柳變鳴禽。

という名句がある。宋の詩話のうちにはこの名句に贊歎する大家がかなり多い。朱熹の未覺池塘春草夢もこの句から來ている。ところで子西の宋刊『三謝詩』には

池塘生春草。園柳雙鳴禽。

となってゐる。宋から今日にいたるまでの方々は、變鳴禽三字をどう解き來ったか、園柳と鳴禽とが變の一字で交響し得ると思ったか、それをどうして名句として贊美し得たか。僕には何が何だか判らなくなって來た。

二

昭和六年（民國二十）八月三日午後一時、章炳麟氏を上海佛租界同孚里十號の寓に訪ふ、氏は一語を發せず、紙筆をとって私に授ける、一問一答の筆談、約二時間に及ぶ、その原文を左に抄譯する。

私は北平に十四年になる、隨分久しい前から御高懷を慕ってゐる、またいささか先生の御著述も繙いてゐるので、今日御目にかかり得たのは此上ない光榮に存ずる。

足下は何の研究をしてゐるか。

私には決まった師承もない、大學も出てゐない、たゞ自分ひとりの嗜好で騷選の學（楚辭と文選）をやって見たいと思ってゐる。

此種の學問は容易ならぬことだ、先ず普通の書史から手を著けねばならぬ、それから此の學問をなせば、そのうちに資料が得られるであろう。

騷選の學卽ち訓詁であり、また卽ち漢學でもある、諸種の經史を根とせねば此學問は成立せぬ、私の如き迂錮では紹述の望み無さそうに見える。

文選をよんでまた訓詁を知らうには、四五年を懸命にやらねばなるまい、其の文章はなかなか學び難いぞ。總じて詩を學ぶのはまた易いが、文を學ぶのは六朝文はまだしも、漢の文章ときたら頗る模倣し難いものがあるやうだ。

御教示は身に沁みる、李詳は選學の大家で、此たびは楊鍾羲の紹介で會ふことを樂しみにしてゐたが、すでに物故されてゐるとき〻失望した。この外に誰があるか。

近頃は黃侃は選學に深い。しかし李詳の專精には及ばない。六朝の學術は兩漢より出づる、その文章も亦然り、この事は先づ訓詁から求めねばならぬ。

近く帝國大學內にも漢學者がゐるだらう。

選學と文選の考訂とは別である、文選と漢魏の文學とは關係もあらうが、選學と文學とは關係を有せぬ。この事で私にも疑點をいだいてゐるので、他日書信で御教示をうけたい。高弟子の黃侃とは北平でいつも會ってゐたし、これからも會ひたいと思ふ、孫德謙にもあった、張爾田も私の尊敬する選學者である。

貴國で謂ゆる漢學者は、百年以前までは頗る卓絕したものもゐた、太宰純、物徂徠、山井鼎の如きその人である。近世の漢學は前代に及ばぬやうだ、僕が東京で根本通明にあったが、甚だ自負してゐるわりに其學問は空洞無物であった。

山井鼎の『七經孟子考』は『四庫全書』にも入り、阮元の『十三經注疏校勘記』なども、これに刺激されて作られたものと見らる。阮元も山井の書について如何はしい點を指摘してゐるが、山井鼎が足利文庫で純正の宋刊本を見てゐるのに、阮元は正德補刻本に據ってゐるから、阮元の說には途方もない誤謬に陷ってゐる。

貴國には古本書籍が多い、謂ゆる漢學者はそれらを考訂せないやうだ。

時代によって學問にも盛衰がある、學者の趨向も時代によって同じでない。乾隆嘉慶の學者は考訂にも長じた。その時敝國にあっても山井鼎、山梨稻川、松崎明復、狩谷望之など出で、近くは島田翰にも及んでゐる。『全唐詩』九百卷などいふ浩瀚な著述が康熙年間に出ると、すぐ敝國の市河世寧なる者が『全唐詩逸』三卷を出す、それが道光年間には貴國人の手で『知不足齋叢書』に重刋されてゐる。林述齋に『佚存叢書』とて敝國に存して貴國に亡びたる古書を刋行したものがあると、貴國ではすぐこれを重刋した。述齋の子檉宇はその父の志をつぎ、幕府をして古書刋行の命令を諸侯に下したことがある。石經山房に隱居してあった七十二翁の松崎明復がこれに奮起して書目を上呈した、私はかつてこの書目を頗る贊歎した、そして乾隆嘉慶の學者も到底その識見に及ばぬとさへ思ったほどである。

服部宇之吉、白鳥庫吉などは古學で新學を爲そうとして才力及ばず失敗したと考へられる。

私が北平にあるとき、また各方遊歷の時に、よく服部博士の門人に會ふ、彼らは博士が論理學を講ずるに、中國の古典から引例して講じたことを追懐して異口同音に贊歎を發してゐた。

白鳥博士には私もまだ會ってゐない、史學界の大將であるときく。

僕が貴國に居た時、大學の教授と談ずるに何等取留めなき話ばかり聞かされたが、圖書館の人員と語ると、頗る傾聽すべきものがある、これは見聞の多寡の然らしむるところか。

私は大著を讀み、その內に敝國の現在の學者に對する御批評があるが、それは皆當ってゐない、淺薄であると申し上げたい。何ぞ計らんや、そのやうなことを再び御面前できかうとは。

仙臺に館森鴻といふ人があった、この人は二十年前に鄙人に從って學問したが、もう六十歳にもならうか、今東京教育界にあらう、その學問は進步したかどうか。

私はまだ會ってゐない、その人また在世か否も知らないが、敝國詩界の元老であることは聞いてゐる。此の君は重野安繹の弟子である、重野にも文集があるが、平々何の深見もない。

敝國の詩人は學を講じない、それでその詩は平板、しかし講學者の作には往々見るべき詩文がある。貴國の桐城派の文と敝國の東瀛派の詩とは一様のものとも言へやう。

前年の震災で帝國圖書館の書籍が多く焚かれたが、宮內省及び內閣文庫の書籍はその厄を免れたときく、政府祕藏の古書は見ることが出來るか。

吾友長澤規矩也頗る才幹あって、文學の研究家であり、尤も考訂に精し。此頃上海にあって張元濟董康と相應酬してゐる、今日彼と同道して來られなかったのは殘念である、彼にきけば、其間の消息が判然するであらう。

朝鮮國史の資料は頗る豐富であるが祕藏して見ることが出來ないときく、敝國の淸史はすでに脫稿したけれど多くの人はそれに不滿をいだいてゐる、それは淸の源流が詳述されてゐないからである。明の實錄や明人の文集中にもその資料を見出し得るが、朝鮮の詳細確實なるには及ばない、それ故朝鮮の史料を見たいと思ふ。

淸史館は海內の名儒を引いて、雍雍雅雅一時の盛を極めたけれど、その成績は未だ出版以前から非難をきく。私も、朝鮮には『李朝實錄』、『文史館通志』、『承政院日記』など記載極めて詳實なる記錄の存することをきく。先生の大名は中外倶に仰ぐところ、一たびかの京城に遊ばれたらば、實祕を啓いて御覽に入れるであらう。

明の實錄及び明人の公私著述には、建州の創立及びその中間の變亂について詳かに記されてゐる、然もその世系が一貫してゐない、これは朝鮮史料によって判明し得られるであらう。

滿州人はもと文字なく、それでその祖宗の世系についての誤脫が多い。明人の記述も一貫してゐない。建州の歷史は敝國人の間にも硏究家があるが私は未だその著述を見てゐないから、何事も貴問に答へることができない。私は北平の泥棒市で朝鮮李王が順治帝に致した國書を見た、その表面には老滿州文の篆書で朱書した鈐璽があった、その原文も鈔したがまだ實錄と照合わせてゐない。

私はこれより蘇州南京を經て長沙までゆく、前年此地に來った時は新閘路にたびたび沈子培先生を訪ねた、先生も既に疾くに長逝された。今日は淸寓を汚して親切なる御教言をうけ感謝に堪えない。

支那典籍から見た朝鮮典籍

平生、支那の典籍にばかり親しみをもち來ったわれわれが、初めて接する朝鮮典籍について、二つの興味が高潮するを禁じ得ない。

その一つは、朝鮮が日支の間に介在した地位にある半島であり、常に日支文化交流の中間宿の役目を持たされてきた歴史的關聯から、この文化の袋のうちに支那に佚亡した典籍、或は支那本土ではすでにその原型が崩されたものが多少でも原型を留めてゐると考へられ得る典籍、さらに仔細に見て朝鮮の典籍のどの部分に支那典籍のうちにほろびた佚文が殘存してゐるか、といふことについての興味である。

いま一つは、朝鮮は、あるときは日本の、あるときは支那の附庸であり屬國であってきた長い間の歴史的事實の前に、朝鮮の典籍、すなはち出版文化の上にどう支那文化を受け入れられて來たか、その原型のまゝに受入れられてきた部分と朝鮮獨自の色彩をかぶせて受入れられてきた部分、などについてその一斑を覗いて見たいといふ興味である。

この二つの問題については、頗ぶる愼重なる、また順序をふめる科學的ともいふべき手續をふまないかぎり、その見解を敍べることができない。その一例をいふなら、五臣註の『文選』の零本がときどき書肆に見られるやうであるが、これが果して五臣註なりや否やについては、かなり條理立てた手續をふんで、幾年かの研究をまたないでは斷言出來ない。私は宋刊の『文選』五臣註本の完本を見てゐる。またそれを鈔寫した李盛鐸の鈔本をもかりて來て一々校訂校勘して見てそれが眞正の五臣註本でないことを知り得たのである。五臣註本が宋にすでに佚亡してゐた筈であるものが朝鮮でその完璧に近いほどの篇幅が見られたとしたら、けだし朝鮮の出版文化の一大業績であらねばならない。學徒の考究を望んでやまない。これは上述の二つの興味を滿足せしむるに足るだけの見解を披瀝することが如何に困難であり、また複雜多岐の手續を要するか、といふことの例として敍べたに過ぎない。この困難なる工作の一半の責任は朝鮮にある學徒、他の一半は支那典籍に親める學徒によって、取究めらるべきであらう。

さらに話を進めて、朝鮮典籍をはじめて見たものとして、頗ぶる根底のない、謂はゞ憶測に近いことを敍べさせていたゞき、諸位の御教示を仰ぎたい。

その一つは、朝鮮版本のうちに頗ぶる補版の度數を重ねたものが見受けられたことである。これがすべてを年月を追ふてきた補版と見るべきか、それともそのうちに原版でありながら版式の整齊を缺いたものではないか、といふ問題でこれは支那と朝鮮との出版の歴史から見ると、謂ゆる朝鮮本補版はそのすべてが補版でなくて、原版のときの版式の不整齊ではなからうかと思はれるふしもあるのである。

支那典籍の鈔寫も刋印もすべて時代々々の經濟的要件を追ふて進んできた。鈔本刋本の上からも支那の各時代の經濟史觀が實象實物で說明され得ると思ふ。宋元版では、はじめ版木の上に字が書かれた。後世の如く紙に書いたものを貼付けて版下を造ったのではなかったらしい。それは六朝隋唐の石刻の雕法を追ふたものであると考へられる。それから一頁、二三頁と各刻工にその仕事を分擔させて一部の典籍を刻了するのであった。それ故に宋元版には刻工の姓氏と各頁の字數が各頁に粗末な文字で付刻されてゐるのが多い。その字數によってその工賃が支拂はれたので、決して字數を正確に示した校正のためではない。今日の工賃も字數によって百字いくらと決められてゐる。それ故に宋元版にあっては框の高さと幅に於ても各頁によって多少の異同があり、毎行の字數もときに同じくない場合がある。字體にも多少の異同がある。この點後世の人から見ると後の補版ではないかと思はるゝほどに見られるものもある。ところが明版の初期は忠實なる宋元版の翻刻が盛んになり、嘉靖がその風潮の尤も高いときであり、その以後は刊書は更に盛んになって、その手續が分業的になって、框をきめる、行線を雕る、大體の荒刻をする、仕上をする、畫を刻る、皆分業でなされた。それだけ生產分量が增し、版式は整齊してきたのである。

然るに朝鮮には宋元の時代の刊書が支那のやうに行はれなくて、そして主として支那明式を取入れたのであるから、版式の發達と社會の經濟要件との調和の段階について考へて見ると、その間に多少の無理のあるべきことが當然に考へられる。そして版式の上にもそれが反映して版式の不整齊を免れなかったであらうし、それが後の人に補刻と見られた部分があるのではないか。これは支那でもあることであるが、一部の刊刻が數箇所にわけて分擔されることもあって、そのために刊版の不統一を示すことがあり、これは朝鮮本に於いてもあるべきであらう、といふ私に於いてはお粗末な見解を立てられるのである。後の人に補版と見られるその全部が補版でなくて、その一部或はその大部分には原版の不整齊から補版と見らるゝものがあらうと思はれるのである。

いま一つの見解は、朝鮮の活字本についてである。朝鮮の鑄字、木活字が、支那からうけたか、日本からうけたかは別に攻究さるべき問題であるが、朝鮮の活字本はその材料などいろいろの關係から、支那で木版が普通版式として用ひられてゐると同樣に、普通版式として實用されてゐる程度に多くの活字本が朝鮮に印刷されてきた。朝鮮の刋書は少いから、その部數に於ては、あるひは支那の方が朝鮮を凌駕してゐるであらうけれど。

そこで活字本として印刷された樣式と、これに對する愛玩の趣味が、支那に於けると朝鮮に於けると必ずしも一樣ではない。朝鮮活字本にあってはその活字の間に蠟或は漆を以て膠着し、その版面を平滑にして、刷りあがったものを見ると、支那の活字本だけに印象をもつわれにはそれが木版であるか活字本であるかが見分け出來ないほど出來上がってゐるのが多い。支那にはそうした刷りの活字本は少い。これが朝鮮活字本が支那の木版本に於ける如く出版の一般樣式になってゐたといふことを肯かしむる一理由になるまいか。それに、支那の活字本にあっては、各字が左右上下の傾斜一樣ならず、從って墨色にも濃きあり、極端にかすれてゐるがあり、墨のにじみ出でゝゐるがあり、また各字體、その大小にも一樣でないが多い。至って不整齊であり、その不整齊のうちに或る種の美を感覺してゐるが支那人の活字本に對する愛玩である。その愛玩は普通一般の版式としてゞなくて、特殊の版式としてゞある。朝鮮に於て活字本が普通版式としてまで實用されてきた要因はどこにあるか、支那の影響であるか、日本の影響であるか、それには材料の關係など、各方面から考慮して究められる問題であらねばならない。

右は當地に來って、はじめて披いて見た朝鮮本に對する隨感であって見解といふべきほどのことではない。諸位の教示をまつ次第である。

（昭和一五・七・二六、於書物同好會例會）

南社と汪兆銘

明治維新に躍った志士のうちには文學をもつものが多かった。それは皆一代の志士文學としてながく後のひとに愛誦するに足るものである。誰もが漢詩ができ、それには今の青瓢簞詩人が唸り出すような陳腐なものでなくて、碧血たぎる腹わたから迸出した氣韻を傳へて、格調もよく整へられた「鏘然として響あり」とでも評せらるべき絶唱が誦まれる。

さきほど、朝鮮京城あたりを見巡って此の間に來たひとと、一夕北京南郊の酒亭に酌んで彼れの旅情を慰めた。隣室の食卓には姑娘《クーニャン》が杯酒の獻酬にはしゃいでゐる、胡弓の音が軋るごとく響いてくる、姑娘がうたふニッポン謠が流れてくる。旅愁に堪へざるごとく聞入ってゐると見られた客《ひと》は、思ひのほか憤ってゐるのだ、

支那娘の腔《のど》はいいな、これじやいまに勝太郎も赤跑《はだし》のたぢたぢだぞ。京城で妓生の謠をきいた、しんないでござれ、淨瑠璃でこい、無藝の俺などほうぼうの態でここにやってくると、これさ。

客は、朝鮮の妓生が自分の國に有った謠を聞かせないでニッポン謠ばかりうたふ、支那の姑娘もそれだ、と怒ってゐるのだ。このひと達ばかりでなく、母國から來たひとには、妓生姑娘から美しい聲の謠をきかされてさへ妙にふくれたがる氣が知れない。筆者などは壁を隔てて姑娘の大陸行進曲を聞いてさへ、姑娘までが我らの進行に鼓をうってくれるかと思はれてむげにうれしくなるものだ。ひねくれた憤氣など些も蓄

へあはせて居らない。それが朝鮮の妓生が我らの腔には貟へない淨瑠璃しんないなど謠ふものなら、王克敏にあって彼れの抱貟を聞き汪兆銘のラヂオ演説を聞かされるよりもさらに心琴をうち感極まるものがあるに違ひない。

東京に留學してゐた支那の靑年たち、革命の志士たち――汪兆銘らのごときも、筆者が姑娘の謠に袖しぼる思ひで明治志士の文學を愛誦してゐたときもあったじやないか。筆者に漢詩を教へてくれた詩人老學も、「木履浪人の若者、我らの文學を弄びたがる」と云ったような表情を見せたことはかつて見なかった。「同文の日本人なればこそ我らと同ように詩作に苦しむ心持がうけ取られるのだ」と親切に導いてくれたものだ。今頃のように、眞向ふに杜甫李白と吟肩を聳てて高唱してやってくる詩人、「今王羲之」「今蘇東坡」を氣どる狂人じみた大書家の渡來にはいかに豪懷な支那人だって瞠若たらざるを得ないであらう。詩だとか書だとかいふものこそは支那人に於いては文化の生命線であるから、これが侵かされてはたまるものか、と驚惶もし反撥もしたくなるに違ひない。

光緒帝は幽禁のうちに崩去、垂簾政治は支那文化にも簾垂るゝものだと革命の志士から怨まれてゐた西太后も相ついで崩去。帝の遺詔で醇親王載灃の長子溥儀宣統帝が四歳で卽位、載灃は攝政王となる。前帝の遺詔は立憲政治の促成を群臣に責めてゐる。けだし當時淸室が尤も畏れたのは革命黨、高く漲ぎり來った革命の聲氣を緩和するための上策として、君主立憲の政治を一日も早く實施する一途あるばかりであったからである。支那に形勢を觀望してゐた外人の多くは、西太后の崩去によって必ず大動亂が起さるべきものと一般に豫想されてゐたが、革命黨の同士には、清室にはなほ忠諫の臣張之洞などの輩も居ることだし、弔葬に乘じて事擧げすることを避けるだけの俠氣を有ってゐたため、つひに彼らの豫想するが如く大動亂の勃發を見るに至らなかった。清室でもそれを甘く見たせいか、憲政實施の準備を怠りその既成に力を盡さないではなかったが、とかくこれに對する熱意はうせて、これに對する處置は次第に緩慢さを加へて來た。時に、錯奏する對外事件に刺戟されて四周の情勢は志ある者をして神州中國の浮沈を看す看す袖手傍觀するに忍びないでいたく焦慮せしめて來た。また治外法權だの、關税擔保だの、鐵道敷設權だの、國內に喪はれた權利を再び外人の手から回收せむがめに排外巡動が熾んに各地方に紛起して來た。それは恰かも、明治の新政に維新されようとしたとき、志士は德川幕府に迫って下田條約を破棄せむことを求めたと同じ轍をふめるものか。

かうした情勢にありながらも清室方面の要路は、表べに立憲政治促成の佳名をかかげて、その實穩には探偵政治を行ひしきりに革命黨員を捕へまたこれを斬った。言論集會結社にも彈壓を加へて來た。立憲政治の期成に對して清室はいささかの誠意をももつものでないと知られ、國民はそれに失望した。官制改革の後に於いては民意を多少でも暢達したかたちに於いて內閣が成立されるであらうと期待を裏切って、慶親王肅親王はじめ宗室親貴のひとたちで固めた內閣が出現するに至っては、滿漢の溝はますます深められ、滿漢の差別は一層その强化を見たわけで、國民を失望させるばかりであった。ここに排滿の空氣は官吏といはず、軍隊といはず、學校方面まで國內に瀰漫するに至った。志士はもはや言論で革命熱を吐くだけでは満足し切れなくなり、やっつけろとばかり爆彈をさしばさむで潛行し要路をねらった。宣統元年の末には攝政王載灃が刺されたと傳へられた。それは何かの誤傳であったが、その翌宣統二年には攝政王に爆彈を投ぜむとする事件が明らさまに世に傳へられて、天下駭然たるものがあった。革命黨員汪兆銘が縛はれて獄に投ぜられたがこの事件である。

當時、攝政王は自分を爆死せむとたくらむ叛徒に對して、頗ぶる寛大な處置を取ったことだけは他の革命黨員をしてしたたか感激せしめたといふ話もある。明朝末期でも黨權が旺んになって黨禍が募ってきた頃には、民間に結社が多くできて處士は横議した。清朝に入っては、前朝に眷戀するひと達は結社によって、吟詠に託して胸中の幽憤を洩らしてゐた。民國革命の鼓吹が言論による自由を得ないとき、彼れらは詩社に據らうとした。光緒末年に上海に結ばれた南社はそれである。南社は吟詠を以て同志の友を呼び文章を以て氣節を相尙び、そして革命を鼓吹しようとした。それにはかつて日本に留學しその志士文學に血を涌かしたことある舊同盟會の革命家が袖を聯ねて入社して來た。

かつて聞いたところによると、南社の發起は陳去病、高天梅、黃賓虹、黃節など數人によってであった、それに高燮といふ特志富豪の資助が携はってゐた。高燮（一八七八～一九五八）、は時若とも吹萬ともいふ、寒穩居士閑閑山人の別號をもつほど浮世離れした達人である。そして文章氣節を相尙び、文學のためなら千金を擲って惜まざる特志家であった。彼れは夙に文章經國の大志を抱いて、はじめ彼れが郷里金山張堰の西郷に寒穩社を設けて文士詩人の入社を求めた。苟も文章を以て革命を鼓吹せむとする革命黨員は多く入社し來った。皆彼れを寒穩先生と呼んだ。彼れはかく多くの黨員を入社せしめたけれど、終始自ら革命黨員に加はることを肯んぜなかった。彼れが心期するところは文章によって國が革命されることであり、それにはまづ自分を高處に持し、自分の出處を苟くもせず、その淸節をたつるにあるといふ信條を有ってゐたからである。それゆへ南社は彼れに於いては寒隱社が上海に延長されたまでである。

民國初年〝反孔子〟思想が天下に席捲してくるや、高氏は國學商兌會を發起して大いに弊を救はうとしたほか、あくまで鄉里に隱れて世事に馳走することを避けた。ただ古物保存會の金山支部委員、『金山縣志』の編纂、金山張堰圖書館の董事に任じてゐた。本篇の筆者は彼れに十數萬册の藏書を有つことを聞いている。そしてその『詩經書目』數百種を鈔寫したことがある。『吹萬樓詩文集』『吹萬樓藏書記』『讀詩劄記』『莊子通釋』『憤排錄』『感舊漫錄』などの著稿若干卷をもつこと、また彼れは善本所藏と知られてゐる鐵琴銅劍樓瞿氏とは親屬の間柄であることを聞きつたへてゐる。

南社は月刊『南社』を發行して全國の文章革命の士に呼びかけた。『南社』には社友の詩文と詞を輯めて、詩錄文錄詞錄を編に分ったただけである。そして年二回社友を上海に會合する謂ゆる雅會が催されてゐた。年に二回といはず、臨時雅會がしばしば行はれてゐた。特にその社址會館なども取決めて居らなかったようである。その頃湖州出身者の結社「湖社」などは高壯な會館を持ってゐたが、南社はそうした豪勢を張ることはつとめて避けてゐたようである。その雅集は上海といはず杭州及び長沙、廣東、北京の各地でも開かれた。民國元年北京黃宅で臨時雅會が開かれたときは二十數名の社友が出てきた。五年十一月には中央公園でも開かれた。六年三月の廣東文社の雅集には汪兆銘なども出てゐた。その『南社』の編纂には、陳去病（字は佩忍、號は巣南、江蘇呉江のひと）とその弟子柳棄疾（字は亞子、去病と同じく呉江のひと）が主としてそれに從事してゐた。

『南社』が發刊されたころに陳去病の「惜別詞」が載せられた。その小序によると、〝中國の男子が西方の美人に思戀してひそかに婚約を結んだが、それが蒼海君（日本のことか）に看破されて破談に終った〟という意味が書添へられてゐる。當時に惹起した時事問題を巡っての寓意である。かく南社の社友同人の詩作には、時事に痛切な關心をもつものが多く取り上げられてゐた。その文には革命烈士の記傳も多く載せられてゐた。

南社は光緒三十年ごろから創められ、宣統元年十月一日には虎丘張東陽祠で第一回の雅集が開かれた。月刊『南社』もはじめは毎月出て居たが次第に期日が不定となり、民國六年頃までつづけられて、すべてで第二十二集發行された。民國五年には第十五、六、七、八、九の五集も出で、一時社運を復興した氣合ひも見られたが、六年八月に至って漸く二十集が出たほどである。社の閉鎖とともにその藏書は高燮のもとに預けられた。その間に幾多の明季雜史に關する書籍が出版されてゐた。彼ら同人が明史に注目し、清祖の處士に敬慕をもってくると、從來の訓詁一點張の學術では時弊を救ふには手緩い、革命を鼓吹するにはあまりに小技に過ぎて普遍性に缺くる。そこで彼れらは皆宋程朱の學、明の陽明學に傾倒してその情操を固めようとした。それだから、彼れらの詩文には考證訓詁に關するものがない。引用された故事典故にも宋明理學の書から抽いたものが多い。それは明治維新の志士が宋明の理學でその操守を養ったと同やうである。汪兆銘が日本に在ったとき陽明學者三浦梅園の著述に親炙して革命家としての信條をそれに心得したといふも偶然とは謂へない。

南社と表裏一體をなすものに國學保存會が設けられ、月刊『國粹學報』が發刊されてゐた。當時の國粹運動に於いて、南社同人はその文章詩詞によって大いに發揚するところあらむとし、他の文學研究の一面は『國粹學報』によって擔當されてゐた。二つの結社はその同人の顔觸れもほぼ同じであり、その印刷なども同處でなされてゐた。ただ南社は文章詩詞を以て友を會したので、たちまち國內十數省に亙って一千名を超ゆる社友を得るにいたったり、民國五年十一月に再び社員名簿を重訂したときなどでも約八百名の社友が列ねられた。そして胡漢民・邵力子・于右任・汪兆銘など錚々たる革命黨員などもそれに加盟し來った。しかるに數年を經ずして『南社』も停刊し、社も閉ぢられたのはなぜか。

世のひとには、『國粹學報』でも『南社』でも皆革命黨員によって成れる結社から出發された革命鼓吹の機關雜誌であるかの如く傳へられ來ったが、その實この二つの結社は革命黨員を盟主とする政治的活動でなくて、革命黨員がゆくゆくは陷るべき陷穽卽ち朋黨私黨の弊害などをも豫想されて、かくては明末政治の弊病をそのまゝ蹈襲することになるので、とにかく高處に立って國學を宣揚することによって國家の危局を挽救せむとする文章經國運動ともいふべき、むしろ文化的意味に濃い結社であったのである。それあらむか、南社の舊同人及び最初の發起者の間には、革命黨員の加入によってその先朋黨私黨の用に陞了して實際の政治活動の方面に引摺られてゆくのでないかと豫想されてゐたらしい。そして後日に至っても革命黨、それから生まれた國民黨に加らうともせず、思想的性格的にまた意識感情上にも多少の阻隔があったようで、ただ舊誼だけは十年一日の如くつづけられて來たようでもあった。

革命黨に加盟せず、のちの國民黨にも走らなかった社友舊同人相互の間では、眞摯な〝古人の交〟がいつまでも續けられてゐた。本篇の筆者が交はった彼れらは、皆豊かな詞藻をもち、麗筆を持ち、文士詩人或は學徒にふさはしい生活にたのしみつゝあった。皆が多少の潔癖と俠氣とをもってゐた。それは往日文章經國のたかき理想に立籠った餘影であらう。同志同好にはすべてを開放して赤裸々で接してゐた。なかには阿片の癖に淫して生活を顧みないものもあり、名士癖に徹底して取りつき難いひともあったが、それらの小癖缺陷は誰にも咎められないほど學殖詞才に、無邪氣愛すべき人間性にその人格を光らしてゐたものが多かった。

舊同人の持操は徒らに高かった。皆が高蹈的氣分をもってゐた。明末の史書を繙いても孤鶴九皐に鳴くような處士の節操ばかりが彼れらの眼底に映ってきた。そして黨は社稷を危うするものだといふ觀念ばかりが心條に植えつけられてゐた。政治的活動には全く無能者であった。そこに革命黨員の入社で南社は革命文學の淵叢となったまでは同氣相投ずるものがあったが、社友の出處進退が相異なる方向に奔るとともに南社は雲散霧消するよりほかなかった。

端方を追うて社友劉師培は四川に奔った。その時はすでに四川暴動の風聞が起ってゐた。政府が外資借款による鐵道國有の政策に對して、鐵道民間經營によって國權の喪失を免れようとする運動が漸く熾んになって來てゐた。そして四川紳商の間には保路同志會まで組織された。川漢鐵道大臣端方はその不穩な空氣に備へるため湖北の手兵を率ゐて四川に入った。かの地にはすでに革命黨員が潜みこんでゐた。そして民衆に呼びかけて大動亂を發生するに至っては、民國革命はつひに發火されたのである。その間にあっては南社々友のある者には、淸室政府方面から買收のためにする巨金を上海に持ち來って、社中の革命黨員を釣らうとしたこともあったらう。かうなっては南社は衣冠泥土、成立當初の精神も冒瀆されて、もはやそれを繼續することも無意味になってきた。

南社の發起者舊同人たちがもつ理想はあまりに高蹈的であり、國民民族の革命を唱導しながらあくまで精神革命に重點を置いた。出處を潔くすることによって氣節を相尙び、自ら快とするものであった。古學にひたりながら、吟詠を樂しみながら、古書畫を鑑賞しながら、革命思想を鼓吹しようとする頗る上品なものであった。革命には必ずつねに破壞が伴ひ、血を見ることを豫想し得なかった誤算に逢着したのである。革命はすでに發火點に達してゐたので、時局は急轉直下飛躍するばかりである。社友の出處に不統一を暴露し、政治活動には無能であった舊同人たちが革命事業の圈外にはふり落されて、大風一過、南社の門前は雀蘿をはるばかりである。創設後しばらくして社友の星散は南社の社運を一時頗る振はざらしめたことである。かくなると、舊同人のひと達は革命黨員の社友に對してはおのづから白眼を以て見るに至るは當然の歸趨である。

南社が結ばれた當初の主意は、天下に〝氣節を相尙ふ〟ことを唱導する、そして〝國學を發揚する〟ことによって文化を復興せしめ、徐ろに國民民族を導かうといふほかに何らの主張をも有たなかったらしい。がこれも國學保存會の『國粹學報』發行と同ように國學發揚のために民衆運動の先鞭をつけた意試《こころみ》に終った。目狂はしく動いた政治的情勢がやや落ちついてくると、かつて同人社友であったひと達は往年の文人商會の盛事が記憶に甦ってくる。そこで上海では「新南社」の組織を企てようとするものも出てきた。しかもそのときは革命の事業も一段落を告げて文學思想の革命が活況を呈してゐた。かつての社友もそれぞれに要路に就いてゐる。しかも彼らの思想は時代の風潮に驅られて國學文學に對する趣向も文學革命の立役者にならないまでも、それに響鳴する意思が濃厚に動いてゐたので、その主意を織込まうとする新南社は南社舊同人の懷抱するところと大きな隔膜を生じた。南社の舊觀に愛着をもつひと達は一時長沙に殘留してゐたので、南社は民國十三年一月傅態湘（字は鈍根、湖南醴陵のひと）を社長に推して長沙に復活した。そして『南社湘集』が『南社』の舊體裁そのまゝに印行された。尤も南社の同人には湖南出身も尠くなかった。南社の成立とともに長沙にも支社が設けられてゐた。民國元年から長沙に南社の臨時雅集が行はれて五六兩年の間にも雅集を行って本社を遠くから聲援してゐたわけである。

その時は新舊文學の抗爭が激甚で世上に囂々として傳へられてゐたので、湘集の同人たちは、〝文化の進展にはおのづから過程があるべきだ、言論が突飛に新奇なものでは實行上の適當性がない、わが鄉の先覺屈原のもつ思想氣節は憂國文學の代表作品として數千年の後までもその遺音を纘ぐべきだ〟といふ口調で南社湘集の態度を宣明し、また新文學者に應酬したものである。傅社長自らは『離騷章義』などを刊布して大いに言擧げしたのである。けれども時代の思潮はこれを舊文學者たちの新文學者に對する反抗の尾聲であると一笑に付してしまった。これは南社が閉ぢられて約十年を經て復活さるべきでなくて、南社と響應して同時に長沙に發起されたら、相當の反響を喚起したに違ひない。

その間に胡韞玉（字は樸廢、安徽涇縣のひと）によって『南社叢刊』が上海に出版された。これは『南社』二十二集のうちから文錄十巻詩錄十二巻詞錄二巻を選び出して付印されたもので、當時『南社』二十二集は坊間では求められず、しかも南社の民國革命に於ける偉大なる功績も回顧されて來たので、革命文學の大觀を示すべく作られたのである。汪兆銘らもその當時を回想してその巻頭に序文を列ねてゐる。同時に胡氏は『國學週刊』を發行して『國粹學報』の復活と考へてゐた。半年二十六期を第一集とした『國粹彙編』も二集まで發行された。それには南社の舊同人の製作も載せられてゐたが、新人の著作も取入れられ、汪兆銘・于右任などの詩作もそのうちに讀まれた。

つぎに、汪兆銘（一八八三～一九四四）が南社同人としての半面を窺はう。彼れは幼少の頃から詞藻ゆたかに、筆を下せば千言立ろに成る底の麗筆が政論家として十分に發揮されてゐた。今日彼れの口から發せられる聲明を讀んでも、彼れが往年の長談義な政論をよめるものには思ひ半ばに過ぐるものがある。攝政王載灃に博浪の椎を贈らうとして捕へられたときなど、彼れが立ろに清宗要路を痛擊して三萬言の供詞を書きまくったことが時の民政大臣肅親王善耆の意を飜へらしめ、奇才殺すべからずと載灃に請ふて死一等を滅ぜられたことである。彼もしそのときその才無かりせば彼は卽座に首足處るところを異にしてゐたであらう。

民國元年十月には上海協社から『汪精衞先生天鈔』四卷が出てゐる。彼が二十五歳までに成った排滿興漢の雄編を收め、鑄血文字で滿たされてゐる。「感事」「獄中有贈」「入獄一年矣、慨然賦此」「辛亥獄中述懷」などの詩篇が『南社』に寄せられてゐる。

強將詩思亂離愁、　強ひて詩思をもて離愁を亂る、
却惹茫茫感不收、　かへってひく茫々、感收まらざるを、
九死形骸漸放浪、　九死の形骸漸く放浪し、
十年師友負綢繆、　十年の師友綢繆に負く、
寒燈難續殘更夢、　寒燈續きがたし殘更の夢、
歸雁空隨欲斷眸、　歸雁空しく隨って眸を斷たむとす、
最是月明鄰笛起、　最も是れ月明に鄰笛起り、
伶俜吟影淡於秋、　伶俜たる吟影秋よりも淡し、
珠江難覓一雙魚、　珠江もとめ難し一雙の魚、
永夜愁人慘不舒、　永夜愁人、慘として舒びず、
南浦離懷雖易遣、　南浦の離懷遣り易しと雖も、

楓杜噩夢漫全虚、　楓杜の噩夢漫に全く虚し、
鵑魂若化知何處、　鵑魂もし化さば知る何の處、
馬革能酬愧不如、　馬革よく酬い、愧如かず、
凄絶昨宵燈影裏、　凄絶昨宵燈影の裏、
故人顔色漸模糊、　故人顔色漸く模糊、

――「感事」二首――

右「感事」二首は『雙照樓詩詞藁』の『少休集』巻上には、〝辛亥三月二十九日、廣州の後、余は北京の獄中にあり、たまく獄卒の一二をいふをきけるも、未だ能く詳かにぜず、詩以て感を寄す〟といふ題下に収められてゐる。

煤山雲樹總淒然、　煤山の雲樹すべて淒然、
荊棘銅駝幾變遷、　荊棘銅駝、いく變遷、
行去已無乾淨土、　行去ってすでに無し乾淨の土、
憂來徒喚奈何天、　憂來って徒らに喚よぶ奈何の天、
瞻鳥不盡林宗恨、　鳥を瞻て盡きず林宗の恨、
賦鵬知傷賈傅年、　鵬を賦して賈傅の年を傷むを知る、
一死心期殊未了、　一死心に期して殊に未だ了せず、

此頭須向國門懸、　この頭須く國門に向って懸けむ。
落葉空庭秋籟微、　落葉空庭、秋籟微かなり、
故人夢裏兩依依、　故人夢裏、兩つながら依々、
風蕭易水今如昨、　風は易水に蕭として今昨の如し、
魂度楓林是也非、　魂は楓林に度って是また非、
入地相逢終不愧、　地に入って相逢ふも終に愧ぢず、
擘山無路欲何歸、　山をさいて路なし何くに歸せむと欲す、
記從共灑新亭淚、　記す從って共に新亭の涙を灑ぐを、
忍使啼痕又滿衣、　忍んで啼痕をしてまた衣に滿たしめむ。

——「獄中有贈」二首——

右「獄中有贈」の二首の前首は、『少休集』には、「獄中雜感」と題して、他の一首とともに收められてあり、後首は「秋夜」と題して『少休集』に見ゆ。のち印行のとき小跋を附して當年の回想を附記してゐる。

血鐘英響滿天涯、　血鐘英響、天涯にみち、
不數當年博浪沙、　數へず當年博浪の沙、
石虎果然能沒羽、　石虎果然よく羽を沒し、

城狐知否悔磨牙、　城狐知るや否牙を磨くを悔ゆを、
鬢銜劍底情何暇、　鬢は劍底に銜んで情何ぞ暇あらむ、
犀照磯頭語豈誇、　犀は磯頭を照らして語豈に誇らむや、
長記越臺春欲暮、　長く記す越臺春暮れむと欲し、
女墻紅遍木棉花、　女墻紅は遍し木棉の花。

——「感事」一首——

右の一首は『少休集』には、「獄中聞溫生才刺孚琦事」と題して収めらる。宣統三年、廣東溫生才が廣州將軍孚琦を暗殺し、ついで七月には溫生才の同郷人陳敬嶽が廣東水師提督李準を暗殺したのは、當時革命黨員によって敢行された爆彈の功名として一時に喧傳された。

士爲天下生、　士は天下のために生き、
亦爲天下死、　また天下のために死す、
當其未死時、　その未だ死せざるにあたっては、
怦怦終不已、　怦怦として終にやまず、
宵來魂躍躍、　宵來って魂躍々たり、
一鶩八千里、　一たび鶩す八千里、
山川如我憶、　山川我を憶ふが如し、

相見各含睇、　相見て各々睇をふくむ、
願言發淸音、　ねがふてわれ淸音を發し、
一爲洗塵耳、　一に洗塵のためのみ、
醒來思如何、　醒め來って思ひ如何、
斜月澹如水、　斜月澹きこと水の如し。

——「入獄一年矣、慨然賦此」——

右の一首と「辛亥獄中述懷」一首の如きは、民國三年八月に出た『南社』第十一集に載せられてゐる。彼れが「正氣の歌」の長篇である。かういふ文字に觸れると、彼れをして生かしめたひとを怨ましく思ふほどである。これらの名作を『南社』に留めしめ、

初心雖不遂、　初心遂げずと雖も、
死所亦已獲、　死所またすでに獲たり、
此時神明靜、　この時神明靜かに、
肅然臨湯鑊、　肅然として湯鑊に臨み、
九死誠不辭、　九死するも誠に辭せず、
所失但軀殼、　失ふところはただ軀殼のみ、
悠悠檻穽中、　悠々たり檻穽の中。

彼れが謠へるが如く、彼を肅然湯鑊に臨ましめたならば、それはただに「南社」不滅の榮光であるに止まらず、革命漸く成るの日に南社をして野たれ死するに至らしめなかったらう。

――「辛亥獄中述懷」の一節――

筆者の追憶は十數年前、張景惠の軍が北京を攻め、飛機をとばして爆彈を市內處嫌はず落してゆいた頃に遡る。節候は清明をすぎ、丁香海棠も滿開して柳絮飛ぶ春の半ばであった。詩人黃節（一八九四～一九三五）宅に詩人と相對してゐた筆者は、狹い庭をふさいだ花樹のかげに謠ふ小鳥に耳を傾けながら苦茶を品してゐた。彼れは詩興おのづから動くものあってか、憮然として次ぎの二首を唸って筆者に示された。

已催新綠過清明、　すでに新綠を催して清明を過ぐ、
作興東風驀地生、　作興する東風は驀地に生ず、
早落李花成幾樹、　はや落つ李花いく樹をなし、
不消鶗鴂再三鳴、　消せず鶗鴂再三鳴くを、
榆柳櫨梨桃李梅、　榆柳櫨梨――桃李梅、
紫丁紅葯赤棠槐、　紫丁紅葯――赤棠槐、
流鶯落得爭枝亂、　流鶯落し得て爭ふて枝亂す、
國事如今盡可哀、　國事今の如き盡く哀しむべし。

――「清明後一日賦示子雍」――

彼れまた廣東順德のひと、簡朝亮の弟子、黃賓虹郭實らと『國粹學報』をはじめ、風雨樓と稱する國學藏書樓を設け、その後南社創設の主要發起人のひとりであった。南社同人の詩作は尤も龔定庵の詞藻をうけたと謂はれたが、彼れの目標はさらに高き漢晉の作者を追はむとした。終生の事業として著述された『漢魏樂府風箋』、『曹子建詩註』、『鮑參軍詩註』、『謝康樂詩註』、『阮步兵詠懷詩註』の如き註釋に於いて見られるが如く、民國七八年頃から北京大學で講述した稿本に基づいて整へられたもので、多少千篇一律の單調さを免れないにしろ、漢晉の作者に追蹤しようとした彼れの努力が讀まれるであらう。

彼れとは極めて親しい關係にあった筆者は、彼れの生活、詞藻、操守から南社舊同人の氣持が窺はれてゐた。彼れの詩名が一時に高かったわりにその交友はさほど廣くはなかったようである。しかも舊誼の人たちは眞摯な〝古人の交〟が續けられてゐた。筆者は時をり、『南社』『國粹學報』發行の事情を聞かうとすると、いつも顏をそむけて多くを語らうとしないのだ。いつかその當時のことどもを詳かに聽取っておかうと機會を覗ってゐたが、彼れはそれを語るを好まざるごとく話頭を他に轉じてしまふのだ。彼れは失敗の迹を追究されることが亡兒の齡を數えるより辛らかったらしい。

彼れはかつて南社同人雅集の寫眞を示してくれた。それには彼れは洋服を著けた翩々たる才子肌の青年であったので、〝今の詩翁にかういう時代もあったか〟とふきだしたことである。彼れらもしいつまでも〝洋服を著けた屈原〟で押し通し來ったら南社も失敗に歸せずに今日までも斷續されたらうとも思はしめられた。彼れの訃聞を手にする十日ほど前に、ふと街路で彼れに邂逅した。筆者は頻りに呼びかけたが筆者に對する意識さへ無きかの如く起ち去った。その時の彼れの風貌は些の生氣なく頗ぶる悄氣てゐた。平生、人心の古の如くならざるに痛慨してゐた彼れであるから、筆者の不情に對して憤ってゐるのではないかとさへ怙んだ。清麗な彼れの詩韻はもはや絶えて傳へられないだらうとも悲んだ。

汪兆銘が彼れのために彼れの『蒹葭樓詩』一千部を印刷したが、その數部が北京に贈られたを手にして彼れは逝いた。彼れの詩作のうちには汪氏らに對して痛罵を加へた語句も插まれてゐたが、汪氏が彼れのためにその集を印刷してくれるといふので、その部分には改删を加へてその厚意に酬いたことなども聞かされた。汪氏とても、民國元年革命軍が南京を陥れたあと、清室から遣された媾和使唐紹儀と接渉を果したときは、〝大事漸く定まれり〟と高蹈引退の氣分が動いたこともあったらしい。上海に進德會を設けて、官吏とならず、國事を議せず、中華民國百年のためにその基標たるべき指導原理を闡明することに心血を傾けたいと發願したこともあったらしい。それには彼れの熱腸と才智のきらめきが許さなかった。そして彼れは浪々としてゆくところにゆき奔るところに奔った。そして時に往事に觸れてくると舊社友に着想せられて、彼れの『蒹葭樓詩』を印贈する如き舊誼に立ちかへって來たのであらう。

あるひとは謂ふであらう。南社を發起した舊同人なんで、その主旨にも、〝本社は文學を研究し氣節を提唱するを主旨とす〟を表榜してゐるが、清末革命の際志士文學大旆をふりたてたときだけが彼れらの生命だ、あとには舊文學の朽巣に立籠らうとする〝思想の敗殘者だけが殘された〟と。近年文學革命の活動ははなばなしく著述にもものされてその成功が謡はれてゐる。近年の文學史は數多く刊布されたが、南社の貢獻と革命志士の文學に對しては筆を染めてゐるひとが尠ないようだ。さればとて革命黨の天下であるためか、嚴復林舒などは擔板漢として痛棒を食はされたが、南社同人に對して攻めるものもない、どうしたことだらうか。

民國十八年頃だったか、黄氏は王寵惠らの推薦で暫く北京大學を出て廣東教育廳長に赴いた。彼れは輕薄な時代思潮に強い憤激を蓄へてゐたときであり、その赴任の首途には、かなりの抱負で出かけたことであった。彼れは廣東教育界の先進でかつても廣東當局から歸って郷黨の教育に盡されむことを請はれて固辭したこともあるので、また李濟深なども彼れの學生であるし、かなりの期待を以て出かけたことではあったが、ほどなく筆者が手にした廣東の新聞には彼れに贈るに〝開倒車〟の尊號を以て彼れの教育行政が非難の矢面に立ってゐることが讀まれた。〝開倒車〟は車の引倒しで、時代の歩みに逆行する意味である。當年の革命文學中の巨人は時代の開倒車になってゐたわけである。

筆者はさらに南社舊同人で近年物故した邵瑞彭、諸宗元、黄侃諸氏の逸事に敍及したい。がそれは本篇に與へられた題目と紙幅《ページ》の許さるところでない。本篇を草する筆者には、からまってくる此ら諸氏に對する聯想の絲をぶち斷って筆を進めることが何より苦しいほど、此らの諸氏には親まれてゐたことである。

昭和九（民國二十三）年度支那文化大事記

一月

一日　舊臘三十日に創立三十週年記念會を擧行した浙江省立圖書館では引續き三十一日より一月三日まで、善本を主とした文物展覽會を催した。○本日より北平美術專門學校繪畫展覽會開かる。○北平立達書局から「文學季刊」創刊號が發行された。

四日　南京中央大學にて獨逸現代印刷展覽會開かる。獨逸文化協會の主催にかゝり、會期二週間。

五日　山西省渾源六郎城より周代以前の古物（寶劍、金鼎、王帽、香爐等）が發掘された。該所は民國十四年にも周鼎金牛等の發掘された所である。

六日　中英庚款會では上海に於て技術財務の兩委員會を開き、粤治河會の借款現金四十萬、材料費五千ポンドを可決した。○天津「大公報」は本年より社外名家の日曜論文の欄を新設、その第一回として胡適の「新聞の文字は完全に白話を用ふべきである」といふ論を載せた。その論中に次の樣な統計を擧げてゐる。

天津の二大新聞の例	文語合計	白話合計	廣告合計	寫眞
大公報 一月四日 十四頁	四頁	二頁半	七頁	半頁
益世報 一月三日 十四頁	三頁半	二頁半	八頁	無

十四頁中、白話の部分は百分の十八に至らず、大公報の六頁半の讀物中、白話は百分の三十八を占めてゐるが、これ僅に十六年間に於ける白話化である。

八　日　山東省日照縣城の西一里半許の古城村（漢代海曲の故城）から漢代の古墳が發見され、濟南の山東圖書館ではその發掘の準備に着手した。○昨年十月、山東滕縣安上村にて發掘された安上遺址及び曹王の墓から出た先秦及び漢の遺物は中央研究院に送られることになった。また、安徽省壽縣出土の漢代石羊等は山東圖書館の購ふ所となった。

十　日　上海影印宋版藏經會では陝西省にあった宋の磧砂版大藏經を影印すべく、福建・雲南・山西各省で發見された宋元の精本を以て補足し、二年來準備中であったが、その第一期分（全體の四分の一）裝訂中の七萬五千册は本日火災に遭った。因に該藏經は凡て六千三百十卷、五百部だけ印行するものである。

十五日　上海商務印書館では影印四庫珍本初集二百三十一種、約二千册の豫約を發表した。蓋し四庫全書中、既有の單行本頗る多く、且つ出版費節約の爲、四庫全書中の版本なきもの、或は絶版の珍本約八九百種を選んで印刷するものである。初集の豫約價格約六百元。○同時に同書館より四部叢刊續編の第一期五百册の豫約も發表されてゐる。毎日曜日出版。

十七日　滿州事變によって學業を失った青年の救濟辦法が行政院會議で決定した。その經費年額約三十四萬元である。

十八日　中國國際學會第一次理事會が南京で開かれた。議決事項の重なるもの次の如し。〔甲〕研究方面、（一）第二次世界大戦の分析及びその對策、（二）國際聯盟の過去現在と將來、（三）太平洋戰爭と中國、（四）民族解放運動の新路、（五）國際貿易と貨幣政策。〔乙〕出版方面、（一）國際公論月刊、（二）各種叢書。〔丙〕講演方面。〔丁〕社會事業方面、（一）圖書館設立、（二）補習學校及び通信教授學校の設立、（三）文化公司の籌辦、（四）職業紹介所の開設。〔戊〕組織方面、（一）南京・北平・漢口・廣州・東京・紐育等に分會を置く、（二）青島・天津・奉天・福州・南昌・西安・長沙・成都・貴陽・迪化・伯林・莫斯科・巴里・倫敦・ジュネーブ等の地に通信員を置く。

十九日　上海各大學教職員聯合會では、清華庚款の一部を以て全國大學教授の洋行視察費に充てる案を教育部に提請した。その大意は次の如くである。

清華庚款はもと國家の款項にかゝり、留學生派遣方法を改めてより後、全國各大學卒業生は均しくその恩惠を受け、好結果を得てゐるが、同時に清華大學では本年度も亦その教授を多數各國に派遣し、その費用は清華庚款の項目から支給してゐる。この辦法は卒業生の派遣洋行を應援してはゐるが、毎年、各大學教授をも選んで順次に洋行させてこそ公平であり、その收穫も、卒業生の留學より多大である。故に清華庚款項目の一部をば之に充當されたい。

○北平清華大學では豫てより接續地域である圓明園の址を合併し、農學院を設立する事に決定してゐたが、その地主及び小作人らの決死的な抵抗により、問題を惹起してゐる。

二十日　宋子文の談話によれば、「伊太利の庚子賠款返還案は十年來の懸案であったが、余が昨年渡歐の際、伊國政府と商議し、汪・蔣兩委員の許可を得、伊國藏相と庚款返還協定を締結したのであって、財務部が最近各銀行よりの借款四千四百萬元はこの款を以て抵當としたのである」云々。○伯林にて近代支那繪畫展覽會が開かれた。支那政府の名義を以てする畫の展覽會は、獨逸に於てはこれが最初である。

四中全會開會（會期六日間）

二十一日　平津國立院校教職員聯合會は四中全會に打電して教育費問題に對する注意を喚起した。會代表者の談によれば、全國の同盟休校の原因は主として學校經費の不足に在りとみてゐる。○北平故宮博物院の古物は、本日より全部の點檢開始され、二十五日終了の筈である。猶ほ故宮組織法は近く立法院より正式に公布される筈なるも、その骨子は大縮小にて、別に上海事務所が設けられる由である。

二十五日　北平にある國語統一籌備委員會の第二十九次例會開かる。出席の委員は黎錦熙・錢玄同・汪怡・白滌洲・何兆熊・陳頌平・魏建功等。國語普及の辦法が討論され、國語標準辭典の編纂と、國音字母講習所の設立などの案が可決された。○同委員會にては、國音を推行する基礎は全國に於ける詞類の統一にあるとし、前年より引續き各地方言の調査に從事してゐる。

二十六日　南京にて中國教育學會第二回年會が開かれた。○本日山東圖書館では館藏の珍品七十一件が竊まれたが、三日間にして犯人捕はれ、幸いにして恙なきを得た。

二十七日　近年支那に於いて新出版書籍に對する粗惡極まる翻印が流行してをり、それに對する禁令も昨年より嚴しくなった。本日、北平某書局支配人が僞書翻印の罪を以て地方法院より懲役三ヶ月罰金五百元の判決を受けた。

二十九日　國立北平圖書館副館長袁同禮の談によるに、今回商務印書館より北平圖書館所藏の「野菜博錄」ほか三百餘種の善本を影印する事に決定、その方法は、毎部單行本あり、之を合せて一部の叢書とする由である。○教育部長汪世杰は、今學年より全國各大學・專門學校の卒業試驗を嚴格にし、委員會を組織して之を擧行する旨、嚴重なる訓令を發した。

参考　一月の中・下旬にかけて日本貨の世界市場進出、日露國交の危機、溥儀卽位の説などが問題になり始めた。一月二日の北京大學國文學會の席上、劉復（半農）教授は最近流行の密斯特《ミスター》、密司《ミス》などの西洋かぶれの稱呼を排撃した。

二月

一日　國立中央研究院の殷墟發掘團は昨秋から河南省彰德の西北小屯村及び高樓莊村で發掘を續けてゐたが、極寒中だけ發掘を中止し、目下整理中、出土品は古物陶器片等三十餘箱ある由。○陝西省府と北平研究院とによって西安に陝西考古會が創立された。研究院よりは翁文灝・李書華兩氏出席した。○中佛文化基金委員會は北平に於て二週間に亙り開會されたが本日終了。委員長李石曾不在により、とくに上海より沈尹默が來て司會した。

二日　南京で中華教育文化基金理事會第八回例會が開かれ、理事長蔡元培、理事周貽春・李石曾・任鴻雋・胡適・金紹基・徐新六・貝克・貝諾德・司徒雷登ら出席、理事の補充に丁文江を選んだ。本年度の豫算は米金の低落により二十三萬元不足、經常費内より補充する事となった。

三日　北平故宮博物院では古物の點検を開始したが、祕書長徐鴻寶の談によれば、點検完了に少なくとも七八ヶ年を要すると。南遷在滬の古物も近く行政院の手により點検開始される由。○さきに風教に害ありとして禁演された北平の評戲は、脚本の檢閲を條件として禁を解かれた。

五日　上海事變によって破壞された商務印書館の東方圖書館は國内の名士、米人蓋樂《ガイロ》、獨人歐德萬《オットマン》、英人張雪樓、佛人李榮等を以てなる東方圖書館復興委員會により五ヶ年以内に復舊される運びに至った。新刊の地所は靜安寺路附近になるらしい。○山西省曲沃縣の齊姜の墓中にあった多數の寶物がこの程全部盗まれた。民家の庭から墓までトンネルを通じて遂行したのである。

六日　北平民衆教育館では本日より六日間、年俗展覽會を催した。出品を迷信、點綴品（春聯等）、娯樂品、飲食物、玩具、化粧品の六類に分け、別に舊曆廢止、迷信排除、祭祀費節約等の宣傳に努めた。

七日　北京大學圖書館が新築される事になった。學生用の研究室も附設される筈、建築費二十三萬元の由。○丁抹の國際民衆教育學院長馬烈克《マリエク》博士來華、本日燕京大學にて農村問題に關する講演をした。○清華大學國文學科では最近清朝の碩學郝懿行（字は蘭皐）の遺稿、既刊未刊のものすべて三十六種を購收した。その中、未刊のものを次に列擧する。

古文考證、晉文鈔、偷閒集、漢紀摘要、文心雕龍補注、大戴禮補注、說文廣詁、九經古義摘鈔、校前後漢書、新序、說苑、淮南子、鹽鐵論、世說新語、韓詩外傳、水經注、廣韻玉篇、文選、九經古義、風俗通、穆天子傳、小爾雅、急就篇、丸肅齋集、灌園小史、風星正源、以上二十六種。

八日　昨春北平より南に遷された文淵閣の四庫全書は、商務印書館が四庫珍本を影印する爲に最近調査の結果、少なからぬ蟲蛀を發見し、學會より憂慮されてゐる。その他の古物にも保存上不備な點があるらしい。○北平圖書館では、中國工程學會及び中米工程學會と共同して工程學閲覽室を創設し、中國古代工程學の古籍を陳列した。○中英庚款理事會では本年度の英國派遣留學生の選拔試驗を七月六日南京で行ふ旨、竝びにその規定を發表した。規定の要點を次にあげてみる。

專門及び人數 土地測量（四名）、土木（三名）、機械（一名）、航空（二名）、造船（二名）、冶金（二名）、紡織（三名）、醫學（二名）、地理（四名）、物理（三名）、數學（一名）、西洋史（一名）、英文學（一名）、經濟（一名）、計三十一名。**資格** 國内外の公立或は既立案の私立大學專門學校卒業生にして、二年以上、研究或は實習に從事したもの。

年限三ヶ年、或は四ヶ年。學費仕度費二十ポンド、旅費往復各八十ポンド、月額學費二十四ポンド。

九　日　立法院の會議を通過した北平故宮博物院の組織條例が發表された。

（一）故宮博物院は行政院の直轄に屬し、故宮及び所屬の大高殿、太廟、景山、皇史館、實錄大庫等の建築物、古物圖書檔案の保管、開放傳布等の事を掌る、（二）總務處、古物館、圖書館、文獻館の四を設く。（下略）

十一日　本年一月十日病歿した前北平大學法學院教授丘景尼の追悼會が法源寺で行はれた。丘氏は日本に留學して哲學を學んだ人。歷任十年。壽僅に三十六歲。

十二日　畫家諶亞逵、魏筱潤らが計畫して北平美術學院が創設される事になった。○上海にある故宮の古物中、珠寶の多くが紛失してゐる事が發見された。

十七日　私立燕京大學では米國財界不況及び金價漸落の影響により經營困難になりつゝある爲、基本金百萬元募集に決した。

十八日　北平圖書館では本日より三日間、戲曲音樂展覽會が開かれた。珍奇なる出品頗る多く、學界の注目をひいた。

（一）戲曲撰箸部。王國維の曲錄にも未收のもの多數あり。（二）戲曲文獻部。昇平署の檔案、徐白齋の燈畫、綴玉軒藏する明清臉譜、その他戲衣戲臺等。（三）音樂書部。（四）音樂樂器部。鄭頴孫所藏の中國古代樂器。

二十日　燕京大學學生抗日會では節儉生活運動委員會が組織された。その主要議案は國貨の提倡にある。最近各方面に國貨提倡の聲が漸く高まってきた。

二十二日　北平圖書館副館長袁同禮歐米視察の途に上る。孫洪芬その職を代行する筈。○山東省日照縣東海峪から周代の骨錢一罐が發見され、山東圖書館で購收した。同地方は周代にあっては東夷の地で、海外と貿易のあった所である。

二十四日　教育部最近の調査による全國大學專門學校學生（受檢者二萬人以上）の體格檢査の結果が發表された。

A平均體格。（一）體重、四十粁～六十粁、（二）身長、百四十八糎～百七十三糎、（三）肺活量、二四五〇～三七〇〇立方糎、（四）胸圍、六十三糎～八十九糎、B眼疾、齲最も多く、全數の三分の二だけが無病である。

○江西省南昌の行營に於ける蔣介石の發起にかゝる「新生活運動」の促進會が南昌に組織された。中英庚款による英國留學生の選拔試驗を北平と天津とで爭ひ、北平でも四國立大學が之を爭ってゐる。○西北開發協會では西安分會を設立した。青海方面にも分會を設けるべく準備中なりと。

二十五日　○上海市黨部では中央黨部の命により本月十九日、市中二十五の書店出版の新文藝作品百四十九種の發賣を禁止し出版業者の恐慌をきたしてゐる。よって中國著作者出版業者聯合會では本日黨部に請願して各書の再審を受けることになった。

三月

滿州國に帝制施かる

一日　立法院起草の憲法草案は本日公布され、一般の評論を受ける事になつた。これ二十年來の憲法運動成績の大觀といふべきである。

三日　章嘉喇嘛呼圖克圖《ホトクト》は蒙旗宣化使として本日離平。入蒙五ヶ月の豫定であると。〇故宮博物院代理院長馬衡は學術に專心するの故を以て辭職を願ひ出たが、慰留される模樣である。

四日　北平國劇學會では國劇の保存及び研究に便する爲、國劇陳列館を興し、本日より五千餘點の參考品を陳列した。同學會の齊如山すでに四十餘種の戲劇關係の著作あるも規既出版のもの六七種のみ。なほ目下戲劇大辭典を編纂中であると。〇陝西考古會では西安東關外で唐代大明宮、興慶宮石碑二基その他多數の唐碑古物を發掘した。〇內政部の調査では、全國の人口總數を四億七千四百八十二萬人と算出してゐる。

五日　中英庚款理事會開會。鐵道、各種實業の借款案を討論した。

六日　中國科學化運動協會北平支部會では積極的工作として講演及び實地訓練による宣傳を開始した。

九日　立法院會議は國立中醫研究院組織條例を通過した。漢藥漢方醫の研究漸く高まり、新聞紙上、中醫是非の論が現れ始めた。〇中國營造學社では近年、中國古代建築の史的研究を續けて世人の注意を喚起したが、最近各地に人を派し古寺古廟の圖樣を調査してゐる。別に明淸史料檔案の整理にも着手してゐる由。因みに、該社は民國十八年の創立、現に北平中山公園内にあり。

十　日　北平基督教青年會では本日より十八日まで宗教生活運動大會を擧行。その間、佛・回・天主・耶蘇・道各教名士の講演、各教參考品の展覽をなし、天主堂・淸眞寺・居士林及び維斯理堂等を參觀し、各教の沿革教義を宣傳した。

十一日　南京中央研究院總幹事として丁文江が就職する事になった。

十二日　この程河南省偃師から古代人類の骸骨が發見された。その頭部額の上に角の生えてゐた痕跡があり、人類學上の重要材料として注目されてゐる。

十三日　日本は庚子賠款により、毎年二百萬元を以て支那各地に大病院を設立し、會長には內田前外相がなる事になった。上海では虹口公園附近に十萬元で敷地を購收したと。(北平晨報)○行政院では故宮博物院の新理事二十七人の人選を決した。

王正延・史量才・朱啟鈐・李元鼎・李書華・李煜瀛・李濟・吳敬恆・吳元昌・周作民・周紹春・陳立夫・陳垣・翁文灝・張人傑・蔣夢麟・張伯苓・張嘉璈・張繼・黃郛・傅斯年・褚民誼・黃節・葉楚傖・蔡元培・羅家倫・顧頡剛。

○廣東地方を視察中の國際聯盟文化合作委員は本日北上の筈。

十四日　中華圖書館協會では委員を改選し、劉國鈞が主席に任ぜられた。○山東省主席韓復榘は重修曲阜孔廟籌備會を組織し、先づ殘破最も甚しき曲阜顏子廟を修理する事に決定した。顏廟は十九年の戰亂の砲彈を浴び、之が完全なる復舊に十數萬元を要すると。同時に泰山山麓も整理せられる筈。○黄河水利會で中英庚款を借用する問題は、四十萬元を借款する事に決定した。

十五日　安徽省滁縣の東北の烏龍山より古墓・古鼎玉器等が發見された。江蘇省無錫縣附近の荒塚よりも多數の古器が發掘された。その他山東省鄒縣より秦代の瓦を、又章邱より漢代の古墓を發見した。○共產黨の故を以て南京の獄にある陳獨秀は目下最高法院に上訴中にて、獄中讀書閲報、頗る安適なりと。

十七日　石佛を以て有名な山西省太原縣南天龍山の石室二十四龕內百基の大小造像が數年來外人に盜賣されて了って問題を惹起してゐる。北平に於て容疑者二人が捕はれた。（附記、編者も二十二年夏天龍山を見學する機會を得たが、慘狀見るに堪へない。完全なる造像皆無と言ってゐゝ。）

十八日　北平協和醫學校解剖學教授兼中國地質調查所新生代化石研究室名譽主任步達生（Davidson Black）は心臟病にて十五日逝世、本日葬儀が行はれた。享年四十九。加奈太の人。所謂「北京原人」の人類學的研究家として盛名あり。

二十日　中央研究院の殷墟發掘團は最近亦引續き發掘を開始した。附近の民衆が私掘をした事から、保安隊と衝突した。既獲の古物は北平に運ばれる筈。

二十五日　上海にて中國文化建設協會が創立され、吳鐵城ら六十人の理事が選ばれた。その提倡する所は、（一）民族、（二）科學、（三）統一、（四）創造的精神。その消滅を期する所は、（一）封建、（二）階級、（三）頹廢、（四）奴隸的思想であると。○清華大學地理系教授侃勒（Koehler）は黃河の研究家として名あり、獨文「黄河の地文地理」の著もある。濟南にて近日開かれる黄河水利會議に出席する筈。

三十日　行政院は本日各庚款機關の聯合會を開催した。通過要案は次の如くである。（一）百萬元を支出して中央博物館を創建すること。（中日・中米・中英・中和各庚款中より支出。）（二）百萬元を支出して高級職業學校を創立すること。（三）五十萬元を支出して女史工學院を創立すること。（四）各庚款機關は工を分ち共力して文化事業を辦理すること。（米款は社會自然科學に、佛款は醫學物理生物等に、英款は農工醫學事業に重きを置くこと。）

三十一日　商務印書館では清一統志を影印する。嘉慶二十五年を以て段落とし、道光二十二年に出來たもの。全部二百册、索引十册を附す。

参考　二月末南昌で蔣介石により提倡された新生活運動は一ヶ月の中に全國に喧傳され、各地にその促進會が生れた。三月一日から宣傳期間が始まり、十二日には南昌市民大會の開かれたのを始めとし、江西省より推して全國に及ぼす計畫は着々進展した觀がある。大公報の如きも三月十日及び二十日の社說に、その成功の前提及び前途を論じ、二十五日の星期論文にも胡適の論を載せてゐる。蔣介石が南昌の行營に於ける講演では禮樂と時間との尊重すべき事を說いてゐる。これ數年來の「打倒宗教」「打倒儒教」の喊聲を裏切る提言として注目に値する。しかし其の新生活そのものの內容は南昌發行の小册子「新生活須知」に記されてゐる九十六條（規律五十四項清潔四十一項）を見ても分る樣に、特別のものはなく、只一個の文明人として最低限度の常識生活であるに過ぎない。因に教育部より全國各括弧檻令して唱はしめる新生活運動歌を次に記す。

「禮儀廉恥、表現在衣食住行、這便是新生活運動之精神、整齊清潔、簡單樸素、以身作則、推己及人、轉移風氣、同聲相應、綱維正、敎化明、復興民族新基礎、未來種種譬如今日生。」

四月

二日　江蘇省淮陰縣境で漢銅晉瓦竝びに漢王林墓と刻んである石碑その他多くの古物を發掘した。○國史舘組織法案は內政財政兩部の審査を通過した。館長には蘇州にゐる章太炎擬せられてゐる。

三日　ソヴィエット聯邦の多數の東洋學者は康拉得《コンラッド》教授指導の下に日本及び支那の舊文學の選譯を既に完成し、集めて一巨帙とすると。

四日　本日より三日間北平大學法學院で中華學藝社第五回年會が開催され、全國各地から集る會員百五十、社務及び經費問題を討論し、各種講演會を催し、論文の宣讀あり。同社は中國科學社と共に中國學術界の最大團體であり、日本との關係が深いから次に同社の大略を紹介する。

同社は民國五年丙辰の年、東京に於て四十餘名の留日學生により組織され丙辰學社といった。九年本社を上海に遷し、現在の名に改め、現在では全國に亙り各專門を網羅する八百の會員を有す。經費はもと〱日本庚款を以て基金としたもので、日本が上海自然科學研究所開設以來同社の經費は會費その他で支辨してゐるが、本年會でも經費問題が討論された。同社の宗旨は眞理の探究、學藝の昌明、智識の交換、文化の促進にあり、六日の晨報社說にも、同社に望む所を論じ、同社の活動により文物鼎盛、學藝煥發すれば東北四省の山河すでに色を變へ、華北危機に沈淪すと雖も夫れ何ぞ懼るゝに足らん、更に何ぞ憂ふるに足らんと言ってゐる位である。

同社の事業 學藝雜誌（既に百十餘號を出す）、學藝叢書、學藝彙刊、文藝叢書（以上商務印書館）、學藝文庫（中華書局）、中華學藝叢書（群衆圖書公司）、中華學藝社叢書（世界書局）、世界名著叢書（國立編譯館）、學藝小叢書、民族復興叢書（以上同社）、その他教科書、中國孤本書籍の印行（商務印）等々百を以て數へられる。又、南京に學藝中學、上海に學藝大學の創立あり、北平にも小學校創設の議あり。中國にしては珍しく長い歷史と大なる功績を持ってゐる。明年の年會は四川で開會の筈。

○北京大學地質學系主任李世光教授は劍橋大學等七大學の聯合聘請に應じ、今夏英國に赴き學を講ずる事となった。○佛國雪鐵龍《シュエティエルン》自働車會社後援による新疆考察團の撮影にかゝり、中國に不利なる映畫が巴里で映寫されてゐるので、留佛中國學生が公使館を通じ佛外務省に抗議をした。會社が日本に買收されてゐるといふのである。○河北省民政廳では最近全省の纏足を調查した所、三河縣の成績が最惡なる事判明した。その原因は、同縣の婦人にして老媽（下女、乳母）を業とするものが從來甚だ多く、彼女等は頑固で、放足にすれば職業を失ふと考へてゐるからである。

五日　中國名家畫く所の洋畫展覽會が近く倫敦で開催される由である。
七日　中英庚款會の英國留學生選拔試驗は南京と北平（北平大學法學院）とで同時に擧行する事に決した。
八日　教育部では庚款受領の各機關に對し、豫算編成に關する注意事項三點を訓令した。
○山東圖書館長王獻唐は海源閣の佚本（最近天津に出た手抄經典釋文等）及び漢魏兩代の石經殘石（洛陽で搜集したもの八十七石）等を購收する事に決めた。○北平崑弋學會は北京大學にて第一次年會を擧行、劉復主席となり、崑曲研究班の設置、崑曲詞本の翻印、崑曲演唱會の開催等を決議した。
九日　日本庚款を中國に還すのはもと〳〵これを中日兩國教育文化事業に用ひる爲であったが、九一八事變以後、該款は既に日本に扣留されて了った。數年來の積額少からざるのみならず、利息も大分ある筈である。最近長春方面よりの消息によれば、日庚款は滿州方面の建設に使用せられつゝあり。教育文化事業の範圍を越えぬとはいへ、その手續及び方法を移し、僞國方面の有利な進展に資せんとしてゐる、と。（晨報）
十一日　英庚款會財委會は上海にて開會、次の案を討論した。（一）二百十萬元を支出して導淮會（淮陰・邵伯・劉老凋の三閘工費）に貸付ける。（二）百十萬元を支出して鐵路部（粵漢路機工費）に貸付ける。（三）廣東省治河費として四十萬元支出する。

十三日　中央研究院殷墟發掘團は新に彰德縣城西北里餘の侯家莊村の南にも殷墟のある事を發見し、二十餘坑を掘り殷末の遺物陶磁片・花骨・甲骨・文龜版・銅器等を發掘した。この附近歷年の發掘物と大抵同じといふことである。○清華大學圓明園問題落着、本日移管された。

十四日　北平崑弋學會の主催で協和醫學校に於いて崑曲を中外人士に紹介、韓世昌その他平津の名優が集った。

十五日　總額三千萬元の「民國二十三年伊太利庚款借款銀團六分利證券」が本日發行された。○在杭州の文藝作家連は第一次交歡會を擧行した。參加したもの五十餘名、黃鐘文學社、西湖文苑社の斡旋によるもの。杭州市作家協會と名稱を定めた。

十六日　北平市に於ける專門學校以上の學校の軍事訓練學生は本日總檢閲を受けた。

十七日　ソ聯邦の科學研究院極東分院圖書館には蒲留仙の聊齋志異の原稿四十六卷を藏してゐることが傳へられた。

十八日　考試院長戴傳賢は道德上及び古物保存の爲に十一日要路に通電を發表して、考古學者が心なく古墓を發掘することに反對した。之に對し中央研究院院長蔡元培は本日之に答へて、私掘はまさに取締るべきであるが、學術團體の發掘嚴禁を不可とする長文の公開狀を發表した。○王揖唐は高野山の密教大會に出席すべく渡日の途についた。○さきに厄に遭った影宋大藏經の第一期分三百部が出版された。

二十日　陝西考古會では、西安城の東北二里許の隴海沿線の地點にて三代以前石器時代の地層を發見した。西安驛起工の際出土した漢六朝唐の古物二百餘件はその後の沿線出土品と共に同會に保存、鑑定中の由。

二十一日　中英庚款董事會は本日及び二十三日杭州に於て開會。左の案を討論した。（一）浙江省で杭江鐵橋架設のため十六萬ポンドを借る案。（二）交通部で九省長距離電話及び蘇電話網建設の爲二十萬ポンドを借る案。○教育部では二十一年中等學校生徒會考（聯合試驗）の成績に於て數學、理化、生物三科が最も劣成績なるにより各公私大學をして夏期休暇中理科の講習會を催すように通例した。

二十四日　北京大學の國文歴史兩科合併說が傳へられてゐる折柄、國文科主任林損、教授許之衡は辭表を呈出し、主任の職は文學院長胡適が兼任した。校長蔣夢麟は合併說を否認してゐるが國文科の文學、語言文字、文籍校定の三組の存廢は新主任の職權にかゝると言ひ、胡適と共にこの國文科の整頓に決心ある事を仄めかした。

二十七日　國際文化中國協會の主旨は中國文化を發揮して各國文化界と共同する事にあり、南支の名流學者と各國文化界中の士女とにより組織され、その中心人物は前清華大學校長曹雲祥と前武漢大學教授外交部條約委員劉華瑞等である。劉華瑞は最近北上來平、中米協會月會に參與し、多數の贊助者を得て華北分會を設立し、余天休を推して分會主任とした由である。○燕京大學抗日會では今晩防空演習を擧行し、七百餘の學生が參加した。

二十八日　燕京大學圖書館に中西文書籍二十五萬册を藏し、善本少からず、善本（中文六百餘種西文六十餘種）及び職員校友らの著作品七百餘種を二十七八兩日展覽公開した。

二十九日　清華大學では廿三週紀念式を擧げ、同時に新設化學館の開館式を行った。

参考　滿州國との通車通郵問題に對する論議反對の聲とみに高まり、燕京大學抗日會の如き死を誓って反對すといふも、新聞紙の論調に至っては實際上の必要を痛感し、只體面上の一點より贊成しかねるといふ微妙な書き方をしてゐる。又、三月末杭州に起った摩登《モダン》破壞團は、四月中旬までに全國各都市に波及し、行政院では之を反動的テロリズムとして嚴禁し、月末には漸く終熄するに至った。北平では娯樂場に横行し、衣服汚損等の被害者千名を超え、亦摩登維持團なども起った。この破壞團横行の間接影響として杭州の質業者が婦人衣服の入質拒絶を申し合はせた。その理由とする所は二十ヶ月にして市場價値がなくなるといふにある。

五　月

一　日　何遂は多年捜集した金石瓦當を北平圖書館に寄贈したが、本日より三日間その展覽會が開かれた。陳列古物すべて一千二百餘件、陝西省にて獲たもの多しと。○教育部では中政會の審議を得たので國歌を編製する事になった。

民國國歌はさきに一度制定された事があったが、詞句があまりに抽象的な爲、結局行はれなかった。民國十八・十九年頃新歌を徵求した事もあったが二千餘篇の中遂にとるべきものなく、黨歌をそのまま採用すべしといふ說もあり、禮運大同篇を以てすべしといふ論もあるが、原文難解にして長短不齊、韻語に非ざる爲、大同說をとって歌詞を編む樣一般より募集することに決定した。

二　日　北平市の熊佛西・朱肇洛・張鳴琦・陳豫源・劉念渠・余上源らによって北平劇人學會が成立し、話劇運動に努力する事になった。○倫敦で中國協會の年會が擧行され、對日政策が討論された。○總額四千四百萬元の伊太利庚款借款銀團證券が本日發行された。この證券は通常借用證券と同じ性質のものであると。○中政會では建國獎學委員會條例及び建國獎學基金保管委員會條例を議決した。

五　日　中國教育映畫協會は第三回年會を開き、映畫藝術專門學校の設置、及び庚款會の支出による教育映畫の製作及び映畫「大地」（米國ゴールドウィン會社製作）の上演禁止等々の件を教育部に請願する案を可決した。同協會の新選理事、監事には知名の士が多い。

六　日　濟南の山東大學では本年夏期中に農學研究院を設立する事に決した。中國に於ける最初の試である。

七日　目下來平中の米國華盛頓國會圖書館極東部主任恆慕義は米國著名の支那研究家であるが、その談によるに、該圖書館には漢籍十六萬卷和書一萬五千卷、滿蒙藏鮮等の書三千卷、就中、支那の叢書約六百種地理書二千二百種を所藏してゐる由、又彼は最近顧頡剛著古史辨の長文の序を譯したと云ふ。〇南京の中央研究院の建築は北極閣の下に新築された。又歷史語言研究所もその附近に新築され七月中に完成の筈、又北平研究所地質礦產研究論文の受賞者が發表された。次期の論文募集も開始された。〇天津佛教居士林は本日成立、大會を開いた。出席者三百餘人。〇ソ聯邦莫斯科にかいて中國畫展覽會が開かれた。〇存滬の故宮古物は最高法院檢察官により、本日より檢査を開始された。

九日　劉守中らの名を以て、阿片嚴禁の具體方法が提議された。その方法によれば阿片販賣者吸飲者共に死刑に處すといふのである。

十二日　燕京大學教授の數が發表された、男女共に百十一人、うち外國人四十四人。男教授八十八人に對して女教授二十三人。科別では次表の如し。

（一）文學院　計六十四人　男三十人　女四人　（外人）男十八人　女十二人　（二）理學院　計三十人　男十七人　女三人　（外人）男七人　女三人　（三）法學院　計十七人　男十三人　女無　（外人）男三人　女一人

十三日　南京に中央黨部指導による中國地方自治學會が成立した。

十四日　今年の北京大學本科卒業生は約百八十一名の筈。その內譯次の如し。

國文科二十三、史學科二十七、哲學科五、教育科十九、英文科十、獨文科二、佛文科五、日文科無、數學科十、物理科十三、化學科五、地質科六、生物科二、心理科三、法律科五、政治科二十、經濟科十、理學院の科に入らぬもの十六。

十五日　辭表提出中の故宮博物院長馬衡は辭意を翻へした。又經費問題の爲、八日に理事會議が開かれ、馬衡は南下の豫定である。

十八日　粵漢鐵道建築補充の爲に鐵路部が借りた英庚款公債條例が立法院を通過した。債額百五十萬ポンド、民國三十六年完濟の筈。

二十日　蔣介石は漢口禁烟督察處規定を公布し、一定期間を限って阿片等の毒品を禁絶すべく、先づ長江沿岸の各省より順次全國に推及する事となった。

二十二日　教育部では中央・浙江・武漢三大學に研究所を設立する事に決した。かつ中央大學には工業研究所を、浙江大學には農業研究所を、武漢大學には社會科學研究所を指定し、文化基金（米國）及び中英庚款の兩理事會に三ヶ年間計六十萬元の支出を要請した。○教育部の古物保管委員會は組織を擴大して中央古物保管委員會とし、行政院に直隷し、委員を十三人（內譯、專門家六人、內政教育兩部各二人、故宮博物院、中央研究院、北平古物保存所各一人）とする事になった。

二十五日　北平學術團體聯合會では燕京大學基金募集に贊成し、本日より三日間北海團城で西北文物展覽會を開いた。北平各文化機關よりの出品は蒙古・新疆・甘肅・綏遠での出土品多數を占め、王莽建國の時の權衡なども陳列された。○上海の中山文化教育館では自然科學に關する懸賞論文（各大學の卒業論文を以て之に充てる）を募った。

二十八日　北平の中獨文化協會は中國及び獨逸兩國間の感情及び文化の疏通機關であって創立以來年餘を經てゐるが、本日北平の各方面の人士を招待した。

二十九日　中央研究院社會科學研究所と社會調査所とは仕事の重複するものが多いので、今度調査所を研究所に合併する事になった。調査所には中華文化基金會より年額八萬元の補助があり、合併後も引續き支出される筈。研究所長陶孟和は二十八日就職した。○北京大學研究院學生會の決議に對し、蔣夢麟校長は、來年度より英國式の Tutor 制を採用する旨發表した。○米人にして中國古樂研究家なる李維思《リヴィス》は先年渡米して中國音樂を宣傳してゐたが、先日來平。その著「中國音樂形態の基礎」は近く佛文圖書館より出版の筈。彼の主張によるに、中國各大學は須く漢樂學科を設立すべきであり、歐樂の糟粕淫靡の曲調を取締るべしと。

參考　今月の出版界では各種の豫約があった。（一）中華書局の四部備要及び古今圖書集成（殿版銅活字本）、（二）北平文友堂の太平廣記五百卷（影印明嘉靖本）、（三）中華書局影印各省通志（第一次出版は湖北・湖南・浙江・廣東・山東・畿輔の六種、豫約價約六十元）、（四）商務印書館の百衲本二十四史の再豫約（既刊十種、漢書・後漢書・三國志・宋書・南齊書・梁書・陳書・

五代史記・遼史・金史)。雑誌の創刊されたもの、「民間」(半月刊、農村運動問題を朱とする)、「文史」、「學文月刊」等、何れも北平にて發行。王藝生著「六十年來中國與日本」第七巻(大公報出版部)も出版された。

六月

一日　昨年十月北平出發新疆に赴いた瑞典の學術探險家スヴェン・ヘディン博士(Dr. Sven Hedin)の率ゐる科學考察團の消息は、その後杳として絶えてゐたが、庫爾勒《コルラ》で馬仲英に拘留され、今春漸く愛特新戈爾(エツィンゴル(Etsin-Gol)——編者)を經て哈密に向った事が最近判明した。

二日　中華教育文化基金會では自然科學研究奬勵の爲に民國十七年より毎年補助金を出してゐたが、本年もその當選者四十八名(補助金約十萬元)を發表した。○胡適及び陳三立は今回倫敦のPen Club の名譽會員に當選した。

三日　先月開催された中英庚款董事會では、今期の教育文化補助金の分配割當額を發表した。總額百三十三萬七十餘元。補助を受くる主なる團體名を次に列記する。

中央博物館、中央圖書館、中央研究院、北平研究院、中央大學、中山大學、武漢大學、浙江大學、北洋工學院、上海醫學院、編譯館、中央衞生實驗處(以上國立)、湘雅醫學院(省立)、南開大學、燕京大學、厦門大學(以上私立)、中英文化協會、中國營造學社、遼寧醫學院、その他留英學生費（今年三十一名）、各種奬金、江西省收復匪區農村教育費、小學校建設補助費等。

四日　印度の詩聖タゴールの提倡にかゝる中印文化協會の組織は各方面より贊同されてゐる。

五日　東郷元帥の國葬に對し各新聞は社説を以て弔意を表し、同時に日本の反省を求めてゐる。〇南京の國立中央大學の教授助教授數が發表された。合計三百三人（內助教授五人）。その內譯次の如し。

	文科	理科	法科	教育科	農科	工科	
男	五五	二五	四三	五四	四八	五六	三〇三
女	三	七	〇	九	三	〇	

六日　本日の北平晨報の社説は「庚款用途統一の必要」と題し、次の如く述べてゐる。

「庚款返還は一九〇九年（光緒三十四年）米國の提倡に始まり爾來二十五ヶ年、實際に返還してゐるのは米・佛・英・蘭・白の五國であり、獨墺のは宣戰にのって自然消滅となり、ソ聯は自ら抛棄を宣言し、餘の日・伊・葡・西・瑞・ノルウェーの六國は、或は返還と稱して未だ正式返還をせず、或は既に正式に返還して未だその用途確定せず。——米國庚款には二大原則あり、一は科學智識の發展・應用、二は永久的文化事業（圖書館等）で、還款の一部は永久資金として積立てる。佛國庚款は全額を中法實業銀行に貸與し、該行發行の五分利米金公債の基金としてゐるが、該銀行は毎年米金二十萬弗（乃至二十五萬弗）を中國の教育及び慈善事業に支出してゐる。白耳義庚款は華比銀行の立替金完濟後、民國十七年四月より二十九年十二月迄毎月收むる賠款は米金債券發行の擔保とし、その用途、百分の四十を以て隴海鐵道が白國の材料を購買するの用に充て、百分の三十五を以てその他の中國國有鐵道の白國材料購買費に支出し、百分の二十五を以て中白間教育慈善の用としてゐる。英國庚款は中國鐵路建築その他の生產事業の用に充て、その利息を教育文化事業に用ひ、この用途に二大原則あり。その一は永久的の教育文化の建築、及び全國の重要文化事業に關係あるものたる事（いかなる機關の經常費及び臨時費にも充つるを得ず）。その二は中央及び全國各文化中心によって適當の分配をなし、務めて事業を集中させ、以て國內教育文化の缺點を補充する事である。和蘭庚款は百分の六十五を中國水利事業に、百分の三十五を文化事業の用途にあてゝゐる。——以上五國の庚款には各委員會があって管理してゐる。米庚款に中華教育文化基金董事會、佛庚款に中法教育基金委員會、白庚款に中比庚款委員會、英庚款に中英庚款委員會、和蘭庚款に中荷庚款水利經費委員會がある。（伊庚款には中意庚款委員會があるが、用途未確定。）この五管理機關は或は行政院に屬し、或は獨立し、一致してゐない。——昨年十一月政府は各機關統一の爲に庚款機關聯合會議を召集し次の三項を討論した。一は豫算編成順序の問題、二は決算報告審查問題、三は各庚款機關共同問題である。由來この種の機關は外人關係の組織であるのを利用して中國行政系統外に獨立すると自認し、いかなる行政機關の監督をも受けず、政府亦その豫算を見る事を得ず、その決算報告を審査する術がなかった。こゝに共同統一の必要があった。今年三月の第二次會議の際、教育部長王世杰は分工合作の原則を提出して、米款は應用科學（農・工・醫）事業に、佛款は醫學・藥學・生物學及び藝術事業に、力を注ぐべく、各庚款機關は社會科學と文藝とに對して一部分を支出し、教育文化事業に對する補助は宜しく鄉村文化教育の發展に重きを置くべき事を主張した。――吾人はこの主張を以て十分とは思はぬが、政府がこれらの統一につき自覺してきたのは結構である。各庚款機關の中、米英の二者は比較的系統と方針とがあり、その他は成績の見るべきものがない。所謂文化事業は大抵皆圖書館博物館の建築、及び各種大學の講座設置の補助、留學生の派遣等に偏し、中國が今日最も必要とする基本工作（農民教育・職業教育・農産改良等）を忘却してゐる。――吾人は今後政府がこの方面に留意し、各庚款機關を指導して農民の改造、農業の改良、普通農工業指導者の養生を爲すべきであると思ふ。且つ次年度事業を確定する前に聯合會議を開き、各自の方案及び各方面よりの補助請求額をば相互に審査し、適當に分配して重複なからしめ、庚款用途の效果を增大せしむべきであると信じる。」

八日

天津の大公報は本日「庚款と教育文化事業」と題する社説を掲げ、當局者の考慮を促してゐる。晨報の所説と重複しない點を次に譯出する。

「庚款の既に中國に返還された額は、米國一千二百五十五萬弗、英國一千百五十萬ポンド、佛國三億九千一百五十八萬法。白蘭亦相當の額に上る。その用途多くは教育文化事業に充てられ、合計毎年米款百九十餘萬弗、英款の五分利息金、佛款の二十萬弗、白款の六十萬弗に達する。——教育文化事業に關し各國にそれぞ〳〵不同の目標はあらう。各國均しく中國學生をその本國に留學せしめ、竝に中國人と中國文化とに能く交渉或は影響しうる機關の設立を願ふが如き…これを除いては中國の教育文化の發展といふ事が恐らく各國共通の目標であらう。各庚款委員會でも中國人は三分の二の大多數を佔めてゐる。然らば中國人の主持により別に一個の總機關の有る事は更に望ましい事ではなからうか。還款國中、就中、重要な英米二國の目標は完全に一致してゐるから、この兩國が共同すれば工作進行上、更に系統と效果とがある筈である。行政院が每年聯合會議を召集する事、各機關の概算を行政院に送って査閲する事との二項に對しては未だ不滿足である。——庚款の用途に關しては我ら亦提議がある。中國が現在速に創設を求めてゐるものは一個の大規模の圖書館である。英款第一次の割當豫算では百五十萬元を以て國立中央圖書館が建てられる筈であり、これが實現すれば北平圖書館よりも更に大となる。我らはこの計畫が最短期間に實現する事を望む。未來の中央圖書館の規模は、より宏大なるも無論妨げなし。(中略、現在中國に於ける研學上の不備と大圖書館の必要とを詳述。)學生の一知半解、左傾右傾、無信仰も教授の荒廢もこの大規模の圖書館を缺く事に重大な原因がある。試に全國各大學所藏の書籍總數を見るに三百餘萬册に過ぎず、所藏洋書一萬册を越えぬ大學が多數である。之を以てしても如何に中國が好圖書館を必要としてゐるかゞ分るであらう。——次に教授講座の設置については、既に七ヶ年の歴史をもつ中華教育文化基金會の成績を見るに、その效果を疑はざるを得ない。今次の英庚款亦六講座を設けたがその請聘しうる短期の教授數は、金額の大なるに比し僅に十數人の少きに過ぎない。若し招聘するなら單に學生のみならず最高の研究生教授を利益するものでなければならない。むしろ先づ圖書館と實驗室の設備の完全を求めて、その上で外籍第一流教授を聘すべきである。——研究補助金の方法も亦當を得てをらぬ。中華文化基金の研究補助金は大半專門研究を爲すのではなく、只學位の追求のみ。苦學生の援助に止まる。亦、學士・碩士（大學研究院卒業生）を輔助して博士號を得させるのみで、研究題目は却って副業となって了ってゐる。」（下略）

○作曲家ハイドン（Haydn F. J.）の逝世百二十五年紀念演奏會が清華及び燕京兩大學にて催された。○貴州省安順縣（清の安順府）の續修府志が編纂される事になり、黃元操、可澄らが之に從事する由。○中央研究院自然歷史博物館の雲南自然科學採集團は動植物標本採集の爲昨年六月出發したが、本日歸京した。

九日

南京にては最近、教育部より小學生が文語文を習ふことを禁止した事に端を發し、文語運動が起ってゐる。當局と教育者との間に論戰應酬があり、江蘇省立國學圖書館長柳詒徵は「小學國語教材の疑問」なる一篇を發表し中華・世界・商務印三大書店出版の國語讀本を完膚なき迄に攻撃してゐる。

十　日　教育部では南京に女子大學を創設すべく、既に計畫を立てた。〇天津の國立北洋工學院は理工研究所設立に決定した。

十二日　本日より十日間東京上野美術館にて中華民國留日學生美術展覽會が催された。

十六日　政府は、毎年八月二十七日を以て先師孔子誕辰紀念日とする令を發した。〇杭州西湖畔の雷峯塔は民國十三年に崩壞したまゝであったが、此度千餘年の古蹟を保存すべく會が組織され、六和塔の式様に倣って再建される事になった。目下百萬元募集中。

十八日　曲阜の衍聖公孔德成、本年十五歳、政府の斡旋により將來海外に留學する由、及び近く聖廟が修興される旨傳へらる。

十九日　米國財界不況の影響を受けて中國に於ける米國經營の教會學校慈善團體は經營困難に陷り、昨年八月以降各派を統一しつゝあった中華基督教總會は今年八月本部を北平に遷すことゝなり、北平その他華北各地の米籍傳教幹事は殆ど皆歸國する事になった。同時に燕京大學輔仁大學も經費上苦境に陷ってゐる。〇中央研究院では範圍縮小を實行し、自然歴史博物館を動植物研究所に改め、所長には王家楫、心理學研究所長には王敬熙、化學研究所長には莊長恭が內定した由。丁文江は昨十八日總幹事に就職した。〇南京衞生署發表の統計によれば國內毎年の自殺、溺斃、及び銃殺による死者六百萬人と。その平均年齡を十歳、その消費年額を五十元と計算しても一ヶ年の損失三十億に上ると新聞が書き立ててゐる。

二十日　中央西北調査團の沈宗瀚ら一行は西北の土壤・粮食・農作物・移墾・水利・農村經濟の調査に從事すべく、本日蘭州より青海に赴いた。

二十七日　伯林の中國研究會（獨逸人を以て組織）は大會を開き、中獨實業界の共同、各種の技術計畫を討論した。○中波文化協會は南京教育部にて第一次年會を擧行した。

二十九日　中華教育文化基金董事會第十回年會が北平で開かれた。本年度米金下落による經費不足額見積り二十三萬餘元なるも緊縮實行にて實際不足額を六萬元に止める事、及び次年度豫算に就いては、本年より更に米金下落の趨勢なるにより、該款分配全額百七十餘萬元を百三四十萬元に減じ、その中、自辦合辦事業豫算九十二萬餘元、繼續補助費四十二萬元を議決した。

（甲）自辦合辦委辦事業の重なるもの。本會（十一萬餘元）、科學研究補助及奬勵金（十一萬元）、編譯委員會（四萬六千元）、國立北平圖書館（經常費十四萬元、購書費六萬元、及び米金三萬弗）、靜生生物調査所（八萬二千元）、社會調査所（八萬元）、本會と北大合作研究特款（十萬元）、土壤調査（五萬元）、その他、科學教授席、科學研究教授席等。

（乙）補助機關。地質調査所（十萬元）、中國科學社生物研究所（五萬元）、中央研究院歷史語言研究所（三萬元）、南開大學（三萬元）、武漢大學（五萬元）、上海醫學院（三萬元）、その他、黃海化學工業研究社、中國營造學社、中華職業教育社、金陵・中山・嶺南三大學農學院、文華圖書館學專科學校、厦門大學、華美協進社等。

七月

一日　最近英國の各大學中國委員會では中國院（China House）の稱を改めて中國社（China Institute）とする事にした。該社は留英中國學生の斡旋に十數年來盡してきたものである。

北平奉天間本日より通車

三日　山東省政府では省志を修整する事に決し、修志委員會を設け、丁惟汾・趙新儒を聘して正・副主任とした。

日本齋藤內閣總辭職、岡田內閣成立

五日　故宮博物院理事會では、徐鴻寶を古物館長に、袁同禮を圖書館長に、沈兼士を文獻館長に任命した。

八日　天津北洋工學院に於いて全國礦冶地質聯合展覽會が開かれた。○內蒙察哈爾十二旗羣は中央制定の內蒙自治法案に根據して、正式に改めて一盟となった。

十二日　斐陶斐《フィトゥフィ》會の年會が天津北洋工學院で開かれた。該會は中國唯一の名譽獎學會で、その名稱は希臘語フィロソフィヤ、テクノロギヤ、フィジオロギヤ三語のイニシャルの譯音である。民國十年北洋大學教授愛樂斯《アイロス》の發起により國內教育界の名士を以て組織され、學術の獎勵、研究の提倡を主旨とし、各大學教授學生を選んで會員となし、被選者之を最高榮譽となしてゐるものである。○北平大學整頓に對する教育部令の原文が發表された。之によると、從來の商學院は法學院に合併され、法商學院と改稱される事、その他女子文理學院、附屬醫院、農學院、工學院等全般に亙り詳細な整頓法が指示された。○ヘディン博士は仍ほ無事迪化に滯在中なりと。

十四日　全國職業教育會及び中華職業教育社年會が南昌で擧行された。○月初、西北の語言調査に赴いた北京大學教授劉復（半農）は回歸熱に冒され歸平したが、本日遂に逝世した。

劉氏の略歷。劉復字は半農、壽四十四歲、江蘇淮陰の人。先に上海で文藝創作竝びに外國作品の翻譯に從事して既に名あり。民國六年北上して北大教授に任じ、今日まで北大と離脫關係なきも、中間女子文理學院院長、輔仁大學教務長の職に任じ、ついで北大より巴里に留學、言語學を專攻して佛國の學位を得た。歸國後、北大に在って研究を續け、中國言語學上に貢獻する所が多かった。その重なる單行著作は、

比較言語學概要（P. Passy 原著の譯）商務印十九年、中國文法通論、四聲實驗錄以上二種群益書社、中國文法講話上卷、揚鞭集、瓦釜集、茶花女（椿姫の譯）、國外民歌、西游補、何典（以上二種劉氏標點）、法國短編小說集、失業、貓的天堂（以上二種は、ゾラ原著の譯）以上十種北新書店、半農雜文、半農談影開明書店等。

十七日　陝西考古學會では最近西安鬪鷄臺にて獸化石を發見、その他最近の發掘物數千件と共に昨日北平研究院に運ばれた。

十八日　先日山東省孟陰にて逝世した北平輔仁大學理學院長李嘉士博士（Dr. Richarz）の大彌撒禮が北平で擧行された。享年六十、米籍、輔大の化學科・地質鑛物學科の主任教授をも兼任してゐた。

十九日　河北省中學卒業生會考の結果が發表された。不合格者は全體の三分の一を占め、教育界に問題を惹起してゐる。○國際聯盟文化合作委員會で發表された佛國教育家莫列徳《モリエト》の赴華視察報告書によるに、中國教育目前の需要は技術教育の發展にありと。

二十日　南京金陵大學では國學の發展に資せんが爲、今學年より國學特別研究生を募集した。入學資格は公私立大學の中國文學科・史學科卒業生中成績の優秀なるもの。黃侃・胡光煒・程瑶田・劉國鈞・吳梅等が導師に任ずる由。○徒刑十五年の判決を受けて上訴中であった陳獨秀に對し、最高法院は徒刑八年の判決を下した。

二十七日　中央庚款會の留英試驗の合格者が發表された。凡て二十六名。

二十九日　天津南開大學經濟學院は教育部令により改めて經濟研究所と爲る事となった。

参考　今月に入って全國各大學新卒業生による職業運動大同盟が結成され、就職難緩和に狂奔した。今月上海で創刊された雜誌は、文藝半月刊・現代女性・創作與批評・新語林・舞臺與銀幕等。最近公安局の調査によるに、上海の人口三百三十九萬餘（その中、外人譯六萬五千）、北平の人口百五十五萬餘であると。今夏全國各地の水旱疫災は今月に至ってその極に達し、損害十億餘と算せられてゐる。旱災に對しては雨乞ひの祈禱が各地で行はれた。

八月

二日　中央庚款董事會が青島で開かれ、（一）廣東建設廳借款十三萬ポンド（紗廠擴張案）、（二）鐵路部借款二十萬ポンド（粤漢路整理案）、その他を議決した。

五日　南京の僑務委員會の調査によれば、全國の人口密度は江蘇最も密にして（每平方支里九八・七人）、河北・浙江二省之に次ぎ、最も稀薄なるは新疆省（每方支里〇・五人）で、西藏・青海之に次ぐと。〇平津國立院校教職員聯合會では、教職員保障委員會を組織した。〇北大教授周作人・徐祖正は日本に遊び、文壇・學界の歡迎を受けた。

七日　教育部內に設置すべき全國學術諮詢處の組織條例はこの程起草を終へ各方面の意見を徵求した。該處の主なる仕事は卒業後の失業學生の辦理、及び全國學術機關人員工作の紹介であって、從來の海外工作諮詢委員會は廢止される由。

九日　北平にて前商學院院長王之相の發起で昨年中露大辭典編纂委員會が組織されたが、既に今迄に三分の一を完成し、二十四年夏付印出書の豫定であると。

十三日　江蘇省無錫の南なる南太湖の水涸れ、華大房莊より一里許りの湖中に城市の址が現はれた。相傳ふ、古時湮沒せし三陽縣城なりと。

十七日　北平圖書館は佛公使館の請に應じ巴里國立圖書館と館員一名を交換する事となり、同館編纂委員王重民は本日離平、巴里に向った。

二十五日　中華平民教育促進會は本日の十週年紀年日を以て北平に總會を開き、物故せし董事長朱其慧（熊希齡の夫人）の追悼會をも擧行した。該會の工作は近年社會的に認められ、昨年中定縣に於ける實習參觀者七千人に及んだ。

二十六日　經濟學社年會が湖南長沙にて開かれた。

二十七日　山東省政府は中央の令により、本日を孔子誕辰紀念日と定め、午前七時曲阜文廟に於いて中央より特派せられた葉楚傖主祭の下に盛典を擧げた。各地文廟にても夫々祀孔の事あり、全國は休日であった。全國の新聞も祀孔專號の觀あり、尊孔を讃へた。

参考　今月の新出版。邃雅齋叢書 十冊 七元（北平邃雅齋影印、倫明哲如所藏本）。甲骨學文字編 朱芳圃著 十冊 七元（商務印）。十三經索引 葉紹鈞編 五元五角（上海開明書店印）。中國地學論文索引 王庸・茅乃文編 二冊一元六角（國立北平師範大學圖書館出版）。西遼史 E. Bretschneider著 梁園東譯註（商務印）。雙劍誃吉金圖錄 于省吾編 二十元 ○本年六月、南昌の行營より江西・河南・安徽・湖北各省に令して烟毒統制を實施し、烈性毒品（モヒ、ヘロインその他）の製造・運搬・吸飲・買賣を絶對に禁止し、違叛者は死刑に處し、六ヶ年を限りその絶滅を期して以來、漸次その實施區域を江蘇・湖南・浙江・福建・陝西・甘肅各省に及ぼし、その執行を軍事委員會に委ね、甚だ嚴重を極めてゐる。北平にあっても之を實行しつゝあり、屢々銃殺の事を聞く様になった。

九　月

五　日　婚喪禮俗條例は內政・教育兩部に於いて既に制定審核、立法院の審議にかけられる由。○旅平二十四年に及ぶ米人義理壽《イリショウ》は最近「四庫全書索引」（獨特の號碼及び英文字母による）を完成した（既に六月出版、定價十八元）。

六　日　大阪朝日新聞北平訪問機（大阪出發）は午後五時南苑に着陸、各界の歡迎を受けた。○大同雲崗石佛の參觀に便する爲、平綏路では毎週末一回遊覽券を發賣する事になった。猶ほ國內名士により雲崗修理計劃が進められてゐる。

八　日　本年度教育部全國教育文化經費概算は既に行政院を經て中政會に呈し認可を求めた。經常費總額一千七百六十五萬餘元。臨時費百三十七萬餘元。

九　日　北平研究院は成立五週年紀年式を擧げ、各研究所の工作情況が發表された。

十　日　北平研究院の各研究所が開放され、參觀に任せた。（一）物理學研究所、（二）化學研究所、（三）藥物研究所、（四）生物學研究所、（五）植物學研究所、（六）動物學研究所、（七）地質學研究所、（八）博物館（懷仁堂）。

十二日　中國國際圖書館主催の中國藝術展覽會がジュネーブに於いて開かれ、古今畫・瓷器・精版圖書・工藝美術品等千餘點の出品ありしと。

十三日　米國に於ける著名東洋學者にして人類學者なる洛斐《ロフィ》博士（Dr. Berthold Laufer）は高樓より墜ちて逝去した。享年六十、曾て北平圖書館の特別通信員に任じた事がある。人類學・考古學・東方美術・哲學・歴史・生物等に關する著述二百餘種ありしと。

十六日　ソ聯邦國際聯盟に加盟　先般來華の著名講演家米人艾迪《エッディ》博士（Dr. Sherwood Eddy）は本日來平、數日に亙り各方面に講演して、日本の政策をこき下ろした。

十八日　全國各地各界は九一八紀念式を擧行し、各新聞は國難三週年紀年の記事を以て滿たされた。

二十日　黄郛歸平（十九日）　北平戒毒所本日正式に開所。本月四日、中毒患者を收容してより十九日に至る迄十六日間に達し、現在收容數四百二十一人。その八割は中壯年者である由。○今年創立された北平市立體育專科學校は本日より開學。

二十二日　未曾有の颶風日本を襲ふ（二十一日）　ソ聯邦の招聘に應じ入露する事になつてゐた梅蘭芳は明年一月出發、三ケ月滯露に決定した。更にソ聯より伊太利に招かれる模樣である。

二十三日　倫敦の中英學術界要人の發起により、兩國文化事業發展の爲に、大規模の中國藝術展覽會が倫敦で明年十一月二十四日より催される事に決した。

二十五日　教育部長王世杰は中國教育の現狀に就いて放送した。

（一）高等教育

	民國元年	民國二十二年
大學數	四	二八（獨立の學院卽ち單科大學を含む）
專門學校數	○	二九
大學專門學校學生數	四八一人	四三五一九人
大學專門學校經費	七五萬元	三四六五萬元

（但し私立學校一四八九萬元、省立學校四四一萬元を含む）

（二）中等學校（以下省略）

二十八日　金陵大學圖書館館長劉國鈞は中國圖書館學の泰斗であるが、今回圖書館事務の一切を映畫に攝って斯界に提供する由。

參考　今月の新出版。辭通 朱起鳳編 二册九元（開明書店）。洛陽故城古墓考 Tombs of old Lo-yang（William Charles White）三十五元（上海別發洋行）。東山談苑 余懷纂 二册二元（襄社影印）。開明二十五史 九厚册 四十元（開明書店鋅版、原本殿版、新元史を加ふ）。史前期中國社會研究 中國社會史綱第一册 呂振羽著、一元三角（北平人文書店）。

十月

一日　韓復榘は、曲阜の孔廟及び周・顏・思・孟各廟の修復費見積り八十萬元にして、既に籌捐せしもの約二十萬元、不足大なるにより中央に請訓した。戴傳賢の復電によるに、祀孔基金募集の時、中央より二十萬元支出する外、各省府民間及び海外よりも募り、百萬元を以て最小限度とし、その他後裔の優待、文化事業の建設に相當の計劃あると。

四日　孔廟修復の具體的辦法が中常會を通過し、委員會が組織される事になった。

十日　國慶紀念日にして雙十節に當る本日を以て天津に於いて第十八回華北大運動會が開催された。參加十四單位、千餘名に達した。會期五日間。

十一日　中央では孔子學說闡揚の目的を以て曲阜に明德書院を設け、中學・小學校をも附設する事になった。

十五日　戴傳賢は紀念週間の教育講演に於いて國人の經書研究を鼓吹した。○福州名勝鼓山湧泉寺の廻龍閣等が全燒した。

十六日　伊國駐華公使館では最近外交部と中伊文化の溝通に關する辦法三條を定めた。（一）兩國に於いて教授の交換をする事、（二）中國より醫學者數人を伊國に派遣し、肺病を專門に研究せしめる事（費用伊國負擔）、（三）中國より考古學者數人を伊國に派遣し、古物の發掘保存の專門技術を研究せしめ、伊政府は之に特別の便宜を與へる事。

二十日　北平靜生生物調查所では六週年紀年展覽會を開催した。該所は尙志學會と中華教育文化基金董事會との合辦にて范靜生を紀念する爲に民國十七年十月成立したもの、今の地區は范氏の故宅である。動植物二部よりなり、現在技師八人研究員六人、職員十五人がゐる。○在平の前大總統徐世昌は八十の壽辰を迎へ茶會を催した。近年門を杜ぎ淸儒學案の編纂に從事し、有淸一代學術誌史上の大成を集め、正に刻印中の由。

二十二日

民國二十一年度より北京大學と中華文化基金委員會との研究合款が設定されて以後、「研究教授」の設立あり。今年度の研究教授凡て二十一人、今その中、文學院研究教授名とその題目とを擧げる。

（一）周作人 續譯註希臘神話、古事記神代卷の翻譯。（二）張頤 カント哲學の醞釀及びその發展過程、ヘーゲル哲學上の諸問題。（三）陳受頤 明末淸初の中西文化接觸。（四）湯用彤 漢魏兩晉南北朝佛教史。（五）劉復（その旣成のもの）西漢時代の日晷、莽權の價値の重新考定、呂氏春秋昔黃節解、四乙二音高推斷尺、十韵彙編の改編、故宮所藏古今樂器の音律の測驗、古聲律研究。

○中英庚款會では出版物獎勵の爲に出版物獎金三種（各四千元）を特設した。（一）民衆教育讀本、（二）小學樂歌、（三）高級小學歷史教科書。締切二十四年六月末。

二十三日

政府は故宮盜寶案に對し、中央古物保管委員會をして嚴査せしめる樣決議した。聞くならく、蕭瑜（元の炭礦次長・北平大學農學院長）夫妻が佛國に運ばんとした盜寶は確に百箱あり、上海税關の發見する所となったものである。○洛陽實驗區に强制徵學制（男女四十歲以下均しく教育を受くべし）が試みられる事になった。

蔣介石北平に來る

二十四日　教育部では專門學校以上の學校に職業紹介機關を設くべき事、且つ教育部の學術工作諮詢處と緊密なる連絡をとるべき事を令した。

二十八日　上海暨南大學哲學教授李石岑は本日病歿した。享年四十三。〇中央執行委員會では、禮記禮運篇の天下爲公の一段を採用して孔子紀念歌と爲す事を決議し、全國に指令した。

参考　今月の出版。正氣堂集（明兪大猷著 十二冊十元）（南京國學圖書館影印）。江峰漫稿（明呂高撰 四冊二元）（同上）。地理學報（中國地理學會編創刊號）（南京鍾山書局）。元典章校補釋例（陳垣著 二元）（中央研究院）。世界文學（雜誌、創刊號、天津會友書局）。萬有文庫第二集豫約（七百種 二千冊、商務印）。文化建設（雜誌、創刊號、天津直隷書局）。

〔附〕本年五月創刊の「學文」月刊（北平同社）は「新月」の轉身にして、最近胡適・梁實秋・聞一多の三人がその編輯に任ずる事に決した。

十一月

一　日　ジュネーブ中國國際圖書館では中西文化溝通の目的を以て特に世界圖書館展覽會を上海にて開催し、ついで北平にても本日より北平圖書館にて一週間開催した。

四　日　中國留日學生は滿州事變以來減少したが、昨秋より漸次增加し、九・十の二ヶ月には一躍して千名に達した。

七　日　北平米國公使館書記官維尼司《ウェイニース》夫人雪・維尼司は最近紅樓夢の英譯を脫稿し、紐約の約翰書店より出版する事になった。（上下二册・七弗）

十　日　中央では山東省聊城楊氏海源閣珍藏書（既に遺失或は賣却のもの多し）の保存策を立て、國有に歸する事に決定、目下賣價商量中の由。

現存殘部の書籍十餘大箱は濟南楊宅にあり。その外、珍本九十餘種（內、宋版四經四史あり、但しその一部分は明本にして、史記亦一部分を缺く）は前に楊敬夫により十八萬元を以て天津農工銀行等の擔保となり、期滿ちて既に銀行の有に歸した。中央は之をも購收せんとして人を派遣したが、賣價三十萬元にて未だ結果なし。

十一日　中英庚款（二百五十萬元）を借用して二十一年來建設中なりし杭州錢塘大鐵橋完成（總工費五百五十萬元）、本日落成式を擧げた。

十五日　中常會は尊孔辦法を議決した。（一）衍聖公なる名義を改めて大成至聖先師奉祀官となし、特任官を以て待遇する。（二）四哲は舊贈の名義（復聖の如きは復聖奉祀官の名義）を以てし、簡任官を以て待遇する。（三）至聖及び四哲の嫡裔は國費を以て大學を卒業せしめる。（四）國家は特に小學校を曲阜に設け、孔・顏・曾・孟の後裔を優遇する。その辦法は教育部之を定む。（下略）

十六日　中佛教育基金委員會が北平にて開かれ、（一）フランス學院數學教授哈德馬《ハトマ》招聘費その他三項を議決した。

二十一日　中英庚款會財務組は會議を開き、江蘇省の借款（漁船購置案、百萬元）を通過した。

二十四日　內政部は、各機關採掘の古物が研究の必要上國外に運ばれる時、先ず中央古物保管會の稽查を經べき事を規定した。○中英庚款董事會例會が上海で開かれ、（一）實業部及び浙江省の借款（製紙工場建設案）、（二）導淮委員會借款帳目及び規定を討論審查した。○近來巴里市上に中國の古董器物を發見する事多く、佛國骨董業者より佛當局にその輸入稅率を問合してゐると。これ故宮の盜寶であるらしい。

十二月

二日　中國文化協會東北分會が北平に設置された。該會の成立につき梅佛光の報告によるに、東北淪沒以來、その同胞の關內に流落せしもの多く、爲に東北文化建設分會はその對象を失った。故に關內に在って各個東北同胞をして積極的に團結せしめ、將來の失地恢復に具ふべきであると。

五日　米國大學大科名譽學會華北分會は創立百五十年紀念會を北平にて催した。胡適が講演した。○中央研究院の殷墟發掘團は今秋以來侯家莊に在って發掘を繼續、工作順調にして陶貼（獸頭人身、獸尾、高さ尺餘、大理石製、夜間耀光を放つと）陶器銅器甲骨を多數發掘した。

八　日　先月下旬以來、校長問題により同盟休校を續けてゐた濟南齊魯大學では、大學董事會の決議により梅貽寶を校長に推した。（同盟休校は十二日解決した。）

九　日　今春來、歐米各國の文化事業視察中なりし北平圖書館長袁同禮は本日歸平した。

十　日　瑞典考古學者ヘディン博士は現に陝南に在り、最近羅布淖爾湖附近での發掘物、羅布淖爾實測圖等の收穫を以て明年一月歸平の由。なほ明年二月は古稀の祝にて瑞典で紀念論文集が出る筈。

五中全會開會（五日間）

○河南大學校長に楊震文が就任する事になった。

十二日　上海の日報公會、記者公會開會、中央に對しそれ〴〵言論自由の保證を電請した。

十六日　南京にて中國民族學會が成立した。中心人物は蔡元培・黃文山・何聯奎・凌純聲・孫本文等である。

十七日　北京大學は本日創立卅六週年紀念日を迎えた。（光緒二十四年、詔により京師大學を建てしに始まる。○北平師範大學では本日創立卅二週年紀念式を擧げた。

二十日　本日より行政院に於いて庚款機關聯合大會が開かれた。討論重要各案次の如し。

（一）義務教育及び職業教育に關し、中米・中英・中佛・中白各庚款より一部分の經費を支出援助し、その詳細辦法は教育部にて立案の事。且つ明年六月教育部より各庚款機關を召集して委員會を組織し、その執行を議する事。
(二)中米・中英・中佛・中白各庚款の經費を以て各國立大學に研究所を設立する事。
(三)各庚款に對する支出請求案の中、普遍的性質を有せざるものは、該機關より各庚款會に對し直接に請求する事。
その他、農村事業(各庚款の一割を之にあてる案)、邊疆教育等に關する事も討論された。

二十三日 本年一月以降十一月末まで十一ヶ月間の入超四億五千萬元と。

日本は海軍條約の廢棄を通告した(二十九日)

三十日 年來懸案の通郵問題が解決し、明年一月十日より實施に決定した。

参考 本月上旬をもって蔣介石の江西に於ける掃匪工作も成功を告げ、共匪は廣西省境に沿ふて西に退却した。

(一九三四・一二・三一稿)

昭和十（民國二十四）年一月至八月支那學界大事記

一月

九日　獨逸遠東協會は國立清華大學に對し兩國學術の聯絡を希望し、相互に研究生の交換をしようと申込んできた。清華大學評議會は之を受諾し、その實行方法につき協議中である。

十日　王新命・何炳松・武堉幹・孫寒冰・黃文山・陶希聖・章益・陳高傭・樊仲雲・薩孟武ら所謂十教授は「中國本位文化建設宣言」を發表して學界の視聽を集めた。その要旨は、守舊せず、盲從せず、中國本位を根據とし、批評的態度をとり、科學的方法を應用して過去を檢討し、現在を把握し、將來を創造する、といふにある。○鄞縣天一閣の重修は昨年六月開工、樣式は一切その舊に依り、既にその舊閣部分を完成し、范氏詒穀堂中に封存してあった圖書を天一閣に復歸した。なほ重修委員會では寄附金再募集を行ひ、寧波府學尊經閣の移轉建築及び新天一閣の建築にかかる筈である。

十一日　北平市政府で準備中の舊都文物整理委員會が成立した。委員は黃郛・宋哲元・袁同禮・沈兼士・殷同・馬衡・朱啓鈐・翁文灝・朱深・陳漢第・程克ら十六名、豫算は三百九萬元。

十二日　南支旅行中の胡適は香港に於ける講演で、經書を讀む事卽ち讀經運動に反對して廣東當局・中山大學の反感を買った。中山大學教授古直らは胡適の懲罰を中央に電請した。

十三日　教育部發表の統計によるに、中國最近四ヶ年（民國十八・十九・二十・二十一）間に於ける中國人海外留學生數の總計は三千七百十三人で、法・文科關係のものが多數を占めてゐると。

（イ）各國別。獨三〇〇、英一四六、佛五二一、白一三四、伊四、瑞三、墺一三、丁・和各一（歐州計一一二五）。米六四四、加五（米州計六四九）。日一九二五、埃・印・比等一三（亞州計一九三三）。

（ロ）科目別。理三一九、農林一六七、土木建築五六九、醫藥二三六、文哲五八七、法政一一六二、教二二六、商一四一、軍九、未詳二一七。

十四日　詩人及び詩學者として知られた北京大學教授黃節は糖尿病の爲、北平の寓居で逝世、享年六十二。

黃節字は晦聞、廣東順德縣の人。簡朝亮に師事し、光緒庚子前後離粤、各地に出遊した。深く民族主義を信じ革命に參加した。又鄧實らと上海で國粹學報を創め、國學藏書樓（風雨樓といふ）を設け幾ど家資を盡してそれらの費用に充てた。其後柳亞子・葉楚傖ら革命文士と共に南社を起し、詩文を以て革命を鼓吹した。南社の詞章は龔定菴の影響を受ける所が多かった。民國七八年の間北京大學教授として專ら中國詩學を講じ、師範・清華の兩大學でも講義した。十七年廣東教育總長となり、十八年北大教授に復任し今日に及んだ。重なる著作を列記するに、（一）漢魏樂府風箋（十五卷四冊、民國十二年北京大學出版部印行、以下皆同じ）、（二）鮑參軍詩注（四卷二冊、十二年印）、（三）謝康樂詩注（十三年印）、（四）詩律（六卷一冊、十四年印）、（五）阮步兵詠懷詩注（一卷一冊、十五年印）、（六）曹子建詩注（二卷一冊、十九年印、商務印書館印）、（七）詩旨纂辭（三卷一冊、未刊、十九年印）、その他曹氏父子詩及び顧亭林詩に對し箋注を作ったが未定稿である。

十六日　天津市に於ける最近の文化團體である新民學會（會長陳先舟、總幹事艾秀峯）では編譯社の成立式を擧行した。

該會の組織は（一）編譯社、（二）經常刊行物出版部、（三）印刷局の三に分ち、編譯社內を教育社會系・政治經濟系・自然科學系の三系とし、目前の工作は各種叢書及び單行本の共同編輯にあると。

十七日　故宮博物院文獻館（館長沈兼士）では五ケ年を經てこの程その初歩整理工作を完成し、本日學界人士を招待して參觀に供した。

滿淸政府の檔案は、國事に關するものは軍機處及び內閣に、帝室に關するものは內府に保管されてゐた。民國十四年溥儀氏出宮後、閣議により淸室善後委員會をして內閣大庫の檔册、內府所藏の檔案圖籍を保管せしめ、ついで博物院の所管に歸した。該館は民國十八年以降その所管文獻を整理分類し、標簽列架、圖書館の制の如くにした。該館にはこの外、黃綾本漢文の淸朝實錄（缺百餘册）、內府所轄各署司の文獻（例えば昇平署戲目唱詞、宗室の玉牒等）、內府祕藏の輿圖等を藏し、皇史宬に於ける該館分院には軍機處關係のものを保管してゐるが、その整理濟みの重要なるものは民國二十二年春南遷された。

十八日　中央古幣保管委員會では陝西興平縣の茂陵（漢光武帝の墓）を闢いて公園とする件、秦始皇帝陵及び白馬寺・興善寺などの修葺の件を計劃した。又該會では西安分會を籌設し、歷代古物の整理を期する事となった。○南京古物調査會では最近古跡を發見した。名づけて天璽紀功碑（一名天發神讖）といふ。三國時東吳の孫皓の所建に系る。明代に一部分焚かれ、洪楊の亂で復た巨火に遭ひ、地下に湮埋されてゐたものである。○文化建設協會北平分會教育事業委員會（主席蔣夢麟）が開かれ、次の事項が議決された。
（一）常務委員（九名）選定。徐誦明・李蒸・梅貽琦・李麟玉・陶夢和・姜紹祖・蔣夢麟・蔡元培。（二）大學生討論會の擧行。題目（甲）文化と民族復興、（乙）中國目前最需要の文化的建設、（丙）中國文化發展の過程。

二十四日　昨年十月決定した中伊教授交換につき、中國側より國立北平大學の夏循垍・黃傅霖・安儒・武文忠・唐長風五氏を選定した。

二十四日　北平市壇廟管理所の古樂器（八十八箱）は南京にて故宮博物院代表により點檢された。何れも古代の琴瑟鐘鼓磬等のもので、暫く陵園警衛處に存置し、行政院の核准を呈請して內政部に保管する事となる筈。

二月

三日　陝西省耀縣城外四十支里の柳林鎭で六朝石碑十三座が發掘された。大統・天和・延昌年間の造像である。

七日　中央古物保管會では各省政府に對し、今後本會の核准を經た後でなければ外國人の中國領土內の古物採掘を許さぬ旨通告した。

十一日　内政部では中宣會行政院代表を會同し、出版法の修訂を審議した。その重なる變更點は次の如くである。

（一）取締りに對する地方權限の擴大、（二）省府よりの登記を改めて縣府の轉呈、（三）禁載制限を嚴にする、（四）登記に保證金を要する、（五）行政處分上の變更、（六）出版品の審査に必ずしも稿本を附けないこと等々。

十二日　天津の富豪盧靖（木齋と號す）收藏の書籍を以て北平舊刑部街に木齋圖書館を創設すべく籌事會が出來た。陳寶書・兪人鳳ら七人が董事に任じた。○導准委員會では英庚款九百萬元を借用の契約を終へた。支出・管理の都合上、庚款借用委員會を設け、陳其采・陳光甫・沈怡・杭立武・貝次爾・蔣履福・李文伯らが委員となった。○第三次庚款聯席會議で中國教育事業の爲に年額百十萬元（三ヶ年繼續）を支出する事に決定した。

（一）八十萬元を以て義務教育補助費とする。同時に政府では二十四年度中央經費項下より義務教育費として相當額を支出すること。（二）十五萬元を以て全國職業教育を獎助する。（三）十五萬元を以て國立大學の研究所籌備費に充てる。（四）以上の事業の詳細辦法は今年六月教育部と各庚款機關とで委員會を組織して之を執行する。それまでは教育部より一時辦法を擬定し、各庚款機關に通知する事。その辦法三項は、（イ）二十四年より二十六年に至る三ヶ年間、邊遠各省中一省或は二省を擇定し、竝びに行政院直轄市中一市或は二市を選定し、義務教育區域とす。（ロ）三ヶ年間公立或は教部立案私立の職業學校にして成績優良且つ切に地方の需要に合するものに對して補助する。（ハ）二個或は三個の國立大學研究所籌設の補助をする。因みに從來の庚款を以て教育事業費に充てたのは、大部分は高等教育の爲であったが、今回はその趣を一變した。亦過去のそれは都市教育に補助する事多かったが、今回は邊疆教育にも推廣してゐる。なほ各庚款の負擔分配は中米四十萬元、中英三十萬元、中佛十五萬元、中日二十五萬元である。

十四日　北平戲曲專門學校圖書館の珍籍が火災に遭った。〇本日より三日間、中國地質學會第十一回年會が北平で開催された。

十六日　故黄節教授の遺物中、佛像石刻が少くない。黄家では北大教授馬敍倫の紹介で之を歷史博物館に寄托の事に決し、既に搬入した。近日陳列展覽に供すと。遺物中には宋の淳化年間の觀音石像・唐の孫瓘の墓誌、梁の大寶年間の石佛像・雲石佛座、褚遂良書蘭亭石刻等がある。〇鐵道部綏新公路勘查隊のヘディン博士一行七名は民國二十一年離京、深く、西北に入ってゐたが、最近南京歸着した。攜へてきた新疆古物は本日公開檢査の結果、陶器・古鏡・錢幣・碎瑪瑙等百餘件あり、之が處置は未定であるが已にその一部を中央研究院及び西北古物展覽會に寄贈した。

十七日　江亢虎・胡樸安らは文言文の保存と學校の國文科の程度を高める事とを主張する爲、存文會を籌備組織した。

二十一日　ソ聯國際文化協會の聘に應じ、梅蘭芳一行は本日上海を出發した。

二十三日

估修孔廟委員鍾靈秀・湯文聰及び古代建築專門家梁思成らは曲阜に於て實地視察を遂げ、修理の範圍及び豫算を決定した。又曾子の後裔曾慶瀼より曾子の廟を重修する件を中央に提案した。因みに曾祠は嘉祥城の南四十五支里南武山の東にある。

二十五日　北京大學國文系教授許之衡は心臟病の爲逝世した。

二十六日　彰德に於ける安陽殷墟發掘團が城西八支里洹河の北、侯家莊で獲た古物二百六十七箱の中、二百箱は既に整理を終へたが、全部の整理濟次第南京に移送される筈。尚ほ三月侯家莊一帶で更に開工の豫定である。

古物の內譯は、陶片が十分の七、銅古物が十分の一、甲骨文・石子・瓦片等が十分の二を占める。

三　月

一　日　南京の國立中央研究院歷史語言研究所第四組は昨夏改組成立したもので、生物統計學・人類學・民俗學研究の唯一の國立機關である。その組內の整理計劃は舊臘歐州より歸國した吳定良之を擔任、積極的準備に從事し、最近二實驗室を添設した。

（一）統計學實驗室、（二）人類學實驗室、甲、各種骨骼の測定、乙、人體の測量。現に吳氏の計劃により研究の緒に就いたものに次の四項がある。（イ）指數分配曲線の比較、（ロ）生命の長短と子孫數との關係（家譜研究と實際調査に根據する）、（ハ）江浙人民體質の研究とその特徵、（ニ）隋唐時代頭蓋骨と長骨との研究。

○國立北平研究院物理學・化學兩研究所では建築及び設備擴張を次の如く決定した。物理學研究所では、(一)北平の地磁の變化を研究すべく、場所を西山に設定し、(二)光學儀器製造工場を添設する事になった。化學研究所では顏料の研究と製造とに尤も注意し、小規模の化學工廠を設置する事になった。

五　日　遜淸の太傅であった陳寶琛が今朝北平で逝去した。享年八十八歲。陳寶琛、初號伯潛、後弢菴と改めた。福建螺州の人。十九歲で翰林に中り、二十七歲で內閣學士となり、江西學政・南洋大臣・禮學館總纂大臣・弼德院顧問大臣・山西巡撫等に歷任、中佛戰爭の際、屢々上奏して主戰を主張した。三十三歲で退職歸鄕、學務に盡瘁し、六十一歲の時北京に來住、溥儀氏の師傅に任じ、革命後も引つゞき天津で溥儀氏の爲に書を講じてゐた。その著作遺稿は子息等十餘人の手で整理し世に問ふ筈である。

七　日　北平古物陳列所では懸案の房屋修繕計劃が行政院會議を通過し、舊都文物整理委員會をして實行に着手させる事になった。修繕の範圍は傳心殿・文華殿・太和・中和・保和の三殿、東華門・西華門等である。○英國著名の漢學家格爾斯《ゴルス》[1]は最近倫敦で逝世したので蔣夢麟・胡適は弔電を發した。氏の著には中國民族と文化とに關する文字頗る多く、中國文學史、漢英字典、中國人名大辭典等がある。

十一日　國立戲曲音樂院では博物館を設立する事になり、本日南京で第一回會議を開き、褚民誼・張道藩・陳立夫・王祺・陳樹人を常務委員に推し、委員より建築意見書を徵集し、專門家の顧問を

1 翟理斯(Herbert Giles, 1845-1935)のこと。

聘すること等を決議した。

南京戲曲音樂院は成立以來五年を經、北平にその分院を置いてゐたが、該院工作の大部分は北平分院が主となってゐる爲、昨年八月北平分院を改めて中國戲曲音樂院とし、南京のを分院とした。院長は李煜瀛、副院長は程硯秋で、日常院務は主として程氏によって爲されてゐる。該亂之附屬機關は四ヶ所ある。（一）中華戲曲學校、（二）實驗劇場（目下籌備中、地址を東華門内の空地に定め、建築費十四萬元、戲曲學校をもこゝに移す豫定）、以上二者は焦菊隱が主辦してゐる。（三）研究所（劇學月刊出版）、（四）博物館（目下籌備中、今年八月公開の豫定）、以上二者は金仲蓊が所長館長を兼任し、張敬明が總務主任に任じてゐる。博物館は圖書處（主任杜頴陶）、陳列處（主任佟賦敏）の二に分ち、圖書處には劇寫眞・臉譜・戲臺・劇衣・戲曲音樂の著述千餘種その他、陳列處には舞臺模型の外、百二十餘種の中國樂器（中國樂器を完全に捜集すれば三百餘種に及ぶ）を陳列する筈である。

十三日 ○中英庚款開會、中央機器廠十萬元借款案を通過した。粤漢鐵路湘鄂段二十萬磅借款案は續議する由。

十四日 孔裔の代表孔繁英・孔繁藻らは孔祥熙に謁し、儒學人材培植の爲、國學學院の設立方を請願した。

十八日 蔣介石は全國に通令して、軍隊が孔廟に駐紮する事を禁じた。

第三次庚款聯席會議で邊省教育に關する辦法を議決した。

（一）暫く陝西・雲南・貴州・寧夏・青海・察哈爾・綏遠・甘肅・新疆・西康の十省に限り施行する。（二）毎省毎年國庫よりの補助七萬五千元。（三）指定用途、甲、義務小學の添設、乙、短期小學の添設、丙、既有小學の充實、丁、郷村師範の添設或は擴充、戊、各校二部制實施の補助、己、義務教育實驗區の設立。

十九日　中白庚款會中國代表團は本日南京で開會、中白文化教育基金委員會委員に褚民誼・曾仲鳴・段錫朋・吳頌皐・蔣履福が、衞星建設委員會委員に褚民誼・曾宗鑑・李松風・金寶善・王世澤が選ばれた。

該基金の補助を受けてゐるものに、北平中國文化學院・中白各醫院・白國中白大學聯合會などがある。

二十九日　中央國民黨部では明の故宮址內に黨史料陳列館を建築すべく起工した。○河南省禹密兩縣の境なる蓮華峰地方で周の定王の墓を發見した。丈餘の洞內に數層の石門及び石柱等があり、考古學上頗る研究價値あるものの由。

三十一日　今月十二日莫斯科に着いた梅蘭芳一行は、二十三日より公演、本日終了した。梅氏は更に獨佛英を旅行の筈。○中國文化建設協會北平分會では「中國本位文化建設」問題を討論すべく、全市文化界代表三十餘名を招き座談會を擧行した。

四　月

一　日　北平の壇廟に於ける祭器樂器等は內政部より市府に受收し、本日より孔廟・國子監に陳列開放した。○中英庚款による公費生試驗が本日より六日間北平・南京にて行われた。

紡織四、航空工程二、造船二、物理二、地球物理一、工業化學二、數學天文二、牧畜二、園藝一、地理二、醫學二、英文學一、西洋史一、法律一、以上十四門二十五名採用の筈。

○民國二十二年二月楊家駱により南京で創立された中國圖書大辭典編修館は國學の整理・批評、一切書籍及び古今學術の家の紹介、中國百科辭典その他學術工具の編纂を目的として工作を進めてゐる。最近の狀況は次の如くである。

楊氏の四庫大辭典・圖書年鑑及び墨海樓書錄等は旣に出版された。楊氏の所著十書を仰風樓叢書と名づけ、その中に上記大辭典・年鑑の外、書目志・叢書大辭典・民國名人圖鑑・淸代人名大辭典・中國文學大辭典・群經大辭典・唐詩初箋簡編があり、年內に完成の豫定である。

四日　北平輔仁大學では年來中國語言の研究に努力してゐる。その一は「廣韻聲系」で沈兼士主持、劉文典・陳祥春ら之を輔け、最近まで一ヶ年半を以て韻及び聲紐を單位とする硏究を竣へ、副產物として諸種の廣韻關係の研究がなされ、一部分は旣に附印された。その二は獨人鮑潤生 Dr. F. X. Biallas の「楚詞研究」で、獨逸語に翻譯中である。鮑氏は現に七十餘歲、獨・英・佛・拉丁・露・蒙・藏・漢各種文字に精通し、その手にかゝる中獨實用字典も近く完成付印される筈。

五日　中華學藝社第六回年會が武昌中華大學で擧行された。

張羣が司會し、該社今後の工作を議定した。（一）中日關係の圖書出版の充實、（二）中國古音樂源流の研究、（三）自然科學の研究、（四）民族復興問題の研究など。

六　日　中國天文學會第十二回年會を南京で開催した。

決議事項、（一）宇宙月刊上に天文學論文索引・書籍紹介を登載の件、（二）陳遵嬀らの主持にて天文學大辭典編纂の件、（三）天文年曆編印續行の件。

〇地政學會年會も南京にて開催された。

七　日　中國氣象學會十週年紀念會が南京で開催された。〇中央では淸明節を以て民族掃墓節とし、今年は特に張繼・邵元冲を派し、本日黃帝陵を、九日に周陵・茂陵・昭陵を祭らしめた。

黃帝陵は陝西省中部縣の西北二支里許の橋山にある。周陵とは咸陽縣北十五支里なる畢原にある周文王陵を中心とした武王・成王・康王・周公の諸陵の總名である。茂陵とは漢の武帝の陵で、興平縣の東北十七支里の所にあり、この附近に衞靑・霍去病らの諸墓がある。唐の昭陵は醴泉の境內にある。

八　日　昨年九月計劃を發表された倫敦中國藝術國際展覽會は今年十月十八日より明年三月末まで開催される事になり、本日より上海でその豫展會が開かれた。

昨年十月行政院でその籌備委員會が組織され、別に十一月專門家を聘し、專門委員會によって出品物徵選の責を負はした。爾來英國側專門家とも商量し、四月に至り大略の選定を終へた。出品機關は故宮博物院・古物陳列所・中央研究院・北平圖書館・河南博物館・安徽省立圖書館等で、その中最初の二者を主とし、その二者の古物は南方にあるものを以て限度とした。古物凡て一〇二二件、詳細なる目錄・寫眞・印章（その他の檢證にに資するもの）を用意する外、國內學界の運英反對論を抑へる爲豫展公開、英艦をして運ばしめる事等々種々安全策が講ぜられた。

古物の內譯は銅器（一號～一〇八號）、瓷器（宋窯一號～一一二號、元窯一一三號～一二三號、明窯一二四號～二〇〇號、淸窯二〇一號～三五一號）、書畫（唐三、五代二、宋五五、元四一、明四三、淸二九）、その他織繡・玉器・景泰藍・剔紅・摺扇・珍本古書（三〇種）等で、銅器中には新鄭及び壽縣の出土品があり、書畫の重なるものに五代の董源の龍宿郊民圖、狄林の五鹿圖、宋の巨然の溪山林巖圖、郭熙の關山春雪圖その他徽宗・米芾・李成・范寬・元の趙頫・黄公望・倪瓚、明の唐寅・文徵明・仇英・董其昌等のものがある。

十一日　太平洋科學協會海洋學組中國分會が中央研究院で成立した。三ヶ年內に山東半島以南揚子江口に至る沿岸測量の件、竝に靑島・定海・厦門・威海衞の四ヶ所に海濱生物研究所設置の件を議決した。

十二日　學位授與法が立法院會議を通過した。

學位を學士・碩士・博士の三級とし、（但し特殊學科には只二級或は一級のみを置く）。學士號は公立・立案私立の大學或は獨立學院卒業生に與へ、碩士號は上記學校の研究所・研究院で繼續二ヶ年以上の研究をなし、論文審査に合格した者に與へる。博士號は（一）學術上特殊の著作或は發明あるもの、（二）曾て公立・立案私立の大學もしくは獨立學院で三ヶ年以上教授たりしもの、にして教育部の審査を經て與へられる。名譽博士は別に法律を以て定めた。

十三日　中國哲學會が成立し、本日より二日間北京大學で第一回年會が開會された。

第一日は、馮友蘭・林宰平・景幼南・胡適・湯用彤・賀麟・沈有鼎らの東洋哲學關係論文の宣讀があり、第二日は專ら西洋哲學關係の宣讀があった。因に、中國の大學で哲學科のあるのは北京・淸華・燕京・中央の四大學のみで、北平にては前記三大學哲學教授を以て七八年前より毎年數回集會を催してをり、昨秋の集會の席上提議され、漸く學會の組織を見るに至ったのである。

十五日　山東省中等教育行政會議では、國立山東大學の協款年額三十六萬元の支出を停止して中等教育費に充て、山大の經費は別に中央の籌劃を乞ふべく議決した。○先に八達嶺附近の長城の一部が北平市府の手により修葺されたが、大同雲崗の石佛に對しても修理計劃が具體化して大同建設委員會が組織された。

修理の範圍は（一）附近の民家を移轉し、（二）石窟四周に牆を圍らし、（三）西南面に防水用石壩を築き、（四）石窟には門窗を、露天佛には頂棚を設け、（五）灌漑用の水渠を開き、（六）大同城よりの道路を修理する事等である。

十九日　中米庚款會が開會され、蔡元培が董事長に、周詒春・孟祿が副董事長に改選された。本年豫算は百二十七萬餘元で、北平圖書館・中國科學社・北大研究所・南開大學・燕京大學への補助を主とする筈。

二十一日　中國文化建設協會では本月八日から二週間、全國讀書運動大會を擧行した。

浙江省立圖書館ではこの運動に參加して郷賢文獻展覽會を開いた。陳列品は（一）郷賢稿本、（二）四庫著錄郷賢著作、（三）批校本、（四）精刻本、（五）郡邑叢書、（六）地方誌に分ち、遺著には海昌外志・蛟川詩話・海昌勝覽・萬曆仙居縣志・東武箏音等があり、郡邑叢書中に新仙居叢書もあり、その他李氏藏臺州郷賢の著作が陳列された。この展覽會の外、全國的に種々の催しがあり、書籍の廉賣が行はれた。

○北平故宮南董殿の西（舊の御書處）に石庫四十餘間あり、この中に磚瓦に埋もれて約千餘件の石刻のある事が發見され、最近古物陳列所でその整理に着手した。

この石刻は（一）懋勤殿法帖、（二）淵鑑齋法帖、（三）清芬閣米帖（卽ち米南宮帖）等何れも晉唐名家の書法で、王羲之・李北海らの遺墨もある。これらは乾隆・雍正時代宮中に多數收藏してゐた名家の眞蹟を石に刻み石庫に保存したものである。已に整理したものに米帖の一部がある。米帖の眞蹟は故宮には只一部あるのみで、この石刻は乾隆時王亶望（米帖を喜び收藏少からず）の所藏にかゝり、前後四回に刻石したのであるが、後罪によりその財と共に沒收せられたのである。今度弘義閣に移した石刻三百餘塊の中完全なものは二百七十五塊、毎塊の長さ三尺幅二尺厚さ六寸、質は白大理石である。

二十三日　南京の中山文化教育館では理事會を開き、該會基金委員會の組織及び理事の改選を議決した。

理事九名、任期六年、孔祥熙・王雲五・吳敬恆・李照寰・胡漢民・馬超俊（以上再任）・褚民誼・陳立夫・王世杰。

二十六日　北平市では市志を編纂すべく準備期間六ヶ月の後「北平市通志館」を組織する事になった。

二十七日　本日は燕京大學の返校節なるを以て該校圖書館に於て圖書の展覽をした。

陳列書籍一千數百種、その中に宋刻方輿勝覽・元刻古今源流至論・明刻學海（饒伸）及び圖書編（章潢）、翁方綱の易春秋大戴禮孝經爾雅五經附記稿本、姚元之の地理志稿本、南懷仁の窮理學舊抄本等がある。

二十八日　各大學・獨立學院の學生募集人員に關し教育部では制限を設けて濫收の弊を矯め、本年度より實施する事になった。

因みに昨年度の各學院入學人員の平均は、文學院十六名、法學院二十七名、商學院二十二名、教育學院十五名である。

五月

二日　江西省教育廳では今年度より南昌に中正大學を籌設することに決した。

○燕京大學崑弋曲研究會では第一次會を催し、韓世昌ら之に參加した。該社の目的は理論の研究、實際の知識及びその紹介提唱にある。

十日　十教授の中國本位文化建設宣言に關し、「文化」とは何か、「中國本位」とは何かなどの問題に檢討が加へられ、四ヶ月間に百餘篇の討論文章が發表され、各地で討論會が催された。これに對し十教授は更に「我等の總答覆」を發表した。

その要旨は、「中國此の時此の地の需要は卽ち」（一）人民生活の充實、（二）國民生計の發展、（三）民族生存の爭取にある事を强調したものである。

十二日　中德文化協會が南京に於て開かれ、朱家驊・勃朗特等五十餘人が來會した。

十三日　南京にて中英庚款會第三十一次董事會が開かれ、朱家驊・葉恭綽・曾養甫・劉瑞恆・陳其采ら出席、左記の案を通過した。

（一）鐵道部の株詔路工款及び流動資金として百五十萬元を支出する案に對し、先づ百萬元を支出し、殘り五十萬元は財務委員會の再審による事、（二）招商局の汽船建造案、（三）二十四年度教育文化事業補助費案。

十四日　中英庚款會より本年度教育文化事業補助費總計百二十萬元の分配額が發表された。（甲）三十萬元、中央博物館・中央圖書館建設費（平均分配）、（乙）四十二萬元、（一）中央・中山・武漢・浙江の四大學、北洋工學院及び中央衞生實驗處等の講座費六萬元、（二）中央研究院科學儀器設備費三萬元、（三）北平研究院物理化學兩研究所設備費三萬元、（四）中山大學三萬元、（五）武漢大學工學院建築費四萬元、（六）浙江大學農工理三院設備費四萬元、（七）南開大學算學系設備費二萬元、（八）燕京大學設備費一萬五千九百元、（九）厦門大學科學圖書購入費一萬元、（十）上海醫學院建築費二萬元、（十一）湘雅醫學院設備費二萬元、（十二）中央衞生實驗處設備費二萬元、（十三）國立編譯館建築費二萬五千元、（十四）中國營造學社圖書編製費一萬元、（十五）遼寧醫學院設備費二萬元、（十六）雲南大學理化儀器設備費一萬元、（十七）廣西大學採鑛科試驗室設備費一萬元、（丙）次年度留英公費生全年公費旅費等二十三萬二千餘元、（丁）奬金一萬二千元設置、（一）初中歷史教科書、（二）初中地理教科書編纂各奬六千元、（戊）二十八萬八千元、（一）江西省收復匪區特殊農村教育費の繼續補助費二十六萬三千五百元、（二）陝西省西安助產學校（一ヶ所）建設補助費一萬元、（三）青海省蒙藏小學校（一ヶ所）建設補助費等

十七日　民國十二年山西省渾源縣東峪村にて發掘された古物が轉々して最近太原で外人に賣却され樣とした爲、古物保管委員會北平辦事處では調査中であるが、この古物三十六件の祭器は商周の銅器で五十萬元と評價せられてゐる。○南京中央研究院の組織法が主法院の修訂を經て評議會を設立する事になった。

第一期評議員は政府より專門學者三十人を聘して名譽職とし、任期五年。第二期は評議會より選擧し、院長、研究所長は當然評議員とする。該會の主要職務は該院の學者研究方針を決定し、國內外の學術研究の合作と互助とを促進するにある。

十八日 北平學術界人士の組織にかゝる中國博物館協會の發會式が擧行された。執行委員十五人、馬衡・沈兼士・徐鴻寶・翁文灝灝・李書華・袁同禮・葉恭綽・錢桐・李濟・朱啟鈐・徐炳昶・胡先驌（以上當選）・容庚・嚴智開・丁文江・傅斯年（同點、中三人を選ぶ）。參加機關は全國三十餘館に達する。因に國立中央博物院籌備主任李濟の報告によるに、該院の建築は建築委員會を設け中英庚款委員會より百五十萬元の支出を受け、南京中山門內（區域百餘畝）に設置する事に決定した。計劃では、人文館・自然館・工藝館の三館に分ける由。

○北平圖書館籌備の歐米博物館展覽會が北平團城で催された。美術博物館・天然歷史博物館・專門博物館・兒童博物館及び名人故里などの數項に分けてゐる。

二十二日 維納《ウィーン》大學の人種學教授シュミット[2]が北平輔仁大學で公開講演をなした。秋季日本よりの歸途、更に北京大學にて連續講演をする筈。

二十五日 北平圖書館では「現代米國印刷展覽會」を開催した。

二十六日

2 Wilhelm Schmidt, 1868-1954.

国立北京大學では今年の卒業試驗を嚴重にする爲、校外各大學教授を考試委員とし、三十名を以て委員會を組織した。○學校休暇短縮案に對し教育部より各大學教育學院をして審議せしめたが、大勢は輕率に實施すべからずといふにある。

二十八日　全國義務教育實施の辦法大綱が行政院議を通過し、八月より實行を開始する事になった。大綱十一ヶ條の要點は、(一)目的、全國學齡兒童をして十ヶ年内に於て逐次一年制より四年制に達する義務教育を受けしめること、(二)實際生活に即した教育を主とし、三期に分ける。第一期は本年八月より民國二十九年七月迄、一切の年長失學者と學齡兒童をして少なくとも一ヶ年の義務教育を受けしめ、各省市は一年制の短期小學の辦理に力を注ぐこと。第二期は二十九年八月より三十三年七月迄、一切の學齡兒童をして少なくとも三ヶ年の義務教育を受けしめること。三十三年八月より四ヶ年間を第三期とする。(三)實施方法として短期小學の外、初級小學の擴張、二部制の勵行、私塾の改良、巡廻教育の試行等による。(四)義務教育費は地方の負擔を以て原則とし、特殊貧瘠省市には中央より補助する。(五)教育部は各地實施狀況に根據し、三ヶ年後に義務教育法草案を定める。

三十日　教育部核准備案の各大學研究所は左の如く決定された。

(一)清華大學、文・理・法三科研究所(十部に分つ)。(二)北京大學、文・理・法三科研究所(五部に分つ)。(三)中山大學、文・教・農三科研究所(六部に分つ)。(四)中央大學、理・農兩科(兩部)。(五)武漢大學、工・法兩科研究所(兩部)。(六)南開大學、商科研究所(經濟部)。(七)北洋工學院、工學研究所(鑛冶部)。

三十一日

中央古物保存委員會では、古物の範圍及び種類條例草案を制定し、本日行政院の審査を經た。批准後施行される筈。

六月

二日　中國科學化運動協會北平分會では中米文化基金・中佛庚款の補助により中山公園内で科學展覽會を開いた。

陳列品を七組に分ち、(一) 物理・天文・電機・無電、(二) 機械・航空、(三) 鐵道・道路・建築、(四) 化學・化學工業、(五) 生物・農林、(六) 醫藥・衞生・水道、(七) 地理・地質とし、北平・清華兩大學を初め各機關より出品した。

三日　南京文化建設協會の發起により中國史地研究會を組織する事になり、繆鳳林ら九人が籌備委員となった。

六日　上海東方圖書館復興委員會は佛國文化協會寄贈にかゝる佛文書籍千六百餘種を接受した。

十日　故宮博物院圖書館は非公開で閲覽に不便なる爲、該院理事會の決議により、重複書籍及び各處寄贈の新書・雜誌をば太廟に運んで圖書分館を設立し、今日から閲覽を開始した。

二十三日　小說「孽海花」「魯男子」を以て有名な東亞病夫卽ち曾孟樸は本日原籍常熟で病歿した。享年六十五。

曾氏は光緒の進士で、民國になり江蘇省財政廳長・代理省長などに歴任し、光緒三十年上海で小説林書社を創辦し、民國十年また眞善美書局を經營、十四年官を罷めた。その間著書一百餘巻あり、近年病により郷里に返ってゐたものである。

二十七日

國立北平研究院の改組は連日商討の結果、理化・生物等の名稱を取消し、院の下に各研究所、各研究會及びその他の附屬機關を分設し、左記各所長を聘定する事に決定した。

物理學研究所長兼鑛學研究所長嚴濟慈、化學研究代理所長劉爲濤、藥物研究所長趙承嘏、生理學研究所長經利彬、動物學研究所長陸鼎恆、植物學研究所長劉愼諤、地質學研究所長翁文灝、史學研究會歷史組主任顧頡剛、考古組主任徐炳昶。

○北平研究院徐炳昶は先日陝西に赴き、寶鷄一帶發掘の古物（周漢の銅石器その他）を攜へて歸平した。

三十日

中央の豫算緊縮實行により、交通・外務兩部の駐平檔案保管處と共に教育部國語統一籌備委員會が本年度から撤廢せられる事となった。但し國語工作のみは積極的に進行する事となり、新に北平に國語推行委員會が設置される事に決定した。

その工作は（一）國語統一及び普及の各項事宜の計劃竝に審議、（二）國語に關する圖書辭典、定期刊行物の編輯、（三）各種國語讀物の徵集竝に審查、（四）各地國語教育及び方言分布狀況の調查、（五）國語に關する各項統計及び各地方音符號等の編製、（六）各學校國語科課業の視察竝に輔導、その他である。委員の顏ぶれは、吳敬恆（主任委員）・錢玄同・黎錦熙・汪怡・陳懋治・魏建功（以上常務委員兼任）・蔡元培・趙元任・林語堂・顧頡剛・胡適・蕭家霖・董淮である。

七月

一日　米人フーガッソン（福開森）博士[3]は滯華數十年に亙って蒐集した貴重古物千餘點を古稀の紀念としてこの程金陵大學に寄贈したが、同大學に適當な保存場所なき爲、北平古物陳列所に當分保管する事になり、本日より文華殿で公開展覽した。

陳列品中には王齊翰の桃耳圖、王右軍の大觀帖などの書畫その他古銅器陶瓷漆器等がある。フ氏は光緒十三年來華、金陵滙文書院々長を初めとし上海新聞主筆・南京格致書院提調・湖廣總督洋務參議・商務大臣參贊官・國務院顧問等に歷任し、現に故宮博物院專門委員である。

五日　本日の大公報は外務省文化事業部岡田部長の來平に因み「中國文化建設と中日文化事業」と題する社說を掲げた。次にその容姿を略述する。

近來日支關係の好轉に伴ひ、文化事業に對し認識を新にする必要がある。中國文化建設の目的は、文化の爲に文化を建設するに非ず、文化本身の中にあるに非ず、中國固有文化の改進、現代中國の政治改進と經濟建設の中にある。經濟建設と文化建設とは救國事業上必要且つ唯一可能の道であるが、その中、文化建設に關しては、中國本位文化論・歐米文化論・復古論・社會主義文化論等あるが、後二者は措いて論ぜず、前二者と雖も夫々偏してゐる。文化建設の根本目的より云へば、（一）列强文化と相抗し、（二）中國經濟現狀に適應し、（三）現階段資本主義末期と相適應し、（四）中國目前の國際環境と相吻合する文化の建設を必要とする。日支合作の文化事業は不幸にして中途停頓したが、その原因は

3 John Calvin Ferguson, 1866-1945.

（一）國際形勢の逼迫、（二）合作事業の內容が純科學に偏する事、（三）具體辦法上、日本側の支配權が强過ぎる等の諸點にあり、これが打開の方法としては、（一）純科學的方面と共に兼ねて東方社會關係、東方民族・經濟・經濟地理等の研究に力を注ぐこと、（二）文化事業の實際施行を中國側に委任することにある。

一八日　廣州に籌備中の學海書院は大體その準備を終へ、入學者の考試を行った。院長張東蓀は最近まで燕京大學に哲學教授として五ヶ年在任した人。該書院は英國劍橋・牛津兩大學の導師制と中國の書院講學制との長所を兼採する立前で、國學組・哲學及び科學原理組・社會科學組に分れ、公立・立案私立の大學乃至學院の文法科卒業生（男子に限る）を入學資格者とし、學資を提供する由である。

二十八日　本月十三日立法院通過の修正出版法（現行法は十九年末公布）に對し言論界の異義少からず、公布前に當局へその更改を希望してゐる。南京新聞學會では特に左記五點につき立法院の覆議を請願した。（その後の情勢によれば立法院ではその希望を容れて再審議に附する模樣である。）

（一）出版に對する主管官署の地方化とその權限擴大、（二）更生或は辯駁書の原文全部の登載、（三）公開禁止の訴訟事件に對する辯論批評を判決前に登載すべからざる事、（四）個人家庭の陰私の事件を登載すべからざる事、（五）行政處分に關し被處分者の訴權弱き事。

三十日　北京大學研究院では文理科研究生募集の規定を發表、本日より申込受付を始めた。文科關係では中國文學及び史學の二部に分れ、その科目及び指導教授名は左の如くである。

（甲）中國文學部（語言文字學）羅常培・沈兼士・馬裕藻・魏建功・錢玄同・唐蘭、（中國文學史）胡適・周作人・傅斯年・羅庸、（乙）史學部（中國史）傅斯年・錢穆・姚從吾・孟森・陳受頤・張忠紱、（中國宗教史）湯用彤・陳受頤、（中國思想史）胡適・邱椿、（中國社會經濟史）陶希聖・周炳琳、（中國政治法律史）張忠紱・陶希聖・董康・劉志敭・程樹德、（傳記學）胡適等。

八月

一日　今年より全國兒童年が設定され、四月二十一日よりのを改めて本日開幕した。

二日　中獨文化協會第二次理事會を開き（朱家驊主席）、左記事項を議決した。

（一）謝壽康ら三十人を委員とする出版委員會の設置、（二）郭有守ら三十六人を委員とする交換委員會の設置、（三）貝壽同ら二十人を委員とする財務委員會の設置。

四日　天津河北博物院は故嚴持約院長の紀念に、その遺物を持約堂に陳列、本日より公開した。

陳列品は植物學關係のもの多數を占め、梵藏合璧經・蒙文經・金版金剛經（初拓及びその原經版の一部）などもある。

九日　中國營造學社の梁思成の談によるに該社の近況は次の如くである。

最近一二年來の工作は河北・山西に於ける實物調査を主とし、中國歴代建築物の鑑別をする。本年秋季はは山西の東南部（趙城縣廣勝寺の宋代建築）及び河北南部（正定方面の古代建築）を調査する。文獻方面では故宮博物院文獻館の明淸實錄中、營造關係の材料を捜集し、明代營造史料の編纂をなす。古代建築の修葺に關しては、曲阜の外、薊縣獨樂寺

十　日　觀音閣（遼代建築、國內現存最古九百五十一年前のもの、様式は唐式）を三萬元の豫算で修葺する由。

蘇州にゐる章太炎は今春中央政府より養生費として受けた金を以て國學講習會を籌備してゐたが、九月十六日より正式に開講する事になった。猶該會では九月中に「制言」半月刊を出版することに決した。該誌は章氏は主編し、孫鷹若・金東雷・朱學浩・諸祖耿・王乘六・吳得一ら委員に當る由である。

十一日　小說「九尾龜」の作者張春帆が上海で病歿した。

十二日　河南汲縣三彪鎭に於て河南古蹟研究會（中央研究院と河南省政府合作）の手により周代遺址を發掘中である。中央では北平歷史博物館主任裘善元を派し、監察委員とした。

十三日　教育部本期歐米留學生は計百九人で、內、留米七十二人、留佛十二人、留英九人、留獨八人その他で、今月中に出發の筈である。

二十一日　第一次全國教育會議の議決により、略字問題を國語統一籌備委員會にて審査し、同時に專門家の意見を徵集し、本日教育部より簡體字表が公布された。略字全て三百二十四字、十八韻（注音符號による）に分った。

教育部より各省市教育行政機關に通令した辦法は、（一）明年一月より小學・民衆學校の各課本、兒童及び民衆讀物は新編たると重印たるとを問はず一律に簡體字を採用すべき事、（二）もし違へば教育部の審定を與へず、（三）明年一月より各級師範學校では簡體字教育に注重し、各校の試驗答案は簡體字を用ふべし、（四）各新聞は能ふ限り簡體字を採用して排印すべしといふにある。

亦教育部では簡體字と併行して注音漢字（漢字の旁にルビとして注音符號を附けたもの）を推行せしむる事となった（九月三日公布）。）

之が爲に見本として注音漢字活字を鑄造し、下記の範圍内で適用使用せしめる。（一）民衆學校課本、（二）初級小學國語課本生字表、（三）初級小學の社會・自然讀本、高級小學の國語・社會（或は地歴）・自然・衞星課本、（四）初級小學一年級入學の始、注音符號を教授する、（五）民國二十五年七月より新編の小學及び民衆學校用教科書は一律にこの辦法によるべく、違ふものには審定を與へず、（六）各省各級師範學校卒業生をして注音符號を習得せしめる、（七）民國二十五年一月より、兒童及び民衆讀物の編輯は一律に注音漢字を以て印刷すべし、（八）各新聞紙は各可能範圍内に於いて注音漢字を用ふべし。

二十五日　察哈爾蒙古圖書館編譯館は館長特穆爾博羅特及び副館長薩穆不勒諾爾布らの籌備により本日開館した。館址は張垣上堡南觀音堂大街である。

孔子誕辰の大典が曲阜で行はれ、全國各地でも紀年會を擧行した。

二十七日　○新築中の北京大學圖書館が落成した。因に北平東方文化事業總委員會の書庫も二十五萬圓の豫算を以て新築中であったが八月末竣成した。

○建築計劃中の南京古物保管庫は明年秋完成する筈で、現在上海に於ける故宮博物院辦事處の古物は南京に運ばれる事となる。

三十一日　全國義務教育委員會第一次會が南京で開催された。

附、最近新出版書籍目

宛委別藏　豫約五十元、商務印書館印（阮元の四庫未收書目中、現行なほ未刊の祕籍四十種を集めたもの。）

叢書集成　四千册、精裝千册、豫約五百元、商務印書館鉛印（叢書一百部、子目四千百餘種、後れて二百八十元の普及本も發賣された。）

四庫全書四種　豫約六十元、商務印書館影印（皇祐新樂圖書一册、紹熙州縣釋奠儀圖一册、家山圖書一册、欽定補繪蕭雲從離騷全圖三册。）

六十種曲　斷句精校、豫約十八元、開明書店。

二十五史補編　五册、百七十餘種、豫約二十四元、開明書店。

宋藏遺珍　四十六種、豫約六十元、北平三時學會影印（山西趙城縣廣勝寺發見のもの。）

中國新文學大系　豫約十四元、上海良友公司（民國六年より十六年に至る約十年間のものを集めた。）

清代名人列傳　豫約五元、上海書報合作社印（清史列傳の名を改めたもので、名臣傳、名儒傳、宗室王公傳、貳臣傳、逆臣傳を含む。）

海南叢書九集 四元八角、瓊州海南書局印。

世界文庫 （鄭振鐸主編、豫約十四元及九元の二種、生活書店印。）

楞嚴經 上海影印宋版藏經會印（山西趙城縣廣勝寺發見の全藏より選印した。）

錫山秦氏文鈔 泰平甫輯、六元。

仙嚴山志 七卷、張揚纂、三元、張氏簃經樓印。

安徽叢書 八十六册、八十四元、上海安徽叢書編審會石印（該叢書第四期は凌廷堪の遺著を捜集合刊したもので、凌次仲先生遺書と稱する、共に七十八卷二十六册。）

郎園全書 葉德輝著、百二十六種、三百七十一卷、豫約百十元乃至七十五元の四種、中國古書刊行社印。

毛詩引得 三元、燕京學社印。

近代二十家評傳 王森然著、一元五角、北平古嚴書屋印。

國立北平圖書館書目目錄類 蕭璋編、二册、一元四角、該館印。

中國歷代法家著述攷 孫基祖輯、一册、一元二角、開明書店印。

方志學 李泰棻編、一元五角、商務印。

中國法制史 陳顧遠著、一册、一元七角、商務印。

佩文新韻 李錦熙、白滌洲編、一册、九角、北平人文書社印（一名國音分韻常用字表、十八韻に分つ。）

吳白屋先生遺著 六册、三元、南京國學圖書館印。

清代燕都梨園史料 張次溪輯、七元、北平邃雅齋印。

甲骨文編 孫海波撰、十四元、哈佛燕京社印。

諧聲譜 五十卷、張惠言稿、七元、杭縣葉景葵校印。

清初三大疑案考實 孟森著、八角、北京大學印。

古石刻零拾 容庚撰、四元。

楚器圖釋 劉節著、三元、北平圖書館印。

古史辨第五册 顧頡剛編、二元七角、北平樸社印。

國學圖書館第七年刋 國學圖書館編印、二元。

叢書子目備撿 曹祖彬編、一元、金陵大學印。

古史新證 王國維著、九角六分、北平來熏閣印。

綴遺齋彝器考釋 方濬益稿、二十四元、商務印書館影印。

芒洛冢墓遺文四編 羅振玉錄。

尙書新證 于省吾著。

陝西通志 二百二十四卷、五十元、陝西省通志館編印。

文瀾學報 浙江省立圖書館編印、一元。

考古專報 國立北平研究院史學研究會編、二元。

中華民國疆域沿革錄 王念倫編、一元、北平五典書店印。

太平御覽引得 燕京學社印、九元。

兩淮水利鹽墾實錄 南京中央大學印、一元。

西京碑林 張知道編、一元。

吳窓齋先生年譜 劉廷龍著、六元、燕京學報專號之十。

海外吉金圖錄 容庚編、二十元。

燕京大學圖書館目錄初稿類書之部 鄧嗣禹編、四元、燕京大學印。

河北石徵第一集 河北月刊社編、七角。

元人小令集 陳乃乾輯、一元二角、開明書店印。

甲戌叢編 趙學南・王慧言編刊、四册、三元。

元明散曲小史 梁乙眞著、一元六角、商務印書館印。
歷代鐘鼎彝器款識 二十卷、薛尙功編、影印明朱謀垔刻本、四册、八元。
中國地理新誌 楊文洵等編、中華書局印。
章氏叢書續編 章太炎著、四册、五元。
古音系研究 魏建功著、北京大學印、二元四角。
八十九種明代傳記綜合引得 田繼琮編、三册、燕京學社印。
漢代壙磚集錄 王振鐸著、考古學社專集第四種印、二册、三元。
道藏子目引得 翁獨健編、燕京學社印、五元。
伊闕石刻圖表 關百益輯、二册、河南博物館印、五十元。
中國純文學史綱 劉經菴編、一册、一元、北平著者書店。
北平國劇學會圖書館書目 傅惜華編、一册、九角、北平該會印。
詞式 林大椿編、二册、一元三角、商務印。
精選名伶京劇譜 劉亦籛編、二册、三元六角、上海華通書局印。
甲骨文字與殷商制度 周傳儒著、一册、四角、開明書店。

中國分省圖 一册、一元五角、中華教育文化基金董事會編譯委員會印。

山西通志 楊篤纂修、太原山西書局重印。

阿濟格略明事件之滿文木牌 李啟德譯、七角、故宮博物院文獻館印。

西夏書事 淸吳廣成纂、八册、影印。

中國現代名畫彙刊 三元、中國畫會印。

中國保甲制度 聞鈞天著、三元五角、商務印。

宣統政紀 四十三卷、遼海書社印。

晉石厂叢書十種 劉經菴編、六册、重印。

浙江省立圖書館圖書總目（上） 六元、該館印。

江蘇省立國學圖書館總目 十六元、該館印（經四册、史五册、子八册、集五册）。

創刊雜誌目

十日文壇（旬刊、南京）、大風（北平中國大學）、正風（半月刊、南京）、北調（月刊、天津）、史學（北京大學史學社）、全國學術諮詢處月刊（南京）、河南大學季刊（開封）、開封實驗教育（季刊）、廣州陵川學會學報（非賣）、現代文學（月刊、上海）、國專月刊（無錫國學專修學校）、新小說（月刊、上海）、新文學（月刊、上海中華學藝社）、研究與批判（月刊、上海）、教與學（月刊、南京）、創作（月刊、上海）、文化前哨（月刊、北平）、國立編譯館館刊（南京）、國衡半月刊（南京）、學術世界（月刊、上海）、その他各省教育期刊數種等、以上。

編集後記

高田時雄

本書は、かつて長く北京に住んだ橋川時雄（一八九四～一九八二）が、中國の學術界の人物やその動向について書き留めた文章を集めて一書としたものである。その中には、橋川が戰前期様々な雜誌新聞に寄稿したもの以外に、未刋の報告書、また刋行はされたが極めて限られた範圍内にしか流通しなかったものを含んでいる。多くが新中國成立以前の學術文化と關係していることから、名づけて書名を『民國期の學術界』とした。中華民國時期の學術や文化の實情に對しては、今日必ずしも全面的な紹介や評價が爲されているわけではない。本書所收の各篇には、一日本人橋川時雄の眼に映じ、心に觸れた民國學術界の諸側面が率直に描寫されており、民國期の中國學術を研究する上で、一個の好資料たることを失わない。

橋川時雄は明治二十七年（一八九四）に現在の福井市酒生町で生まれた。大正二年（一九一三）福井師範を卒業した後、小學校に勤務したが、漢學への志斷ちがたく、大正七年北京に遊學、やがて日系の漢字紙『順天時報』などの記者として働いた。昭和二年（一九二七）三月、順天時報社を辭したが、その援助により、雜誌『文字同盟』の編集刋行に從った。この中國文と日本文によるバイリンガルの文藝雜誌は、しばしば特輯を組んだり、附刋を刋行するなどして、橋川の獨自の視點による編集が異彩を放った（一九九〇年、汲古書院の影印本がある）。庚款すなわち義和團事件の賠償金を基金とする東方文化事業が始まると、昭和三年一月以後その中心事業であった「續修四庫全書提要」の編纂に盡力し、やがてその實質的責任者としてその經營に當たり、終戰に及んだ。戰後昭和二十一年五月、日本に歸國するまで、三十年近く北京にあって中國の學術界文化界を身近に體驗したが、とりわけ「續修四庫全書提要」編纂の過程で、多くの中國學者と交際を深めた。その中には清末以來の老儒ともいうべき存在から、文學革命を標榜する新進氣鋭の論客たちまで極めて多彩な人々が含まれている。本書に現れる中國文化界の人物や事象の描寫は、すべて橋川による直接の體驗に裏打ちされたものである。

橋川は晩年に何度か自分でもその經驗を語っている。東方學會の企劃になる座談會「學問の思い出、橋川時雄先生を圍んで」（『東方學』第三十五輯、一九六七）及び阿部洋氏を責任者とする特定研究「文化摩擦」の一環として行われたインタビュー（「インタビュー記録E－4」、一九八一年、東京大學教養學部國際關係論研究室刊）がそれである。これらは後に今村與志雄編『橋川時雄の詩文と追憶』（二〇〇六年、汲古書院刊）に収録された。また橋川の歿後に二松學舍が催した座談會（『座談會・故橋川子雍先生を偲んで』、昭和五八年九月、二松學舍大學出版部）も、橋川を知るうえで參考になる。橋川の經歷につき興味を持たれる讀者は、これらに就いて見られることを期待する。

以下、本書所收の文章につき、初出誌名や底本の來源など、若干の説明を加えておきたい。

・「天津、濟南及長江地方學事視察報告書」、昭和六年一月、外務省文化事業部刊

・『書香』への寄稿
「北京の著作界」、『書香』第一號（大正一四年四月）、第二號（同五月）、滿鐵大連圖書館（以下同じ）
「支那文學愛好者の必讀書」、『書香』第四號（大正一四年七月）
「北京の出版界」、『書香』第七號（大正一四年一〇月）
「北京著述界の近況」、『書香』第八號（大正一四年一一月）
「北平書訊」、『書香』第三五號（昭和七年二月）
・「北京史蹟雜話」、『協和』第二六〇號（昭和一五年三月）、大連：滿鐵社員會
・「支那學界の趨勢と北平文化の崩壞」、『滿蒙』第一八年第一號（昭和一二年一月）、大連：中日文化協會刊
・「北京文化の再建設」、『改造』第一九卷第一二號（昭和一二年一二月）、東京：改造社
・「日支文化工作の觀點」、『中央公論』第五四年一一月號（昭和一四年一一月）、東京：中央公論社
・「北京文學界の現狀」、『朝日新聞』昭和一五年二月二五日、二六日號、東京：朝日新聞社
・「北京の學藝界」、安藤更生編『北京案內記』、昭和一六年一一月、北平：新民印書館刊
・「江叔海學行記」、『斯文』第一九編第三號（昭和一二年三月）、東京：斯文會
・「章太炎謁見紀語」、『制言』第三四期、昭和一二年二月、蘇州：章氏國學講習所
・「京山李維楨傳考」、『北京近代科學圖書館館刊』創刊號、昭和一二年
・「雜抄二則」、『中國文學月報』第二三號（昭和一二年二月）、東京：中國文學研究會
・「支那典籍から見た朝鮮典籍」、『書物同好會會報』第一〇號（昭和一五年一二月）、京城：書物同好會
・「南社と汪兆銘」、『公論』第三卷第一號（昭和一五年一月）、東京：第一公論社
・「昭和九（民國二十三）年度支那文化大事記」、昭和九年一二月、北平：東方文化事業總委員會
・「昭和十、民國二十四年一月至八月支那學界大事記」、昭和一〇年九月、北平：人文科學研究所

これらの文章のうち、最初に掲載した「天津、濟南及長江地方學事視察報告書」は、昭和六年の夏、橋川が南方を視察した際の報告書である。旅行の目的は、北京以外の中國學界の狀況を視察することと、「續

修四庫全書提要」の實現可能性を探り、延いては提要の執筆者を探すことであった。緒言の末尾に「本報告書中には個人の毀譽に敍及し、無遠慮に筆者の批判を爲したる處なきにあらず。此記錄は他見を憚るものなり」と注意してあるように、橋川によるかなり率直な意見が随所にみられる。この報告書は外務省文化事業部に送付された後、同事業部からタイプ印刷され「マル祕」の印を押して關係各所に配布されたが、今日殘っているものは極めて少ない。また最後に置いた「昭和九（民國二十三）年度支那文化大事記」、「昭和十、民國二十四年一月至八月支那學界大事記」は、橋川が東方文化事業總委員會總務委員署理としてのいわば公務報告書であって、橋川の名前は記されていないが、紛れもなく橋川の手になるもので、橋川自身が上に言及した座談會やインタビューでそれを認めている。後者は印刷されたものが、かなり殘存しているが、前者は流布極めて稀で、ここには外務省外交史料館所藏の東方文化事業ファイルに含まれるものを用いた。題目に示されるとおり、これらの年に起こった中國學術界の出來事を時系列で細かに記述したもので、中には有用な記錄も多い。

その他はほぼすべて雜誌新聞に掲載されたものである。滿鐵大連圖書館の雜誌『書香』に載せた文章が五篇あるが、すべてごく短いものなので、いま「『書香』への寄稿」として一括した。最後の「北京著述界の近況」が昭和七年の執筆であるほかは、すべて大正十四年に書かれており、おそらく橋川の同郷の友人で滿鐵圖書館にいた橋本八五郎との關係によるものと思われる。

『書香』以外の掲載誌は國內のものと外地のものが相半ばし、刊行年次でいうと昭和十二年から十五年に渉っている。昭和十二年といえば日中戰爭の始まった年で、「支那學界の趨勢と北平文化の崩壞」、「北京文化の再建設」、「日支文化工作の觀點」などの文章は色濃く時代を反映している。同時に、橋川の北京と北京文化に對する思い入れが感じられる好文字でもある。

若干それらと選を異にするものとして、以下の三篇がある。まず「江叔海學行記」は、東方文化事業の研究員であった江瀚（一八五七～一九三五）の一周忌に當たって書いた年譜及びその學術の紹介である。「章太炎謁見紀語」は、上掲「學事視察報告書」にも言及されているように、昭和六年（民國二〇年）、上海に章炳麟（一八六九～一九三六）を訪問したときの筆談記録で、これは漢文で書かれている。また同じく漢文の「京山李維楨傳考」の成り立ちは、後書きによれば次のようなことであったという。當時北平圖書館に館員の交換で來ていたフランス國家圖書館のドレアン（Dolléans）女史が、その師ポール・ペリオの指示で明末の學者李維楨（一五四七～一六二六）の事蹟を研究していたが、北平館所藏の李氏「大泌山房集」がすでに南遷して見ることが出來ないというので、人を介して橋川に照會があった。橋川は「大泌山房集」には李氏の傳がなかったため、わざわざ東方文化の他の藏書中から李氏の傳に關連する箇條を拾い出して提供したものという。

『朝日新聞』に載った「北京文學界の現狀」は、當時の中國文學界の潮流を素描したものだが、そこに擧げられた人名の多くは、今日すでに知る人は多くないであろう。

「北京の學藝界」は旅行ガイドブック『北京案內記』に載せられたもので、民國期學術界の概觀として非常によくまとまっている。すでに上に擧げた『橋川時雄の詩文と追憶』に収録されているが、本書の主題には缺かせない一文として再録することにした。

「雜抄二則」は、竹内好らが東京でやっていた中國文學研究會の雜誌に載せたもの。一は謝靈運の「登池上樓」詩の異文についての雜感、いま一つは章炳麟との筆談録（上掲のものの日譯）である。

「支那典籍から見た朝鮮典籍」は、當時京城にあった書物同好會で話した内容を記録したものらしく、朝鮮本の特質についての印象が述べられている。本書には若干そぐわない面があるが、橋川らしい文章の一つとして敢えて収録した。

汪兆銘（一八八三〜一九四四）は、南京の僞國民政府の首班として、現代中國では漢奸の筆頭に擧げられる人物である。しかし若き日の汪兆銘は南社の才子として令名が高く、また熱心な革命黨員でもあった。「南社と汪兆銘」という一文は、この汪兆銘をダシに革命黨と南社の關係を論じているのだが、橋川の筆はかなり奔放に展開していて、主眼が何處にあるのかを定めにくい。橋川の興味は、どうも黄節をはじめ自分が親しく交わった、かつての南社同人たちの去就を語ることだったようにもみえる。

以上は本書に収録した文章のごく簡單な解說だが、最後に本書のテキストについて說明しておきたい。原文では、假名にカタカナを用いる場合があるが、これらはすべてひらかなに換えた。また讀點（、）を時によって句點（。）に換えたほか、促音のかなを現今の習慣にしたがって、小さくした。これらは通讀の便を考えての技術的な變更である。一方で、漢字は正字體を保持し、假名遣いももとのままとした。底本、とりわけ外交史料館所藏東方文化事業ファイルに見えるタイプ原稿などには誤りが少なからず含まれるが、氣が付いたかぎりで訂正しておいた。これらの訂正については特に注記していない。また雜誌掲載當時の原文には、執筆日時や橋川の肩書きが記されていることがあるが、すべてそのまま保存した。

本書の出版については、早くにご家族から承諾を頂戴していたが、編者の個人的な都合で完成が遲れたことをお詫びしたい。またその間、とりわけ色々と相談に乘っていただいた二男の橋川潤氏が、刊行を待たずに逝去された。ここに謹んでご冥福をお祈りしたい。

橋川時雄 民國期の學術界〈映日叢書 第三種〉

2016年11月30日　初版発行

著　者　　橋川 時雄
編　者　　高田 時雄
発行者　　片岡　敦
印　刷　　亜細亜印刷株式会社
発行所　　株式会社 臨 川 書 店
〒606-8204
京都市左京区田中下柳町八番地
電話(075)721-7111
郵便振替 01070-2-800

落丁本・乱丁本はお取替えいたします。
定価はカバーに表示してあります。

ISBN978-4-653-04253-2 C1387